纪录方法与实践丛书

中国纪录片领军人

陈汉元访谈录

石屹 著

中国国际广播出版社

目　录

第三章　道在其中 / 133

有声有色的纪录片对话

——《一撇一捺——陈汉元访谈》再版序

周安华

纪录片是一个神秘而充满魅惑的世界，在学术界自然也就不乏痴痴迷迷的求索者，华东政法大学的石屹就是其中一个。我和石屹是在泰国的一个学术论坛上相识的，本来就是“老乡”，北方习性，自认识之后就经常听她说纪录片，高谈阔论，信息、会议、导演、作品……似乎她是一个被这种艺术彻彻底底覆盖的“纪录人”。直到看了她专访陈汉元的《一撇一捺——陈汉元访谈》和她的专著《电视纪录片——艺术、手法与中外观照》，才真正明白：这一老一少何其相似！都为记录而生！记录的影像其实早已经融入了他们的血液中。

汉元先生是中国纪录片的领军人物，在他身上折射着当代中国纪录片的观念、价值体认和艺术追求的主要视域，因而“陈汉元”不仅仅具有导演个案研究的意义，更具有透视当代中国纪录艺术本体和流变的重要价值。换句话说，看清楚了陈汉元的纪录艺术，也就从一个侧面把握住了20世纪后半叶“中国纪录”的根本取向。

正是认识到了这一点，年轻的女性学者石屹模仿另一个“年轻”女性、意大利著名记者法拉奇采访风云人物的形式，在记录转型的历史节点上，不辞辛苦，向世人推出了洋洋洒洒且沉沉甸甸的《一撇一捺——陈汉元访谈》，由此迅速为中国纪录片界所知晓。

其实，做这件事很容易费力不讨好。因为陈汉元是中国电视界“大牛”，不仅曾官至中央电视台副台长，随邓小平访日，参与了中国电视许多重大事件的决策，而且他也是“多面手”，一些坐标性质的著名电视产品，如电视连续剧《北京人在纽约》、反腐倡廉电视剧开山之作《苍天在上》都是他主持创作的，他更在国际电视节评委席、阳光卫视副总裁等位置上，参与了一系列关涉中国电视国际化发展进程的活动，如此陈汉元如何言说？

从事了十多年新闻工作的石屹，很智慧地把所有这一切纳入改革开放进程中的当代中国的宏阔的社会、文化与传媒现代性背景，并以之全方位勾勒“立体的陈汉元”“历史的陈汉元”，凸显作为“纪录片大家陈汉元”的独特个性，由此深入诠释了陈汉元纪录片创作的丰沛底蕴、时代意义和文化张力。

陈汉元当然是中国纪录片“权威记忆”的重要部分，因为他是有思想、有个性、有创造的纪录片艺术家。美国学者阿兰·罗森沙尔曾强调：“纪录片的作用是阐明抉择、解释历史和增进人类的了解……纪录片必须展现、揭示人类的尊严。”陈汉元对之更加具体化，认为：“纪录片就是一段有声有色的历史”，记录工作者的责任就是“让历史明白地告诉未来，让未来无误地知道历史”，正因为确立了如此清晰、如此专业的记录美学原则，他才能在后现代主义思潮涌入的20世纪90年代，推出“彻底纪实”的里程碑式纪录片《望长城》的创作理念，而这个理念也被创作团队所接受，从而赢得人们广泛的尊敬和赞誉。

对纪录片艺术的深刻感悟，使得陈汉元也有了独特的眼光、独出心裁的视角，我们从《一撇一捺——陈汉元访谈》中，看到大量的陈汉元口述历史，几乎涉及了当代所有声名赫赫的卓越纪录之作如《沙与海》《西藏的诱惑》《藏北人家》《英与白》《苏园六记》，等等，触及到了纪录片创作几乎所有最关键、最要紧的视域：选材、真实性、搬演、解说词、结构、画面……而通过他亲力打造的《收租院》《雕塑家刘焕章》《话说长江》《话说运河》《望长城》等作品的自思自省，陈汉元论“道”（记录之道）可谓珠玑满篇。比如，他认为衡量精品的标准是“好看、深刻”，即“让人看了以后不平衡的心渐渐趋向平衡”；比如，他强调当代中国纪录片的根本进步是“由‘全景’转向‘特写’”，“镜头真正对准的是人”；比如，他指出纪录片故事化、娱乐化“不可避免”，但“部分纪录片是供少数人看的”，“不能去强求它讲故事”；比如，谈到一些纪录片创作的缺陷，他肯定“纪录片作者捕捉的每个镜头、情节都应该充满着深深的情感……”

我挺佩服石屹的，她花十倍于写一部学术专著的力气，去淘陈汉元的艺术世界，并通过陈汉元来探究改革开放大历史中的中国纪录艺术，这不仅需要眼界、勇气，也需要耐心、逻辑、技巧以及强烈的热爱。

这部书写得很大气，貌似一个围绕纪录片荡漾开来的艺术湖泊，阅览时不免让人心旷神怡，而掩卷之后又令人沉思。石屹说她很在意访谈的真实语境，在把各部分内容按照历史脉络和内在联系结合到一起时，“尽量反映访谈的场信息”，可见，石屹是把这场访谈当作一部石屹纪录片来做了，而她成功了。

是石屹的才情让我们看到了纪录片艺术家陈汉元的才情，进而领略了20世纪后半叶中国纪录艺术的才情，我们感谢中国纪录片，感谢汉元先生，感谢石屹。

是为序。

于南京顺然斋

2016年9月22日

周安华教授

南京大学戏剧影视艺术系博士生导师

教育部戏剧影视专业教学指导委员会委员

中国高校影视教育研究会副会长

中国电视家协会高校电视艺委会副主任

江苏省传媒艺术研究会会长

写在前面的话

《中国纪录片领军人陈汉元访谈录》是在2008年上海人民出版社出版的笔者所著《一撇一捺——陈汉元访谈》一书基础上，由中国国际广播出版社再次出版的书籍，对于中国国际广播出版社给予的支持与帮助在此表示感谢！

在新出版的这本书中，笔者补充了一些新的内容。

1. 在第二章谈到20世纪90年代纪录片创作时，我将1995年对原北京广播学院教授钟大年、朱羽君老师的访谈，以及对中央电视台军事部主任刘效礼的访谈穿插在文中，希望这些访谈对当时的中国纪录片创作状况相互做一个印证和补充；20世纪90年代，我初涉纪录片研究，为了了解我国纪录片创作的总体状况，我采访了京沪两地近20位学者和纪录片创作者，这次在书中放入了对其中四位前辈的采访稿。还有一位是对陈汉元老师的采访，放在了第三章相关的部分。

2. 在第二章第一小节"早期多元的创作实践"中，《泰山》写出了中国文化部分，加入了陈汉元早年创作的纪录片《泰山》第二部分的解说词"奇绝天东"；在第二章第二小节"文化基石"中，"充满魅力的解说词创作风格"部分，加入《话说运河》第一回的解说词"一撇一捺"，以供读者欣赏。

3. 在第三章第一小节"创作谈"的"终极目标"部分增加了1995年我对陈汉元老师的访谈内容，时隔二十多年，陈汉元老师从不同角度谈了对纪录片终极目标的认识。

4. "东西方评委评奖时的侧重点"一节补充了对陈汉元关于纪录片评判原则的采访。

对陈汉元老师的访谈部分的内容维持不变。

在这本书即将交稿之际，我有幸请到南京大学博士生导师周安华教授为本书作序。周教授是一位学识渊博、做事认真的学者，他在百忙中抽时间细读《一撇一捺——陈汉元访谈》，然后写了再版序，为本书增添了华彩的篇章，在此表示感谢。

我在从事纪录片研究之前，做过十年记者，算是一名老记者，积累了一定的采访经验。

我们总编是位才高八斗、令人尊敬的长者——王寒江老师。20 世纪 50 年代，王总编二十来岁，英俊潇洒，才华出众，他作为首席记者，曾迎接王震大军进疆，后被人们传为美谈。王总写得一手好文章，在当时很有名望。他做事严谨，用人严格，改革开放后前两届毕业的大学生来他那里应聘，就有几人未通过他的考试关。

我在王寒江总编手下工作十年，受益匪浅。

我是理工科毕业生，原本一心想当工程师，结果分配我去的单位想留我当老师，我选择了离开。

我们这一代人，深受徐迟报告文学《哥德巴赫猜想》的影响，比较理想化，毕业后不能干自己的专业，是很不甘心的，至少我是这样。

之后，和我专业相关的单位都不太敢要我，原因是当时石油系统待遇特别好，而我却放弃了。

记得当时我们这一届大学生的入职工资是 85.88 元，而我要去工作的这个石油系统月工资过千元，工作两年后，还有机会被派出国培训。这里工作环境在全国当时也属一流，设备、生产线全是进口的，自动化程度高，很多操作通过按电钮完成。

那时的国民收入不高，农村一个发家致富、年收入万元的专业户，俗称“万元户”，就能作为典型被报纸宣传。

我至今还记得入职工资的数字，要感谢我的一位中学同学。因为平时要有人问我工资多少，我是说不出来的，也不大去记。

上中学时，学校有一个绘画小组，一共六七人，我们年级有三人，其他是高年级的同学。那时我们中午就在学校和老师一起画画。

同年级的那位男生，喜欢化学。我大学读的专业是化工工艺，也和化学沾边，这和那个时代需要这方面专业的人才有关。后来我们都考上了省里拔尖的高中，我考的是一中，他报考了实验中学，比我高一个级别。和我关系要好的同年级女生是我们三人中实力最强的，不过她中考失利，未能如愿。但是高考时她考上了心仪的学校和专业，并在大学期间被保送英国读研。后来，她选择留在了英国。

男同学高考时填报了和化学相关的志愿，后来体检，测出他色弱，那时各学校所开专业比较有限，理科还可选的科目中只有数学，这样他在北师大数学系学习了四年。大学毕业时，他被分配到了高校任教。因为他是学数学的，一报到就被学校临时差遣去核算新职工的工资。大概在他刚结束那段工作后，我们就同学聚会了。所谓“曲不离口，拳不离手”，讲的就是他当时的那种状态，而同学多年后相聚，也使他有些激动吧。他念叨了几遍新人入职工资给我们：“85 块 8 毛 8”，很是朗朗上口，我也就记住了。

我后来选择了战略转移，投在了王总编的“门下”。

暂时改行，原是权宜之计，没想到，这个决定改变了我的人生，以后就一直沿着这条道路走了下去。

我在王总编的办公室、他的眼皮底下写了两篇文章得以考试过关。

虽说是理工科生，我在上大学之前还是看了大量的书籍的。我记得我完整读完的第一本小说是在上小学三年级时读的一本苏联小说，书名是《形形色色的案件》。这是一本旧书，书皮泛绿（封面底色是绿颜色），内容已记不清了，是本侦探类的小说。

当时我喜欢和高年级的孩子玩，所以，我比同龄的孩子书要看得多。手抄书、禁书，我都看过。那时的禁书就是《牛虻》这类。还看了市面上能看到的浩然的书和半公开的冯德英的《苦菜花》，以及曲波的《林海雪原》等。

上中学以后，我能用大人的借书卡去父母工作的科学院图书馆借书看。当时阅读了大量的历史书籍和伟人传记。其中也有部分野史。虽说是野史，但那时候的书还是很正规的，内容上不会太离谱。以后我国出现的大量的清宫剧，其根据也都出自于我看到的这些正史和野史书籍。

中国小说我看了比如张恨水的言情小说等。《红楼梦》我看了几次都没有看完；相比较而言，我更喜欢读三国。当时有《三国志》和《三国演义》，我重点读了后者。我不讨厌曹操这个人物，他的军队被大火烧了以后，他还能哈哈大笑的性格蛮可爱的，当然，他的残忍也是不可原谅的；我不大喜欢动不动就抹眼泪的刘备，使小心眼儿收买人心。

我还读了外国的名著。托尔斯泰的《战争与和平》《安娜·卡列尼娜》《复活》，陀思妥耶夫斯基的《罪与罚》，普希金的《上尉的女儿》，莫泊桑的《羊脂球》《漂亮朋友》《项链》，巴尔扎克的《人间喜剧》中已翻译的大部分作品，大仲马的《基督山伯爵》，小仲马的《茶花女》，雨果的《悲惨世界》《巴黎圣母院》，司汤达的《红与黑》，卢梭的《忏悔录》，福楼拜的《包法利夫人》，罗曼·罗兰的《约翰·克里斯朵夫》，霍桑的《红字》，笛福的《鲁滨逊漂流记》，狄更斯的《双城记》《雾都孤儿》等，还有英国女作家勃朗特三姐妹、简·奥斯汀的小说，我最喜欢《傲慢与偏见》，其中男女主人公睿智幽默的对白，常令人忍俊不已。

“文革”之前的文学译本，都出自名家之手，其语言功力自不待言。这些大量有益的阅读，滋养了我的语感，也培育了我的审美情趣，间接地让我增长了不少见识；而在王总编手下练笔十年，又让我练就了言之有物、用事实说话的文风。

王总编文笔好，要求严，但是为人不古板。年末活动举办舞会，他都是活跃分子，跳舞是他的爱好。王总编的国标舞跳得非常好，他跳探戈时，一丝不苟，头左右自然地摆动，好像真有情敌会出现似的。

在这十年间，我也采访了各条战线上的风云人物，多数是科研战线上的。

在我采访的风云人物当中印象最深的是塔北油田指挥部总指挥康玉柱。康玉柱是李四光的学生，老派人物，为人十分谦和，是一位真正的地质学家。塔北油田是他按照李四光当年提出的新思路发现、勘探出来的。塔北油田的发现，在我国是一个重大突破，以后，国家才有了“东进西出”政策的实施，解决了东部沿海城市用油、用天然气的需求。

陈汉元老师我采访过两次。第一次，是我刚开始进入纪录片研究领域，还是复旦大学的研究生；第二次，是我研究生毕业后十年，在纪录片领域闯荡了十多年；其间我去电视台做过纪录片栏目编导，负责这个栏目的节目播出；在央视、上视拍摄的纪实作品分别在两台播出；系统地研究了中国和世界纪录片的发展，看了大量的中外纪录片优秀作品，结识了一批优秀的纪录片创作者和学者。

这次访谈，就好似当年我采访塔北油田康玉柱总指挥一样，是一个令人印象深刻的采访。陈汉元老师语言幽默，才华横溢，出口成章，充满激情，是难得一遇的优秀采访对象。

由于考虑到陈老师的健康状况，电话采访陈老师每天两小时，断断续续持续了半年多，整个过程十分愉快。后期写作、补充采访、查阅资料、找出版社、募集资金出版等又经历了半年多的时间。

石　屹

2016 年 8 月 26 日于上海书斋

作者阐述

纪录片是以时代精神与文化潮流为创作背景的文化产品。不同时代纪录片的创作风格、表现手法不能一言以概之，如果想对纪录片创作有所了解，一定要经过一段时间的研究和学习积累。

纪录片的传播离不开受众，一方面，纪录片受众群体需要市场的培育，另一方面，良好的受众环境对纪录片的发展也至关重要。

欣赏优秀纪录片作品需要相关的文化素养作为支撑，文化素养越高的受众，对于纪录片的理解认识也才会越深入。

中国纪录片不同于外国纪录片，它深深地根植于民族文化的土壤之中，并服务于民族大业。从中国纪录片题材的选择、构思、表现手法、解说词写作等方面，可以看出中国纪录片创作者的精神风貌、人格魅力和文化追求。

以上种种，是笔者想通过访谈来重点说明的。

陈汉元是中国纪录片领域的领军人，作为文化名人，他不仅担任全国DV联盟总顾问、人民网DV大赛主席、国际纪录片评委会主席和评委，还曾担任过中央电视台副台长、副总编，中国电视剧制作中心副主任、中国视协纪录片学术委员会会长等职，多次负责国家领导人出国访问的宣传报道工作，在中国电视发展史上有举足轻重的地位。

在长达四十余年的影视创作生涯中，陈汉元亲身经历了中国电视事业从诞生初期到走向辉煌的巨变，经历、决策了许多重大历史事件。在艺术创作方面，他也多有建树，经他之手打造和策划的有里程碑意义的电视作品就有多部：电视纪录片《收租院》《雕塑家刘焕章》《话说长江》《话说运河》《望长城》；我国第一部在国外拍摄的电视连续剧《北京人在纽约》、我国第一部长篇反腐倡廉电视剧《苍天在上》等，这些作品在不同的历史阶段成为时代的坐标，提升了我国电视作品的艺术品质，在国内产生了轰动、持久的社会影响，推动了我国电视作品的创新发展。

通过陈汉元这位纪录片领军人对中国纪录片发展的阐述和对他艺术人生的记录，笔者相信人们对中国纪录片创作发展、对中国纪录片人会有更多的了解和认识。

本书属独家专访。在写作体例上借鉴了意大利知名女记者法拉奇采访风云人物的形式，但是又有所不同。访谈内容涉及中国电视事业发展的方方面面，具有一定的学术和史料价值。陈汉元曲折的人生经历、多元的文化创作、成功背后鲜为人知的心路历程等给人启迪；在写作内容上，笔者适时地加入了时代发展、创作背景和纪录片作品的相关研究成果和分析，20 世纪 90 年代中国纪录片代表人物和作品等，以期读者对访谈内容、访谈人物的语境有恰如其分的理解。

文中的话题是放在特定的历史层面上展开的，距今也有长短不一的历史，在这些历史背景下的纪录片创作状态和现在是很不一样的，运用这样的写作方式，是希望不同层面的读者都能达到最佳的阅读效果。

陈汉元是一位理想的访谈对象，他独特的语言魅力长期以来为业内人士所称颂。在谈及中国纪录片创作时，他态度真诚，富有激情。陈汉元对中国电视纪录片事业发展所做的贡献彪炳在中国纪录片的史册上，陈汉元在艺术创作上的成就和真知灼见是一笔宝贵的文化财富，具有很高的学术价值和权威性。

访谈采用开放式和封闭式相结合的提问方式进行。除了个别地方有删节，其余部分的访谈都保持了真实的语境，访谈内容基本上是一气呵成。

在后期编辑和写作时，笔者将各部分的内容按照历史的脉络和内在联系有机地结合在一起，并尽量反映访谈的场信息，让人们有一个立体的感觉。

从陈汉元的艺术创作轨迹中，人们既能看到电视人对电视事业的挚爱，也可以从中感受到中国电视事业，特别是在改革开放以后的飞速发展。

从陈汉元的艺术生涯中我们可以探寻老一辈纪录片工作者的创作足迹，

和他们这代人在纪录片创作上为年轻一代留下的宝贵经验。

为了真实客观地反映陈汉元及他们那一代人的风采和精神面貌，笔者还特别邀请朱景和、梁碧波两位电视人从不同的角度撰写了他们眼中的陈汉元，摘引了中央电视台《见证》栏目制片人、纪录片《舌尖上的中国》的总编导陈晓卿的博客、中国传媒大学电影学博士宋素丽做了生动的讲述，这些文章放在“圈内人眼中的陈汉元”一节，他们用精彩的笔触，为我们保留了值得记忆的历史瞬间，成为历史的一部分。

书中转载时间尚未发表的对“结构、浪潮、青春、电影”新中国第一个民间实验小组的记述也弥足珍贵，有助于我们了解 20 世纪 80 年代中后期尚在萌动中的独立制片人的发展与有益的探索实践。

为了方便解读历史，书中选取了有价值的珍贵历史照片穿插在文字中，如陈汉元 1978 年随邓小平访日、1976 年出访南斯拉夫、1994 年率团访问泰国、1993 年去台北会见蒋纬国、做国际电视节评委等，这些照片展现了有重要历史意义的瞬间。

本书力求结构新颖、内容鲜活、讲述清晰，既能关注学术前沿、注重科学性与可读性相结合，也可以做新闻学、影视专业的教材，同时希望能得到相关专业人员和影视爱好者的青睐。

石　屹

2016 年 8 月 8 日于上海

引子：一生都给你

孤独的我在梦里寻觅，
不知道寂寞的你是否愿意牵着我的手？

那多情的阳光，
温暖了我和你。
在你的耳畔，我要悄悄地对你说，
你是我过河的一叶扁舟，
你是我登高的一把扶梯。
我把生命深埋在你的怀里，
落下了滚烫的泪，
一滴一滴，是我是你。

我要把心底的一句话告诉你，
我一无所有，
只有我自己。
不给别人，不给别人，
一生都给你。

一曲电视剧《雷雨》（1996）主题歌《一生都给你》，不仅感动了亿万观众，也打动了这首歌的演唱者——台湾歌星蔡琴[①]。她曾在多种场合演唱

① 台湾歌星蔡琴1979年以《恰似你的温柔》一曲成名，她的嗓音低沉温柔，有“丝绒歌后”之称。

这首《雷雨》的主题歌，包括在香港她的个人演唱会上为歌迷清唱这首歌；她对歌词作者说，这首歌就像是为她写的。

《一生都给你》这首歌的歌词充分表达了一个痴情女子的内心情感世界，但是谁也没有料想到歌词的作者竟然是闻名中国电视界、人称“老爷子”的陈汉元。

在相当一个时期，人们很难把他众多成功的作品和某个人联系起来，大家很难相信，这些作品出思想的人都是同一个人——陈汉元。

陈汉元的影视作品从20世纪60年代开始就对中国社会产生重要影响[①]。通过大众传播媒介的传播，人们从中小学课本、大学教材中，读到、看到他的作品[②]，在电视、电影中，大众又欣赏、感受到他影视作品的艺术魅力。他的作品在主流媒体上不断引领新潮流，在社会上引发阵阵收视狂潮[③]。

陈汉元的作品不仅数量多、种类丰富，而且影响持久。他就像一个发光的多面晶体，随着太阳光线的照射，朝着不同的方向折射出灿烂的光芒。

比如，很多人虽然知道他写出过被誉为“神来之笔”、有伟大气魄的电视纪录片《话说运河》第一集《一撇一捺》的解说词，但是人们并不知道他还为电视剧《雷雨》写出了如此让人动情的主题歌歌词《一生都给你》；也许有心人把20世纪60年代到90年代对中国产生重要影响的电视纪录片《收租院》《雕塑家刘焕章》《话说长江》《话说运河》《望长城》，这些闪烁着他智慧和汗水的作品与他联系在一起，但是他们可能想象不到《北京人在纽约》《苍天在上》这样折射着时代强音的电视作品也出自他的策划；他不仅写出了《雷雨》《武则天》《青春之歌》《海瑞》等内容跨度大、思绪起

---

① 陈汉元纪录片代表作品主要有：第一阶段：《收租院》（1965）；第二阶段：《话说长江》（1983）、《话说运河》（1986）、《雕塑家刘焕章》（1983）；第三阶段：为人瞩目的《望长城》（1991）。陈汉元作为策划者和制片人贡献了自己的一份智慧，并对总编导人选实行公开招标。

② 进入中小学课本的作品有《收租院》，《话说长江》第8集的解说词《从宜宾到重庆》于1988年被列入初级中学语文课本第6册，《雕塑家刘焕章》成为众多大学影视专业课教材。

③ 陈汉元参与策划的电视剧《北京人在纽约》《苍天在上》播出后，在社会上引起的轰动不亚于他的纪录片作品。

伏的电视剧主题歌，写出了《威力洗衣机》《娃哈哈》广告词，为中国电视广告词定出了道德的标准，还能带着草根情结，韵味十足地唱出刀郎[①]粗犷、质朴的《2002 年的第一场雪》。

陈汉元的作品醒目地呈现在历史长河的不同阶段中，而他本人则如同一条奔流不息、润泽大地的河流。当人们沿着这条绚丽多彩的河流，驻足领略他的才情、仰慕他的才华时发现："在这条河流中，有几十部纪录片，构成了陈汉元创作的主干；有小品、歌词、广告，它们是一条条生动的支流[②]"，支撑着陈汉元创作主干的纪录片作品，它们代表着同时代中国纪录片创作的最高水平，而支流中的歌词、小品、广告，则以其发自内心的思绪和通俗易懂、朗朗上口、质朴亲切的话语，流向了广阔的中国大地的各个角落。他把感悟和温情撒向人间，启迪后来者。

从 20 世纪 90 年代以后，陈汉元开始为著书的作者写序，他们中间有晚辈，也有同辈中的知名人士，比如吕大渝[③]。他写的序言风格沿袭了他的一贯风格——真诚而不落俗套，人们从他亲切的言词中得到理解，受到鼓励。

---

① 刀郎原名罗林，是一个创作型歌手，2004 年以《2002 年的第一场雪》一曲成名，让许多人从他身上看到大众流行音乐的真正来临。自 CD《西域情歌》的策划开始，罗林以"刀郎"的名字面向广大歌迷。刀郎名字的由来，是因为他的声音特点和新疆南部麦盖提县"刀郎族"人声音很相似，都是沙哑中带着清亮，而那里的刀郎歌舞更以质朴、粗犷、热烈、奔放并充满神秘色彩令人瞩目。刀郎对自身的底层气质进行了很好的开发，他的歌是一种来自底层的声音，是回归了音乐本质的作品。

② 《水淋淋的太阳》中的序《你是一条河》，作者王纪言，原北京广播学院副院长，后为凤凰卫视执行副总裁兼中文台台长。

③ 新中国第一代著名电视播音员，为中国的电视播音事业奉献了青春与才华，后因健康等原因，离开了她喜爱的电视岗位，1987 年 7 月移居美国。著有《走近往事》一书。

第一章
开启智慧之门

一、这时，我开始懂得

我也经历过小学、中学、大学三个求学阶段，不必细细琢磨，无须久久回味，如同甘蔗，最甜最美的就数当中的这一段了。

正是在这个“段落”，我开始懂得，人是从动物变过来的——变得多缓慢，变得多吃力。

正是在这个“段落”，我开始懂得，猴子变成了人，而人还是要变的——有的越变越聪慧，越善美；有的却越变越愚蠢，越低级。

正是在这个“段落”，我开始懂得，这块土地养育了我，我应该以自己的全部心血尽情地去美化这块土地——可能失败，可能胜利，我才拥有平平仄仄地撰写一首小诗：《我就是我自己》。

也正是在这个“段落”，我开始懂得，真理是无形的客观存在，人们之所以追求真理，是因为它拥有至高无上的美；谁把自己看作是真理的化身，谁就丑陋无比。

是的，这的确是一个黄金般的“段落”，但它并不可能给我黄金，给我钱币；它给我的是如何摆平、摆正内心与外部这两个世界的能力。

当年那个校园不见了，但它在我这颗不甘心衰老的心中永远存在，永远壮丽。

我以崭新的孝心对我的师长们表示深情的感激，并祝愿“新沪”永远名副其实，永远富有新意……

新沪中学校友　陈汉元

1991年5月1日

这是陈汉元在上海新沪中学校庆45周年时写给母校的献词。

1997年，陈汉元（右一）在故乡乐清。同行的有赵忠祥（左二）、张光北（右二）等

1936年，陈汉元出生在浙江省温州市乐清县靠海的一个农民家里，是陈家第六个儿子，也是最晚出生的一个孩子。在他之前的同胞们最多只上过两年学，因此，兄长们发誓：即使不成家，打光棍，也要把这个“小六子”培养成不遭日晒雨淋的读书人[①]。

这样，他和村里的几个孩子跟着一位教书先生读了两年书，学习了平平仄仄。清贫的生活使他们这些学子只能用为先生和师母提供点心作为学费，日子过得虽是苦了点，但是孩子们顽皮的天性在严厉的先生面前依然遮掩不住，他们变着花样将戒尺藏起来，躲避先生的惩罚。

尽管如此，在这个学堂中陈汉元还是学到了一些有用的知识，末了，他给家里拿回了老师写的一张评语，上面写着：陈庆六[②]第一名。

这件事让大字不识几个的父亲着实激动不已。

于是，他在四哥的陪同下，乘船到上海青云路小学继续求学，去读小学五年级。那是解放前夕的1948年，陈汉元的大哥在同济大学工作，因此，陈汉元获得了和大学生们住在一起的待遇。一年后，从未离开过家乡的陈汉元因想念母亲，又回到了家乡浙江温州乐清。

---

① 引自陈汉元本人所写小传。

② 陈汉元以前的小名。

少年时期的陈汉元个子小，和小朋友一起玩耍时，遇到登高攀缘、搭人梯、掏鸟蛋的事情时，因为他人小体弱，支撑不住别人的体重，常常被安排站在最上面，这样，他站得高，看到的大千世界比别人也要远一些。

1949 年全国解放了，陈汉元来到各方面条件都比较好的乐清当地国立学校翁垟中心小学读六年级，在这里陈汉元受到的良好教育令他终生难忘。

以后，陈汉元又依靠人民助学金完成了从初中到大学的学业。

陈汉元就读的中学是上海新沪中学，大学学业则是在全国著名学府华东师范大学完成。

中学和大学的教育使他领悟到一个道理：一篇好文章应该达到它应有的境界。因此，他要求自己：要写出和别人不一样的文章来。

2003 年，陈汉元（右二）在故乡行晚会上。同在晚会上的有余秋雨（左二）、尚长荣（左一）、中央电视台主持人文清（右一）

二、最初的愿望

大多数人对儿时的记忆印象很深，小学六年级国立学校翁垟中心小学的教书先生就给陈汉元留下了深刻的印象，以至于他最初确立的人生理想是当一名小学教师。

他曾幻想着自己穿上长袍，脖子上围一条长围巾，下课以后，胳膊下夹着几本书，漫步走出学堂，沿着石板铺成的小路，到镇集上的肉店里，拉一块二两重的新鲜猪肉，拎回去交给母亲……

每次回到家中，他希望能看见葡萄架下，母亲安详地斜靠着坐在家中小院的藤椅上。这时他会走上前去，坐在母亲身边的小板凳上，一边为母亲扇着蒲扇，一边给她讲《三国演义》。

2003 年，陈汉元（中）再作故乡行。和他同行的有台湾艺人凌峰（右）、文化名人余秋雨（左）等

家里院子四围并排种着高高的棕榈树，还有小围墙式的、密密麻麻地种在一起的月月红野花；那上面爬满了牵牛花、鸡冠花……院子里种着胡萝卜、茄子……架子上面吊着丝瓜，黄色的丝瓜花上，蜻蜓在那儿飞舞，树上有知了在叫……夏天微弱的南风徐徐吹过……

这一切，就是陈汉元心中最初的、陶渊明式的理想人生。

第二章

一撇一捺

各位观众，请仔细看一下中国地图。这是山海关，万里长城从这里向西南方延伸到中国的腹地，高高低低，途经七个省、市、自治区。

这是北京城，京杭运河从这里伸向东南的大海之滨，深深浅浅，流经四个省、两个市。

我们从地图上粗略地看，长城跟运河所组成的图形是非常有意思的，它正好是我们中国汉字里一个最最重要的字眼“人”，人类的“人”，中国人的“人”。

你看，这长城是阳刚、雄健的一撇，这运河不正是阴柔、深沉的一捺吗？长城和运河是中国人为人类所创造的两大人工奇迹。

“愚公移山”多么令人可钦可佩，但毕竟是先人编撰的故事。而万里长城和京杭运河可就不同了。它们是人类历史上由中国人设计并施工的两项最大的建筑工程。

巍峨的长城，是我们祖先用自己的骨和肉铸造的。

深沉的运河，是我们祖先用自己的血和汗灌注的。

我们的祖先为什么要以如此巨大的代价，在如此辽阔的中华大地上书写这个“人”字，它又是何等可敬可畏、可歌可泣的事业呢？说来实在话长了。我们这套节目暂且按住长城这个话题不表，而单单话说京杭运河的来龙去脉，并且较多地展示运河两岸的风土人情。

——纪录片《话说运河》第一回《一撇一捺》解说词，作者陈汉元

中央电视台是陈汉元登高远眺的扶梯。沿着这个扶梯，陈汉元向人们展示了一个辉煌、壮丽、多彩的人生。在这个过程中，他作为一个大写的“人”，在事业上站立起来，成为众多喜爱电视纪录片的人们仰慕的偶像。

1961 年夏天，陈汉元从华东师范大学毕业以后，被分配到中央电视台前身的北京电视台[①]工作，这是北京电视建台的第三年，陈汉元成为这个团队中

① 北京电视台于 1958 年 5 月 1 日开播，中国电视事业从此诞生。

的第100位成员。

当时，我国电视事业处于初创阶段，业务人员极缺，在第一年见习期里，陈汉元就被当作正式编辑使用。

然而，陈汉元的初衷是当摄影记者，这也是那个时期进入电视台工作的青年人最朴实的愿望。因为当时是国家经济困难时期[①]，摄影记者的粮食订量比一般其他工作人员要高。不仅如此，和现在不同，那时编辑工作的重要性并没有被充分认识，只是幕后英雄。在重大活动中，冲在前面的耀眼明星始终是摄影记者。

但是，经过一个笔试以后，陈汉元与摄影记者无缘了。因为他文笔好，被确定为电视编辑。

1961年8月，陈汉元和摄影记者一起到内蒙古的锡林郭勒盟去拍摄骑兵团的军旅生活，之后又去了哈尔滨，夏去冬回，一走就是两个月。出发时，他们还是穿着夏装，回来时已是棉装着身。

就这样，陈汉元开始了自己的电视人生。

陈汉元在大学学的是中文专业，因此，他做的电视新闻报道也不同于他人。

1989年访美，在联合国大厦前

从一开始他就不满足于简单、概括式的新闻报道，而是注重从抓细节入手，进行写实报道，这样他拍摄的新闻作品，在早期就有了纪录片作品纪实创作的特征。

比如拍摄骑兵团的这条新闻，为了表现骏马奔驰的场面，他和摄影师乘着北京吉普飞车在前，然后回过头来拍摄飞奔的马

① 1959年至1961年，我国经历了“三年经济困难时期”，在中国历史文献中通常被称为“三年自然灾害”或“严重困难”时期，也是国外一些文献中提到的“灾荒”时期。在此三年期间，我国各地普遍发生了粮食供应紧张的状况，有些地区因此导致了人口的非正常死亡。其困难的严重程度，在中华人民共和国历史上是罕见的。

群；在信号枪打响时，千军万马杀将过来的壮观场景被他们一一摄入镜头……

为了得到清晰的画面，在飞驰的汽车中，他抱住正在拍摄的摄影师，以稳住他颠簸中摇摆的身体；为了表现战马的威武雄姿，他们躲在战壕中，一次次地冒着生命危险，拍摄战马凌空一跃的场景。因为当时是和平年代、困难时期，战马已经很久不受驯了，很多奔跑中的战马见了战壕不是一跃而过，而是在战壕前停止前行，直立起来，骑兵们猝不及防，连人带刀纷纷滚落在了地上……这是特殊年代出现的特殊情况，但是被他们遇上了。

陈汉元有机会参加拍摄的第一部电视纪录片是《瓯江》[①]，这是在他的家乡拍摄的；第二部作品是《长江行》[②]。从严格意义上讲，这些作品的摄制水平当属我国早期的风光片，但是这些创作经历为陈汉元日后的纪录片创作奠定了良好的基础，积累了宝贵的实践经验。

他的纪录片创作人生就是从这里开始起步，一步一步地走向了辉煌。

笔者认为，中国真正意义上有当代纪录片特征的电视纪录片作品应该从陈汉元 1965 年创作的《收租院》[③] 算起。

中国电视纪录片创作按照其创作特点分为三个发展阶段：第一阶段（1958—1978）为起步学习阶段；第二阶段（1978—1989）为探索提高阶段；第三阶段（1989 年至今）为创新发展阶段[④]。在这三个发展阶段中，中国电视纪录片创作受时代大环境、创作观念、经济发展、创作人员素质、科学技术现代化等因素影响较大。

一、早期多元的创作实践

石屹：陈老师，我在梳理中国电视纪录片发展脉络时，发现早期我国有

---

① 该片于 1963 年拍摄播出。

② 该片于 1963 年拍摄播出，片长 30 分钟，主创人员：孔令铎、田亨九、戴维宇、陈汉元、左耀东等。

③ 该片于 1965 年底摄制完成，片长 45 分钟，采用 16 毫米胶片拍摄。主创人员：陈汉元、朱宏、王元洪。

④ 见《中国电视》2007 年 NO.7 第 47 页《全景式观察中国电视纪录片》，作者石屹。

代表性的电视纪录片作品中，您的作品所占的比例较大，影响深远。比如，我国第一阶段的代表作品《收租院》，它提升了这个时期电视纪录片的创作水平，使我国电视纪录片创作发展到一个新高度。

以后分别创作的《下课以后》《雕塑家刘焕章》，在当时也产生了广泛的影响，它们各自开创了这一类型纪录片创作的先河。

我想首先问您的是，您是怎样做到：不仅使作品成功，产生持久的影响；而且，还能够让作品的品质超越同时代的作品？

陈汉元：《收租院》和《下课以后》是我最早期的作品，《雕塑家刘焕章》稍晚一点。

就拿这三个作品来讲，为什么比较精彩？

第一个要素是被我们拍摄的对象本身比较精彩。

成名作《收租院》

纪录片《收租院》的主创人员有：陈汉元、朱宏、王元洪；片长 45 分钟，

多年以后，陈汉元担任了中央电视台副台长。图为陈汉元作为中国视协纪录片学会会长在中国纪录片学术研讨会上发言

采用 16 毫米胶片拍摄，1965 年底摄制完成。

《收租院》是在国家开展的社会主义教育运动中诞生的，它以北京美术展览馆展出的反映阶级压迫的泥塑人物群像为题材，通过到四川省大邑县实地拍摄，将一群静止不动的泥塑人物的内心世界，通过影像和解说形象生动地展示出来，达到了启发、教育民众的目的。

由于作品创作扎实、内容深刻、风格新颖，达到撼人心魄的拍摄艺术效果，成为我国这个阶段电视纪录片的创作高峰，在一个时期产生了相当的影响。

《收租院》的开拓性贡献表现在以下几个方面。

首先，突出表现在社会功能上。《收租院》具有较强的思想性和政治寓意。该片开拍之时正值我国开展轰轰烈烈的社会主义教育运动。作品通过实地拍摄四川大邑县的真实人物、史料和“收租院”泥塑，形象再现了旧中国农村压迫与反压迫的阶级关系，很好地配合了当时中国正在开展的社会主义教育运动。

其次，《收租院》的诞生扩大了电视纪录片的影响，使电视纪录片的影响超出了电视屏幕。1966 年 4 月，文化部把电视纪录片《收租院》扩制成了 35 毫米电影拷贝，在全国电影系统发行、放映。解说词被编入小学语文课本。在一些地方《收租院》还被改编成话剧搬上舞台。这是中国早期电视纪录片的影响超越电视传播范围、广为社会服务的典型例证。

第三，《收租院》在艺术化风格样式上进行大胆探索、创新。在此以前，中国电视纪录片的基本模式是报道型，尽管摄影、编辑和解说词写作都很认真，但形式却变化不大。“文学型”纪录片的形成和运用，以文学性见长的散文体纪录片，是从《收租院》开始的。

《收租院》解说词以浓厚的感情和文学色彩，把泥塑作品与史料和当事人的讲述结合起来；在整体风格上，使画面形象与语言音乐的表述融为一体，把四川大邑县地主庄园陈列馆内静止的收租泥塑群像变成了流动的历史，从而产生了震撼人心的拍摄效果。

《收租院》这部思想性、艺术性为当时所公认的作品，不但对那时的社会主义教育运动的开展起到了推动作用，而且作为那一时代的典型文化符号，为以后电视纪录片的发展提供了可贵的创作经验和创作文本。

这时期的中国电视纪录片由于受当时设备技术条件、观念的限制，及约翰·格里尔逊（John Grierson，1898—1972）[①]画面加解说风格和列宁的“形象化政论”理论[②]的影响，作品的教育功能被放在了第一位，作品多以某一个方面的内容或单面的形式呈现。

但是，和同时代的作品相比，《收租院》在艺术创作、故事构筑、开创“文学型”纪录片创作方面均有突出贡献，提升了中国纪录片作品的内在品质。

此外，那时我国还使用手摇式摄影机，当时影像画面能够运动起来，就被认为是件非常了不起的事，《收租院》由于创作上的成功处理，不仅完美地做到了这一点，而且把静止的泥塑拍得富有动感。

《收租院》在创作上的成功经验：

深入采访，情感构思，审美追求。创作组最先接受的任务，是以在北京美术展览馆展出的泥塑为题拍摄一部纪录片。当时四川美术学院的师生，为配合阶级斗争教育，在大邑县地主庄园陈列馆用泥巴塑造了当年农民向地主交租的群像。由于这组群像塑造得生动形象，富有教育意义，美术界又请四川美院的师生在北京中国美术展览馆大厅复制了一部分《收租院》的泥塑。

创作组看了泥塑展后，很受感动，但认为当时在北京美术展览馆展出的

---

① 纪录片创作大师，英国纪录电影学派的创始人。他是一种纪录电影模式的命名者，一个时代的象征。他在《纪录片的首要原则》一文中强调：在现实中挖掘素材，并从熟悉素材的过程中自然形成故事，通过生活细节的并列，创造出对生活的阐释，有明确的创造意图。他关于纪录片原则的阐述对于今天的纪录片创作仍然有积极意义。格里尔逊模式的不足之处是受限于当时的技术，当我们以现在的眼光和标准去看待过去的事情时往往会产生一些偏差，影像技术在那个时代还很不完善，电影尤其是纪录电影要做到同步记录声音是很难的。事实上，画面加解说的片子，在历年各种国际电影电视节参评作品中一直占有相当的比例。

② 苏联于 1928 年出版的《西方的电影和我们的电影》一书中，卢那恰尔斯基回忆了列宁在 1921 年关于国际新闻片的口头指示。据卢氏说，列宁讲话的内容是“广泛报道消息的新闻片……要有恰当形象，就是说，它应该是形象化的政论”。因此，列宁所说“形象化政论”仅指新闻片。后来，苏联纪录片理论家格黎格里耶夫等人把“形象化政论”解释为列宁对纪录片的定义。此后，以讹传讹，在很长的时期内影响人们对纪录片的观念。

只是《收租院》泥塑群像的一部分，不足以反映全貌，不能构成一部纪录片，而且反映如此悲惨的生活景象，在美术馆这一富丽堂皇的场景中拍摄亦显得不协调。于是他们本着严肃认真负责的态度，专程到四川进行实地考察，重新构思，最后确定在四川实地拍摄一部以阶级教育为主题的电视作品。

其内容包括：现实生活、地主庄园和泥塑作品。在四川拍摄过程中，创作组通过访贫问苦等采访、考察活动，激发了强烈的爱憎感，创作激情空前高涨，这种激情融化到作品里变成了图像、解说词、音乐传达给观众。作品充分运用摄影造型、编辑技巧和解说词组成的影视艺术语言，达到了较高的审美效果。

电视纪录片《收租院》在正式出拷贝之前，还在社会上广泛征求意见。曾先后到长辛店机车车辆厂、北京第一机床厂、昌平某公社、顺义某公社、解放军某团、中国人民大学、美术家协会放映，并举行多次座谈会，广泛听取意见，进行改进。

《收租院》作为那个时代的文化符号，也被永久地留在了人们心中。

陈汉元：《收租院》分两个部分，前半部分讲的是庄园，实景介绍，说刘文彩[①]是怎么回事。

四川美术学院学生创作的泥塑人物群像。图为收租子过斗。财主用大斗进小斗出的方式剥削佃户

后半部分是介绍四川美术学院学生们创作的泥塑作品。讲《收租院》收租子的情景。

《收租院》的中心、重点、感人的部分还是泥塑。

我认为是泥塑本身的艺术魅力吸引了观众。

① 解放前四川省大邑县的一个财主，在泥塑艺术中他被当作剥削阶级的代表人物。

当然，这部片子当时打得响的原因还在于当时的社会背景。全党全社会都强调阶级、阶级斗争不能忘。当时纸面的文章书籍有的是，但是变成画面的、会动的电影、电视这样的作品几乎没有。

石屹：应该说根本没有。

陈汉元：纪实性的就更没有。《收租院》是应运而生，正好在那个时候杀出来了。

我们先是看到了一个新闻，知道有这么回事儿，然后就赶去采访，我们为《收租院》先后去了5趟。

石屹：当时全国正在开展社会主义教育运动？

陈汉元：对。也叫“四清”①。就是要教育全体群众、干部不能忘记旧社会，不能忘记旧社会的苦，不能忘记地主、不能忘记阶级压迫和阶级剥削。

1965 年，陈汉元（右一）在拍摄《收租院》地主庄园门外

你别说，现在回过头来看，这里已经有很浓的反腐的因素，当时不是这么提就是了。

石屹：“四清”就是反腐败的运动？

陈汉元：嗯，它先是从经济讲起、查起，然后，才查到干部的不正之风，包括政治上的一些失败、腐败。

在这个背景之下，你说杀出一个《收租院》这样一群泥塑作品，它当然就符合了社会的需要。

但它只是摆在那里，靠人们走路、坐车去参观。那个地方还比较偏，影

① 全称“四清运动”，是指 1963 年至 1966 年，中共中央在全国部分城乡开展的一次社会主义教育运动。四清运动的内容，一开始是在农村中“清工分、清账目、清仓库、清财物”，后期在城乡中表现为“清思想、清政治、清组织、清经济”。

响面毕竟小。我们把它拍成了 16 毫米的电影，搬上了电视荧屏，当时的影响也还只是在北京电视台。

后来影响就比较大了。又做成了 35 毫米的拷贝在电影院放映。35 毫米拷贝了多少我不知道，16 毫米是 1200 个拷贝，在全国放映。

在当时来讲，那是个天文数字，影响之大，所有意识形态领域的领导事先都没有想到。

这一方面是当时社会时代背景的需要；另一方面凭良心说，在艺术创作上，我们这帮人，把死的东西拍活了。

这个拍摄，机位相对来说比较少，它是个半露天的泥塑展览。

泥塑群在那儿立着，不能动，不能搬，而且群像中的好多个体是贴着后墙的，镜头只能在 180 度的范围里面做文章。

我们不可能跑到它后面来拍，后面是墙。

就是在这样不能动、拍摄角度小、颜色单调——都是咖啡色的情况之下，泥塑拍得好像都能动起来了，一个一个通过我们的镜头更加活灵活现①。

我们把它们分成一组一组，根据创作时的一些想法编成故事。

陈汉元（右二）在《收租院》拍摄现场做指导

石屹：通过人物对话、人物关系……

陈汉元：和人物旁白，来展现和叙述。

这里播音员功不可没。那时的播音员是中央人民广播电台的。一个叫铁成，一个叫赵培，这是他们的艺名，他们俩确实播得好，把感情色彩都传达出来了。

我当时希望他们说得不要过于悲哀，也不要过于愤慨，但是，

① 有一组长的运动镜头是把泥塑一小组一小组地拍成照片，放大，裱起来，把它们连接在一个平面上，像《清明上河图》那样，然后再架起轨道和照片平行，移动着拍。见《中国纪录片发展史》，方方著，中国戏剧出版社 2003 年版，第 249 页。

要让受众充分感受到那种要爆发出来的悲哀和愤慨。

除了拍得不错、播得不错之外，音乐配制得也很好。音乐是中央电视台的老同志曾文济配的，一共两个。

石屹：二胡名曲《江河水》？

陈汉元：对。一个是《江河水》，一个叫《苦菜花》。音乐拿来反复地用。

石屹：非常有感染力。

陈汉元：嗯，突出了里面板胡的作用。借助音乐，配上解说，和镜头的速度、节奏相配合，几个因素加在一起，以及语言本身的特点——不叫喊，是一种低速的呈现。这样，产生出了感人的力量。

总体上，解说词文学色彩比较浓，有不少排比句综合在一起，组成了一个整体的艺术品、流动的艺术品，很受观众欢迎，而且的确打动了观众的心。

不管现在人们对阶级、阶级斗争怎样看，在当时的社会，不管每个人的家庭历史背景怎么样，都受到了感染，确实在社会上引起了很大反响，有不少评论，解说词还进入了小学语文课本。

石屹：《收租院》还被搬上了舞台。

陈汉元：对，还被搬上了舞台。这就是《收租院》的一些背景情况。

尝试故事化创作

石屹：陈老师，《收租院》是用讲故事的方式进行叙述的。我们知道，讲故事是20世纪90年代末中国电视纪录片才开始发展使用的叙事策略。当时你们是怎么想起了用这种方式进行叙述的？《收租院》是我国第一个在创作手法上融入艺术化元素的纪录片作品，当时你们为什么会采用这样的方式进行创作拍摄？

陈汉元：从文学创作理念上，我个人希望把事实摆出来，但是要尽可能少地摆作者的观点。

如果把两者同时摆出来，就是作者利用了自己的话语权，强加于被拍摄的对象和受众。当时这个想法还没有那么强烈吧，但是我牢牢地记住恩格斯讲过的一句话，就是：“文学作品应该把自己的观点掩埋在字里行间。”

就是说，宣传色彩浓，并不等于宣传效果好；反之宣传色彩淡一些，它的宣传效果可能会更丰富。

这种理念我是在上大学的时候，或者是在上中学的时候就有的。是表现一种意境，而不是强迫地让你接受我明火执仗亮出的观点。

上中学的时候我就有不要明火执仗地亮观点的意识。

到了大学，通过对文学概论的学习，又上升到理论上来了，知道恩格斯说过这句话。

进了电视台以后，除了新闻要直接说出观点以外，做别的节目，我是坚决、尽量地把观点埋在字里行间、放到画面的后头，及画面与画面连接的地方，让人们去感悟、去感觉。

后来，我很明确、主动地提出，纪录片要“故事片化”，然后是故事片要“纪录片化”。哎，要“化”。

为什么？我认为，好多故事片做得太假，应该想办法让人家看了认为这是纪录片，强调一个“真”；反过来，我希望纪录片要“故事化”，因为好多纪录片做得实在太枯燥、太没有味道。我希望它们能被做得像故事片一样好看，就是故事性很强。

残酷的现实告诉我们，纪录片要做好，要把整部片子做得像个大的故事。

第一种情况，如果运气好，被你撞到一个题材，拍了三年，结果它是一个完整的、有头有尾的、有高潮的一个大故事，那最好。第二种情况，如果没有大故事，那你就尽可能地去挖掘这个片子的容量，使你的片子有若干个故事可讲。你的本事是把这些故事找到，把它连接起来，并且把它连接得很好。第三种情况，假如真的没有许多实实在在的故事可讲，你起码是一种以讲故事的心态来制作这个没有故事性的纪录片，就是要以讲故事的心态和架势来进行叙述。

石屹：您的这段话解释了您以前创作的一些思想脉络。您以后的作品，好像也都有这种意识在里面。您说要强化讲故事这种意识，您正式公开、明确提出这个主张，应该是您做纪录片学会会长以后的事吧？

陈汉元：对，做了会长以后，我有对象可说了，有地方可说了，原来没有地方可以讲。我退休的前几年是在搞电视剧。我是在担任电视剧制作中心领导的那个岁月里被选为纪录片的会长的。

刘文彩庄园

尴尬的历史

《收租院》播出三十多年以后，陕西师范大学出版社出版了《刘文彩真相》一书，1999 年 11 月 24 日的《中华书报》对这本书的主要内容做了介绍。

报道说，刘文彩是个复杂形象的混合体：既搜刮民脂民膏、助长烟毒，又济困扶危。

《刘文彩真相》改变了以往人们印象中恶霸地主刘文彩的形象。

1998 年，《各界》第十二期中一篇题为《刘文彩庄园的变迁》的文章，又披露了一个历史：当年名盛一时的刘文彩庄园私设“水牢”一事，经过调查，被证明为子虚乌有。而自称唯一从“水牢”生还的“冷月英”（化名），当时并不是刘文彩的佃户。当年出于“阶级斗争”的需要，冷月英被请上主席台，向群众做报告，四处诉苦说她家因为欠刘文彩五斗二升租谷而被关进有齐腰深水的“水牢”里。

四川美术学院学生创作的有情节的泥塑人物群像

这段“水牢”情节被媒体公开以后，在全国影响很大，冷月英本人也被任命为公社党委书记、公社社长、省人大常委，当选省劳动模范，还受到毛主席接见。后来“水牢”被查明不存在时，有记者问冷月英，她说：“记不得了，好多年的事，咋记得吗？”

1985 年，文物部门正式提出对原“地主庄园”陈列馆内弥漫着恐怖气息的“地牢”“水牢”“行刑室”重新进行研讨，对刘文彩是“地主、恶霸、官僚、军阀”四位一体的定性结论中不准确之处要认真修改等。1988 年 4 月 5 日，闻名一时的“水牢”“地牢”“行刑室”牌子被摘下，分别换上真实的“鸦片仓库”“年货室”“瓷器室”等新牌子。1988 年庄园被当地政府列为重点保护的名胜古迹游览区，并推出了以“庄园文化”为主题的旅游热线。2000 年这里被共青团中央命名为“全国青少年教育基地”。

大邑刘氏庄园是从 19 世纪中晚期至 20 世纪中叶，四川近现代大官僚地主刘文彩及其家族陆续兴建和扩建了富丽堂皇、中西合璧的庄园建筑群，占地面积 7 万余平方米，建筑面积 2.1 万余平方米，是我国近现代重要史迹和代表性建筑之一；今天，这座保存完整、规模恢弘的庄园建筑群已成为社会历史变迁的实物资料和近现代四川西部地区建筑技艺博物馆。

四川美术学院学生创作的泥塑人物群像

大邑刘氏庄园展览分为四部分：老公馆复原陈列刘文彩及其家人的生活现场；并展出蜚声中外的大型泥塑《收租院》；文物珍品馆和民居雕刻馆以庄园馆藏精品陈列奉献给观众；川西民俗馆生动再现了川西人民生产、生活等民俗风情。

泥塑《收租院》是中国现代大型泥塑群像。创作于 1965 年 6 月至 10 月，陈列于四川省大邑县刘文彩庄园。作者是当时四川美术学院雕塑系师生、校外雕塑工作者和民间艺人姜全贵等。

泥塑《收租院》，共塑 7 组群像：交租、验租、风谷、过斗、算账、逼租、反抗。以情节连续形式展示出地主剥削农民的主要手段——收租的全过程，共塑造 114 个真人大小的人物，将西洋雕塑技巧与中国民间传统泥塑的技巧融合在一起，生动、深刻地塑造出众多不同身份、年龄和个性的形象，是中国现代雕塑史上空前的创举。

石屹：《收租院》是在四川美术学院学生们创作的泥塑作品的基础上进行的再创作，这个作品开拍前你们也在当地做了前期采访，你们掌握的材料与雕塑中反映的事实是吻合的，是这样的吗？

具体地讲，我们以前宣传中说刘文彩是“地主、恶霸、官僚、军阀”四位一体的一个人物形象，泥塑里表现出的也是这样的人物形象，纪录片《收租院》里给这个人物定的基调也是这样的，这些与你们了解到的事实都是吻合的，是这样的吧？

成都刘文彩庄园泥塑《收租院》作为庄园展览的一个部分

陈汉元：对，是这样的。泥塑反映的刘文彩形象，与报纸上登载的人物形象，以及我们所采访到的基调是一致的。我们也不可能不一致。

我完全相信我的采访。在那种情况下，很有革命激情，我相信毛主席关于阶级和阶级斗争的理论。

石屹：你们当时都采访了哪些人？

陈汉元：当时采访了公社的负责人，冷月英家里去过，找她谈过。到底采访过多少人，已经过去四十多年了，没有记录。

石屹：应该是采访了几类人，对吧？

陈汉元：对，采访了公社的党、政干部，像冷月英这样受苦受难的代表人物。

石屹：她当时是老百姓？

陈汉元：是老百姓，她不是干部。她是作为受苦受难的典型代表，是从水牢中唯一活着出来的人。

石屹：后来证明没有水牢，水牢是她杜撰出来的？

陈汉元：那就不是她个人的问题了，冷月英只是说她被关过水牢，这不等于水牢是她造出来的。

石屹：材料里是这样说的：自称唯一从“水牢”生还的“冷月英”（真名吴冬冬，1911—1984），当时并不是刘文彩的佃户。而私设“水牢”一事，经过调查，被证明是子虚乌有的事。

陈汉元：对。但是我们当时去的时候已经是很热闹的时候，当时的布局不是我们去了以后才有的，是已经有了以后我们才去拍的。

石屹：你们有没有拍到水牢？

陈汉元：水牢拍到了。

真有水牢，还有铁笼子，铁笼子里还站着人，把这个笼子放在水里头。房间周围是水泥的，底下也是水泥的，那里有水，人被关在笼子里，站不能站，坐不能坐的。我记得当时还有钉子，所以人关进去就不会活着出来，冷月英是唯一从里面活着出来的人。

我现在没法说这水牢是有还是没有，我们当时拍的时候，它是有的。

这是40年前的往事了。

我们赶去拍摄已经是最后了，前面的收租院已经出来了，小册子《地主庄园》也已经印出来了，我们是看了北京故宫后面部分的泥塑展览，拍了一个新闻片，受到启发，然后去拍摄纪录片的。

石屹：《收租院》已成为历史的一部分，在人们心中留下了深刻的印象，事隔30年之后，在1998年又有了不一样的说法。您是在什么情况下知道冷月英的事情是不属实的？您当时的感觉是什么？

陈汉元：我听了以后，几乎没有太多的感觉。因为我不是在那儿长大的，不是在那儿受地主压迫剥削。我是在浙江温州乐清出生长大的，直接感觉到的是那个地方的不公平、剥削与被剥削、压迫与被压迫的情景。

因此，对于四川省大邑县安仁镇地主刘文彩登载的事实到底是怎么样，当年我们还真的缺少特别深入的调查。就是我们去问，也不可能有人说刘文彩好。

当时谁会有胆量说他还做了这个好事，他做了那样好事？这个做好事的事，今天回过头来看，我认为是完全有可能的。

刘文彩也不是一生下来就有钱、有地，他也是一点点发起来的。那发展的过程，从我受的教育来讲，当然是要用权力去进行很残酷的原始积累，有了财富以后，他也不能一味地作恶，肯定也要修桥、铺路，然后修建庙宇，做些好事，这完全是可能的。

刘文彩为自己和他的弟弟刘文辉营造的新庄园

石屹： 其实事物都有两面性，不能过于强调他的某一面。

陈汉元： 是这样。现在回顾收租院这件事，我觉得当时进行的调查研究、听到的，我没有任何怀疑，都信以为真，人家没有必要骗我。

现在回过头来看，当时在那种情况下，你也调查不出来像后来说刘文彩好的那些材料，就是受恩于刘文彩的人也不敢说，说了你就会被认为是站在了地主的立场上去了，那就要挨批、挨斗的。

我现在七十多岁了，当年才二十多岁，不到三十岁，现在来看四十多年前的事，我对自己的评价是：革命激情有余，理性思考不足。

这是一个年轻的知识分子，在当时的情况下，再加上自己家庭出身贫穷的背景，所做出的反应，大致是可以被理解的，是比较自然、真实的。

我写的那些词，没有任何人强迫我，完全是我的真情实感，表达的是当时的情绪、思想，当时的情感、思考和逻辑。

石屹：站在今天的角度，您怎样看待这件事？

陈汉元：我认为不存在吸取不吸取历史教训的问题，历史过去就过去了。我对你说过历史就是胜利者对往事的回忆、回顾和评价。当时搞收租院的时候，我想那是反映剥削阶级残酷剥削的一个缩影，起到宣传教育人的作用。我当时做的这个节目，完全是以大的情感方式的回忆和评价。

最理想的历史，应该是胜利者、失败者和与胜利或失败相关的当事者，以及其他的旁观者，大家共同对历史的回顾和评价。当然这是很幼稚的、永远也做不到的假定。但是，我想我们应该往这个方向靠拢。

现在，报上出现各式各样的刘文彩报道，有这好、有那好，可以理解，希望他们说的话也是属实的；但是不能因为这个就推翻了以前刘文彩剥削、压迫农民的事实，说根本没有这回事，那我也不相信。我认为那样不公平，不过，现在的各种观点、各种资料，可以让将来的后人慢慢地去鉴定。

现在有各式各样的说法不是坏事，从四面八方、立体地对那段往事回忆和观察，才能够使往事更接近历史的真实。

石屹：我提这些问题时，有这样一个想法：通过这件事情，有助于人们了解“文化大革命”和“文化大革命”前的这段历史背景。虽然我们谈的是《收租院》，但是反映出的是那一段的历史。因为这件事情肯定不是孤立的。

陈汉元：对。当时毛主席讲，阶级斗争年年讲，月月讲，天天讲嘛。阶级斗争就是纲。

石屹：所以想借助您这位当事人，说说当时的政治环境。也就是说《收租院》中某些和历史的误差是在那样的政治环境下造成的，作为个人，对此是无能为力的。

凤凰卫视也给您做过一期《收租院》的节目，他们是怎样做的？

刘文辉，刘文彩的弟弟。1949 年 12 月 9 日，已做了 10 年国民政府西康省主席的刘文辉在彭县宣布发动起义，公开投奔了中国共产党，使我党兵不血刃地占领了西康。1959 年，刘文辉到北京，任林业部部长。1976 年 6 月去世

陈汉元：凤凰卫视为《收租院》也采访过我，讲了当年《收租院》是怎么拍摄的，主要是从艺术角度讲的。

石屹：今天谈的这个话题，能让没有经历过那个年代的人们知道，在当时的历史条件下，事物有它特殊的一面。

陈汉元：这是物质第一性的体现。

第一，先是有泥塑，才有了纪录片。

第二，这个片子一共放映了 8 年，和当年的样板戏一样，也有政治上的需要，是由整体社会的背景决定的，不是个人想怎么做就能做的。

这个现象的出现是一个时代的产物，因此发展到今天，我对文献纪录片的看法是，历史应该是来自利益各方的人的回忆和评价，那才是真正的历史。

我对文献纪录片的评价也是和《收租院》有关，因此我就很担心搞文献纪录片，如果只有革命激情，而缺少革命理性，就很有可能有失公正和公平。

石屹：刘文彩解放后就不在了是吧？

陈汉元：对。据说解放时，病死在逃跑的路上。他们家对解放是有贡献的，他的弟弟刘文辉是个军阀，解放时率部起义，后来做了我们的林业部部长。

另类的《下课以后》

20世纪70年代，由陈汉元撰写解说词创作的电视纪录片《下课以后》（主创人员：陈汉元、戴维宇、刘天湘等）和童国平摄制的《放鹿》，格调轻松、活泼，给人耳目一新的感觉。作品表现出的那种反映自然、追求真实感受的创作风格，赢得了同仁的好评。

作品《下课以后》反映的是山东半岛小学生丰富多彩的课余生活。作品的风格正像天真烂漫的少年儿童一样，轻松活泼，富有情趣。这部电视纪录片播出以后，送到国外，受到好评①。

石屹：1974年的《下课以后》和同时代的作品《放鹿》在20世纪70年代"文革"期间②那个极端政治化的环境下，给人们带来了一种清新、活泼、返璞归真的气息。在当时，这两个作品是属于很另类和与众不同的。

陈汉元：《下课以后》是我们三四个同志一起去拍的，住在那里好长时间，拍摄的是一个不长的、反映小学生活的片子。

这个片子是在"文化大革命"轰轰烈烈的日子里，我们拍摄的一个基本上不太讲政治、和政治保持比较远的距离的一个课外活动。但它也逃避不了整个时代的一些烙印和痕迹。

我们要强调的就是那种"路在脚下，要登高，我们不怕"的气概。让那些孩子在下课以后去从事各式各样的活动，从小培养自己的意志、毅力。当时就觉得好像有点小小的另类，没有一句解说词是说教的，没有一句解说词搬用了政治术语，这在当时是比较难得的。

石屹：如果归类，《下课以后》算是什么题材风格的作品？

陈汉元：算是随笔吧。

孩子在那种政治背景下都是一律化的，很古板，缺少童心、童真。他们

---

① 《中央电视台发展史》，杨伟光主编，北京出版社1998年版。

② "文化大革命"的简称，发生于1966年5月至1976年10月。1981年6月中共十一届六中全会通过的《关于建国以来党的若干历史问题的决议》指出："文化大革命"是一场由领导者错误发动，被反革命集团利用，给党、国家和各族人民带来严重灾难的内乱。

演的节目全国都一样，就是那几个[①]，要唱的歌也就是那几首歌[②]，他们的动作也一样。所以，我们几个人当时认为要找到比较能够反映孩子们真正童心、童趣的生活片段、场景拍摄。但是它也有那时的社会背景痕迹。

比如，里面有请老爷爷忆苦思甜的那一段。那位老人讲得很好，但是，那是我们和有关部门领导商量后的安排，讲得不错，播出以后谁也不感到反感。当时的社会生活就是要忆苦思甜，说一段往事给你听；古老的民谣一辈辈唱，唱出了太阳、唱落了星。那个年代，就是这样。

好在这个作品时代的烙印不深，也赢得了业内人士的掌声。

《雕塑家刘焕章》艺术形象的刻画

1983 年，中央电视台摄制播出的《雕塑家刘焕章》是这时期众多人物电视纪录片中堪称最优秀的作品，也是我国最早出现的电视报告文学体之一。主创人员：陈汉元、李绍武等。作品以自然真实的画面和“家常话”式的解说风格，塑造了一个有理想、有个性、忠于艺术而又有丰硕成果的中年知识分子形象，让人感到可亲、可敬。

《雕塑家刘焕章》影像，1983 年

什么是电视报告文学？陈汉元的解释是：电视报告文学是新闻、艺术、文学的综合。它以画面为基础，按照报告文学的要求，把画面、解说、音乐、音响有机地结合起来，将现实生活中具有典型意义的真人真事和人物的内心世界，真切感人地呈现在观众面前。它使人既能从中得到某些思想上的启

① 革命样板戏等。

② 有浓郁的政治色彩的歌曲。

迪，又能获得一定的艺术享受[①]。

《雕塑家刘焕章》播出时在电视界引起轰动。作品在技术处理上有许多独到之处。

为了使电视报告文学体式的优势得到充分发挥，该作品在我国电视纪录片中首次采用了声画对位的结构方式。整个片子以三条线展开，多方面地为表现主人公刘焕章的精神境界服务。一条是反映刘焕章工作、生活以及家庭关系等方面的画面线索；另一条是以表现其坎坷的生活经历、心理活动为主的解说词线索；第三条线索是贯穿全片、时隐时现、咚咚作响的凿刻声响效果声。这三条线在片中有时重合交叉，有时各自独立，就像一首多声部的乐曲，和谐而又多变，一切围绕着表现人物的内心世界、思想感情。比如，介绍刘焕章的夫人和孩子，画面是现在的情景，而解说叙述的是过去的事情，两者各按自己的逻辑分列进行，而又相互对位，共同表现了刘焕章的家庭生活。

画面	解说词
墙上挂着一幅油画，画的是刘焕章夫人——年轻时的沈朝慧。她在院里洗衣服、晾衣服	早在22年前，这位姑娘在欣赏一件名叫《少女》的木雕作品的时候，她的爸爸（沈从文先生）对她说："朝慧，你看这《少女》多像你啊！"回想这段往事，刘焕章说："这完全是巧合。不过，她也许是喜欢我的作品，后来发展到爱我这个人了。我们结婚十多年来，她对我有时也有些埋怨，不过，这称不上是什么难念的经。总的来说，她是十分理解我的。对于我的作品，她是第一批观众之一。她还经常给我找些资料，有时也参与构思。她同样要上班，还要干那么多的家务活儿。是的，她是理解我的，支持我的，帮助我的。"
刘焕章的女儿在做功课	"我们两口子只有这么个孩子，她是在叮叮当当声中长大的。"
刘焕章的女儿擦桌子、摆碗筷、端菜，全家进餐	（沈朝慧说）"不过，使老刘和我感到特别欣慰的是：这个房间上下左右搁着这么多怕碰怕磕的成品和半成品，伸手就能摸到，转身就能碰着，可我们这孩子从小到现在，从没有碰坏她爸爸的任何一件作品。"

① 《水淋淋的太阳》，陈汉元著，北京广播学院出版社1994年版，第253页。

此外，作品的解说词大胆地用第一人称方式去摹拟人物的内心独白，使作品不再滞留于外观的表现，如作品以第一人称的口吻这样写道：

> 我以为雕塑这门艺术本来就来自民众，它应该为广大民众所有。雕塑家既可以为英雄人物塑像，普通老百姓也当然有被塑像的权利。其实，这应当像照相一样，谁想照就照上一张，谁想塑就塑它一个。

这里没有理论的架子，也没有陈旧的口号，却朴实、通俗、简单、明了地说明了刘焕章对艺术与大众关系的思考和独到见解。

在同期声尚未开掘的历史背景下，“独白”式解说使纪录片创作焕然一新。而那余音绕梁、一唱三叹的结尾更让人难以忘怀：

> 假如你要寻找刘焕章的家，那是太容易了。你不必背记门牌号码，而只要记住胡同号就行了。因为在他家的窗户外面，长年累月摞着那么多怪里怪气的大树桩。
>
> 那么，刘焕章在不在家呢？
>
> 你听——［深沉的劈木、凿石之声］

陈汉元创作的报告文学体的作品还有：《他的业余生活》（1982）、《海水不可斗量》[①]（1984）、《詹建俊和他的艺术》（1985）等。

石屹：《雕塑家刘焕章》是报告文学体的作品？

陈汉元：对，作品拍摄完以后，我还应香港的《良友》杂志的邀请，写了一篇报告文学，就叫《雕塑家刘焕章》。

石屹：陈老师，这个作品成功的原因是什么？

陈汉元：你问我获得成功的原因是什么？还是同样的原因——被拍摄对象精彩。

就是这个满脸胡子的像木匠、像老农、像石匠的一位教授——刘焕章，

① 1984 年 3 月 25 日在中央电视台《人物述林》栏目中播出。

他本身太有个性，他从来不趋炎附势，不屈服于命运的安排，对艺术的爱和执着几乎像爱他的生命一样。他把爱艺术和爱生命放在了一个天平上，换句话说，他爱雕塑如同爱惜他的生命一样。只要他醒着，他的行为、他的思考、他眉宇间所表达的情感总是与雕塑挂钩。

这个人物本身有很多故事。从小到大，到老，他所走上的这条路，以及从事雕塑工作之后，引起"文化大革命"当中的遭遇经历，等等，有很强的故事性。

记得有一天，摄影记者李绍武找到我，我当时是中央电视台专题部主任，他说，咱哥儿俩是不是一起闹一个？他先去采访，了解一下大概的情况，然后，我们就分四个礼拜天，骑着破自行车，由西城跑到东城，从早到晚进行采访，那时没有开机。当时还没有录像机，是拍电影。

那时还不是双休日，四个礼拜采访完之后，做出一个共同的决定：要我去写结构。

所谓的结构，就是把解说词写出来，经过那么长时间的采访，什么情况都知道了。

当时我特别激动，几乎是一气呵成，把这个结构写完了，然后礼拜一上班，我把几个合作的人召集在一起，然后念了我的解说。念解说本身就是念结构，他们听了以后高兴得不得了。说，就这样了。

然后，我们就把这个拿去念给刘焕章和他夫人[①]听，让他们听我们这个叙述的过程是不是符合他们的实际情况，里面表达的观点和感觉是不是符合他们的实际，或者里面引用的一些话是不是他说的。反正那时没有同期声。

他们说，都是。

石屹：是他们真实生活的原貌。

陈汉元：嗯。当时的创作就是这样的。

我们有一个原则，决不制造没有的"有"；我们要拍的都是重复他的生活和工作状况。

平常，他经常骑着平板三轮去寻找树桩和怪石头，这些他有固定的时间。

① 沈从文的女儿。

每个礼拜他踩着车到处转，多少时间是在那个房间里搞雕塑，等等，都几乎是按时间表发生的事。

他告诉了我们这个规律，我们就抱着机器跟着他拍。

最后我们和刘焕章一家成了好朋友了。到现在，我们还有往来，倒一杯小酒，一块聚聚。

李绍武是电影学院的毕业生，我和他从来没有求刘焕章给我们一个小作品。

其实，只要我们开口，我想他会给的。

我认为，不能像有些人那样，拍了一个书法家，问人家要一幅字；拍了画家，问人家要一幅画。几年下来，他就攒了很多字画和印鉴。

我们俩合作下来，认为这都是“小人”的行为。我们不只拍了刘焕章一个人，我们拍了许多人，一个东西也没有拿。

石屹：《雕塑家刘焕章》在艺术创作上，还有很多和别人的作品不一样的地方。

陈汉元：对，镜头的运用很到位，挖空心思，恨不得在墙上打个洞。

石屹：墙上打个洞来，拍摄角度会好一点是吧？

陈汉元：对，因为他房子太小。这个作品可以生动地、具体地看到一个雕塑家、一个艺术家、一个教授，在那个年代的所作所为、所思所想。

那种对民族、对生命、对自己的责任感表达得相当充分。

在镜头设计上，特写接特写有时候也是犯忌的。而这个作品，尤其是开头，连着十几个特写镜头接起来，配上凿木头、凿石头的声音，结果就产生了非常强烈的感官刺激，给人们留下了深刻的印象，让你多少年都难以忘记。

这个片子的结尾也比较别致，成为大学教材中一个老纪录片的典范。那条胡同很安静，我们的镜头是对着窗户往下摇，镜头中出现的是一堆张牙舞爪的树桩——雕塑的原料，以及怪里怪气的石头。

刘焕章开始凿刻，镜头就离这些石头、树桩越来越远，一直远到几乎看不见，然后出字幕，字幕是黑底白字，就是工作人员表。这时解说词说，假如你要寻找刘焕章的家，那是太容易了。你不必背记门牌号码，而只要记住胡同号就行了。因为在他家的窗户外面，长年累月摞着那么多怪里怪气的大树桩。那么，刘焕章在不在家呢？你听：

呯，哐，呯，哐，呯，哐……

听着这声音，镜头渐渐地远去。

然后，大家听惯了的劈木、凿石的声音又开始回响。

是夸张了的，一直敲到片子结束。

黑底白字出来以后，不是配上音乐，还是凿木头的声音。

这个声音会提醒观众，你刚才看到的是什么人，他有一颗怎样的心。让你看完了也不站起来，也不走。还在回忆刚才那个胡子拉碴的人。

石屹：让这个人物形象久久地定格在人们的脑海里。

陈汉元：哎，就是希望达到余音绕梁的效果吧。

石屹：这个片子在当时不同凡响。

陈汉元：主要展现了在“文革”以后，一个知识分子、艺术家，要夺取丢失的时间、夺取失去的损失，加倍地工作、劳动、创造。表现的就是这样一个典型的知识分子的形象。

《泰山》写出民族文化

6 集电视纪录片《泰山》于 1983 年摄制、播出。陈汉元为《泰山》的第二集撰写了解说词。

奇绝天东[1]

——泰山之二

陈汉元

天下名山，必有奇观，要不，它们怎么会出名呢？五岳独尊的东岳

① 《祖国各地——中央电视台节目稿选》（第一集），中央电视台《祖国各地》组编，科学技术文献出版社重庆分社 1985 年版，第 185–191 页。

泰山，当然不会例外。让我们就从银色的冬天说起吧，看看泰山的四季究竟是一个什么样的世界……

雾，它会让人产生扑朔迷离之感，那么，由雾演变过来的“雾凇”呢？雾凇，它不是雪，也不是冰，当然更不是雾中的松树了。它是雾气在零下十度左右凝结而成的结晶。雾凇对人对物都是一视同仁的。它让石头开出白色的花；它让枯树发出了洁白的芽；它让落泊的荒草穿上了神气的新装。草丛灌木，经过雾凇装饰，如雕似塑，显得格外神气：有的像迎春花含苞待放；有的像白莲初出银波；有的像秋菊银丝傲霜；有的像腊梅喜迎新雪；微俯的草穗，犹如玉女含羞的月貌，头部云鬓高挽，仿佛还佩戴着精巧的银钗玉簪呢！

岱顶雾凇不同于一般的树挂。由于受高空气流的影响，岱顶雾凇无孔不入，无处不沾，它像漫天散落的白玉，在独尊的东岳筑起了奇特的花墙。岩石峭壁上的雾凇，仿佛一簇簇滋生的银耳，银耳是名贵的补品，但是普天下何处有这样硕大的银耳呐?！山巅风口处，雾凇借着风力，在草木岩石上横生斜长，最大的竟达一二寸长。草木上雾凇迎风摇曳的形象，不禁使人联想到水边的芦花。芦花是迎风倒斜的，而泰山上的“芦花”却迎着狂风生长。你如果迎着浓雾从南天门登上玉皇顶，雾凇就会把你的眉毛、头发都染白了。如果面对镜子的话，你可能会惊喜：“哟，我已变成老寿星啦！”

啊，泰山的雾凇嘀，它不愧是高明的魔术师，它真是天才的雕塑家呀！

清清的山泉，芬芳的丁香，春天来到了泰山，春天已经来到了人们的身边。但是直到春末夏初，泰山深处，严冬还牢牢地霸据一方。岱阴寒气袭人，冰泉挂壑，玉柱垂帘，正如古人所说的那样：“六月寒冰坚玉柱”啊！外地来的游人——尤其是姑娘们，总要披红穿绿，打算把泰山点缀得更漂亮。然而，他们不知“高处不胜寒”，结果呢，只得裙子套裙子，裤子套裤子，裤子套裙子，裙子套裤子，啊呀，真可谓“乱套”啦！不过，“功夫不负有心人”，受到了迷雾寒风袭击，付出了代价的人毕竟要饱享眼福的，他们往往会看到平地上见不到的“佛光”。

泰山的气候是多变的，尤其在农历六月，天气就像娃娃的脸——说变就变。传说泰山女神具有呼风唤雨的法术，每年都要撒下七十二场浇花雨。泰山腰间的“斩云剑”传说是泰山女神用来呼风唤雨的。云雾飘到这里，如果不悄悄地遁去，就会被斩断化为雨露。

雨来了，要躲一躲，这可是无可厚非的人之常情。不过，躲过了雨，保存了热，却失去了人生难得的机遇，不能亲身领略泰山雨中的奇观。

“云起半空方作雨，天临绝顶忽开晴。”这是古人对泰山雨景的描写，真是放晴了吗？不，这往往正是暴雨的前奏。泰山风雨瞬息多变，有时碧空万里，转眼间风生万壑，云起诸峦，地底生电，百川兴雷，大雨像破了天似的倒了下来。透过雨幕，只见近岭远山由深暗到浅淡，层层叠叠，连绵不绝，宛若一幅浓抹淡染的水墨画。风雨中，千峰飞瀑，万流俱泻，悬崖峭壁上，“飞流直下三千尺”，深壑巨川间，“疑是银河落九天。”山洪穿过南天门，滚滚滔滔，一泻千丈。陡立的十八盘上，飞瀑重重叠叠，由天而降，正是雨过天门水铺锦，瀑落天梯浪作花。

泰山之水天上来，迎着激流上泰山。人们常说“跋山涉水”，那是泛指路途遥远，先爬山后淌水，或者先淌水后爬山。但是，又有多少人有过涉水爬山的经历呢？假如您遇暴雨而不退避，踏着浪花步步高登，就可以大言不惭地拍着胸脯对人们说：“嗐，我这才是跋山涉水呐。”

暴雨过去了，泰山脚下升起了漫漫的云雾。云借风势，风助云威，云雾由少到多，由慢到快，波推浪涌，浩浩荡荡。云海雾潮猛扑到山崖峭壁上，飞溅起阵阵浪花。滔滔云流从悬崖上跌落下来，万丈云瀑，飞流直泻，势如翻江倒海。古往今来，不知有多少文豪诗圣为泰山云、雾、雨、山，题诗作赋，高歌低吟。郭沫若唱道：“飞雾岭头急，稠云海上旋。”李白也为泰山云雾留下了“银台出倒景，白浪翻长鲸”的诗句。站在泰山之巅，面对无边无际、幻境多变的云海，你可能会在心底吟诵着苏东坡写的《赤壁怀古》：“……乱石崩云，惊涛拍岸，卷起千堆雪。江山如画，一时多少豪杰！”你可能会联想到“水漫金山”的故事，以至于会感到，自己仿佛是出海远航的海员……

泰山之巅，人称“天庭”。如果你到天街上一游，就会感到身边清风飒飒，身边浮浮悠悠，说不清是在人间天上，还是在天上人间。恐怕也要写一篇《逍遥游》了。云雾中的仙人桥，则另有一番情景，古人有诗赞曰：“三石两崖断若连，云蒙似接翠微烟。猿探雁过应回步，始信危桥只渡仙。”

雾消去，云散开。众山若近，群峰拱岱，一览无余，磅礴万里。这时，你大概会发出这样的感叹：远在两千四百多年前，孔老夫子说：“登泰山而小天下”，这是多么精辟的概括啊！

北京香山的红叶是有名的。但是谁能说，泰山的红叶不是一团火呢！红叶好像是一个醒目的信号，它告诉天下大众，欲观日出万千气象，霜染红叶大好时光！

登泰山观日出，为古今游人的夙愿。站在泰山之巅，欣赏“晚霞夕照”“黄河金带”“万家灯火”“天上人间”，也常被人们传为美话。当暮色欲来之时，日落如车，月挂如船，四山尽紫，翠重红敛，仰望夜空，星月可摘，俯视泰城，灯火灿烂。星月灯火遥相辉映，天上地下浑然一色。捷足先登者虽然不能马上看到日出，但是利用这个机会欣赏一下泰山的夜色，不也是难得的享受吗？假如看到日出是故事的高潮，那么，趁此在心理上做一些铺垫，恐怕也是很需要的。

登山路上，成千上万的游客汇成了一条灯的长河。人流中的灯火光柱，掩晕流辉，欢声笑语，遥相呼应。山越高，人越密，三四米宽的盘路上，人群熙熙攘攘，几乎容纳不下。十八盘两侧，有人席地而坐，有人和衣而卧，有人闲谈聊天，有人闭目小歇。从登山路上到泰山之巅，从望府山到玉皇顶，从瞻鲁台到日观峰，人的山，人的海，人的潮，人的流，整个泰山简直成了人的世界。据说，有一年“五一”期间，登泰山看日出的人一天就达十万之多。泰山日出固然是奇观，竟然有那么多的人同时跑到一座山上看太阳升起，不能不说这也是一桩今古奇观！前面雨中的泰山曾经对“跋山涉水”这个成语做一些解释，那么这万人登岱的情景不正是成语“人山人海”的立体说明吗？

泰山日出之奇，古今传闻甚多。传说古时候，有一个人在梦中看到了泰山日出，于是登基做了皇帝，这当然是个笑话，然而在泰山之巅看日出，的确会使你受到鼓舞，会使你真切地感受到什么叫朝气蓬勃，会使你奋发起来——觉得做人一生，应该像初升的红日一样……

登泰山观日出，古有“三遇”之说，正月无雨，海晕不升，一遇；暮秋气爽，新霁无尘，二遇；仲冬雪后，晓绝云烟，三遇。得到“三遇”的机会，一年中并没有几天。可见，泰山日出的确是不可多得的奇观。

“万支金箭熔东海，玉轮欲跃扶桑红。”这是古人对泰山日出的称颂。登泰山观日出，有时会碰到浓雾，有时会碰到乌云。但是什么力量也阻挡不了日出，云雾终究遮不住光芒万丈的太阳。拂晓，晨曦把天边抹上了一层浅淡的鱼肚白，继而，黎明的曙光由深紫、橘红变为金黄，镶金镀银的朝霞像礼花飞腾，如炬火烈燃。此时此刻，万壑将暝，千峰送晓，云霞雾霭相映，岚光宝气交辉，东方天际，浮光辉金的海面上，一轮红日喷薄而出，照亮了群山，照亮了大地，照亮了整个世界！

人生啊，火红的人生！

太阳啊，火红的太阳！

石屹：同时期您还参与创作了《黑颈鹤》[①]《泰山》。

陈汉元：我比较人性化地写了《黑颈鹤》的生命过程。

《泰山》我是怀着一种对中华民族文化无比崇敬的心情来写的，写《泰山》实际上就是在写中华民族的文化。

我认为我的《泰山》解说写得比较有气势，但又不失幽默，里面有些话，年纪大点的同行至今都还记得。比如说给“挑山工”腿肚子的特写，青筋都暴了出来，当时解说词的大意是，他们挑上来吃的、喝的，其实最终他们挑上来的是泰山的文化。

泰山的文化是他们挑上来的，千斤重担压在他们肩上，他们挑上了泰山，

① 中央电视台 1983 年摄制。

这就是泰山的“挑山工”。

还有“五一”，有很多人簇拥着到泰山上看日出，等待日出，那是很冷的。

在那个节日里，山头上都是人，我写道：

这万人登岱的情景不正是成语“人山人海”的立体说明吗？

还有几个上海姑娘看日出，冻得够呛，她们穿了长裤，外面又套裙子。我的解说词写道：

他们不知“高处不胜寒”，结果呢，只得裙子套裙子，裤子套裤子，裤子套裙子，裙子套裤子，啊呀，真可谓“乱套”啦！

这些在后来开会的时候，经常会被人提到，很幽默。

创作心得

石屹：您的解说词在幽默中把作品的内涵、意境升华了。

同样是做纪录片，我感觉您做纪录片总和别人不一样。这到底是为什么？

陈汉元：我不是从现在，而是从初中写作文和当学生干部开始，我就要求自己写的和讲的跟人家不一样。怎样说得更加吸引人，尤其是女孩子更加喜欢听？这可能是弗洛伊德的学说原理在起作用。

比如说到游泳池去跳水，同班的女孩子，大家一鼓掌，连命都不要就要跳下去。

石屹：您也这样吗？

陈汉元：我就是这样！男同学在后面推着你了，那时候你还说“不跳，不跳，我走下去”，不会的！就是死了，当烈士了，也得跳下去！

有时候我就想这个历史是英雄创造的，这个英雄的心里肯定会有一个异性或一群异性推动他（她）创造这个历史。

就我自己，希望自己说话、写文章和别人不一样。哪怕有一点不一样也行。

石屹：也就是有这样的意识，使您的作品与众不同，产生了广泛、轰动的社会影响。

陈汉元：过去有时候听领导同志做报告，领导讲得特卖力，人家服务员也会递上热毛巾，让讲得满头大汗的领导擦汗。但是我观察听的人有偷偷地看报纸的，有打毛衣的，然后纷纷地撤离，领导就特别生气，开始训人："那么重要的报告，你们就坐不住，走了，这像话吗？"有一次，我举手说："领导同志，别这样嘛，不听话的人都走了，你骂人，骂我们这些坐着听话的人。"大家哄堂大笑。

我在想，领导同志做报告是在做宣传，他的报告就是一个作品；我们拍纪录片、做节目也是在搞宣传，也是一个作品。我要注意做得让人爱看，不要像这个领导，弄到后来观众都走了。

我刚工作的时候，在办公室里碰到一个老同志。他说，各位，你们大家休息一会儿，我出差刚回来，我给你们说一个笑话，大笑话。

我一听这个老同志说笑话不够，还要说大笑话，就认真地听。结果他一边说，一边笑，吐沫四溅，差点出溜到桌子底下，但是别人谁都没笑。

我想，要高度注意，咱们搞纪录片或搞作品不能像这个同志这样，先给自己定个位，说笑话，而且是个大笑话，一下子就把观众的胃口调起来了，期望值拔高了，结果形成了极大的落差，造成失败。我要吸取这个教训。

于是，我很注意拍片子从结构上、总体上吸引人，做到好看、好听。

当然也有好朋友，异性的好朋友，年轻的时候在食堂吃饭时，开玩笑给我一个评价："哗众取宠"。但话也说回来，恰恰是这种"哗众取宠"的幽默感使你的作品能够吸引那么多观众。

我搞纪录片、写作品总是有话要说，总是想和人类的基本问题、基本心态能够结合起来。让人家看了以后不仅能乐一下，最好还能不被强迫地想一下。

石屹：有所感悟和启发。

陈汉元：嗯。很自然地不被强迫地想一下。就是十多年前你采访我纪录片的终极目标时说的，不能够让人家看了白看，他们白看不等于你白做了吗？总会留下一点什么感觉吧。这个感觉对他想问题、做事情，如果能够产生一些影响，那就是我的伟大胜利。

但是也不能都这么要求。第一步你要做到让人家不拒绝，然后愿意接近你，到后来进入谈恋爱的状态。作者就要把观众当作谈“恋爱”的对象来对待，因此你就要找既有意思又有意义的话题和他（她）聊天。

石屹：这样投入的感情满多的。（笑）

二、文化基石

1978 年中国改革开放，经济建设全面复苏，国民经济进入发展快车道，经济的繁荣带动了纪录片创作的发展。《丝绸之路》（17 集）、《话说长江》（25 集）、《话说运河》（35 集）、《唐蕃古道》（20 集）等一批弘扬民族传统文化的大型电视纪录片精品问世。

以大量的篇幅，运用电视纪录片的形式，在更广阔的空间，立体地、连续不断地展示我们民族的文化艺术、社会历史、人文风貌，这在历史上是第一次。

《丝绸之路》影像，1980 年

而经济的发展，技术条件的改善和观念的更新是这时期促进纪录片创作产生变化的根本原因。

1979 年到 1982 年拍摄的《丝绸之路》[①]（17 集）是我国第一部大型纪录片。在此之前，所有的纪实节目没有超过一小时，而且都是单本的形式（不是系列的）出现。

作品《丝绸之路》

《丝绸之路》1980 年 5 月播出，17 集。主创人员：屠国璧、裴玉章、戴维宇、金德显、曹兴成、吕斌、吴明训、王纪言、任远等。这部作品是我国第一部大型电视纪录片。其题材宏大，内容涉及上下千百年，纵横几万里，开创了中国纪录片大片的先河。

《丝绸之路》依据特定的主题，总体上给人一种由东向西、探古访今的连续感。

作品的 1—6 集曾经参加 1980 年度由中央电视台主办的电视专栏评奖，荣获优秀节目奖荣誉。

《丝绸之路》的创作成就

丝绸之路是指从中国古长安（今西安）开始，伸向西域的以丝绸为主的贸易商路，始于周秦，盛于汉唐，是东西方最早的文化交流通道。中国的丝绸、茶叶、铁器就是从这里走向西方的。

丝绸之路历史久远，路途迢迢，自然条件恶劣，文化内涵丰厚，至今仍是考古学家、历史学家、旅游者魂牵梦萦、意欲涉足的文化长廊。

1.《丝绸之路》开创了中国文化纪录大片的先河。

《丝绸之路》题材宏大，内容涉及上下几千年，纵横几万里，不仅具有恢弘壮美的气势，而且结构布局张弛有度，虽在表现形式上采取化整为零、

① 中国首部大型电视纪录片，1980 年 5 月在中央电视台播出，共 17 集，各集片长不一。本作品沿着古丝绸之路由东到西，以探古访今的形式，向人们展示了我国古代璀璨的文明史，我们祖先伟大的艺术创造力及艺术作品。

分段编辑、分段播出，但整体气韵不断。全片共 17 集，它们是：

第一集：《古都长安》；

第二集：《跨越黄河》；

第三集：《祁连山下》；

第四集：《神秘的黑城》；

第五集：《莫高窟的生命》（上）；

第六集：《莫高窟的生命》（下）；

第七集：《到楼兰去》（上）；

第八集：《到楼兰去》（下）；

第九集：《流沙古道》（上）；

第十集：《流沙古道》（下）；

第十一集：《美丽的和田》；

第十二集：《火焰山下》；

第十三集：《穿越天山》；

第十四集：《龟兹幻想曲》；

第十五集：《沿天山西行》；

第十六集：《天马的故乡》；

第十七集：《葱岭古道行》。

《丝绸之路》：巨型水车，1980 年

这些片子累计长度 12 小时左右。《丝绸之路》在技术处理上，把作品做成系列节目，也就是把宏大的主题在时间上分割为连续的片段，从而构成连续播出的节目。

大型电视纪录片是电视纪录片的发展和延伸。《丝绸之路》依据特定的主题，以电视工作者的采访活动为导线，分系列沿古丝绸之路展开摄制，有的以“线”为主，像《祁连山下》《流沙古道》；有的在“点”上展开，如《古都长安》《莫高窟的生命》。每集系列自成一体，完成本身的叙述，又承上启下，成为系列节目中不可缺少的一环，从而构成了系列的电视纪录片。这种“大手笔”的拍摄方式，为电视纪录片的系列化探索出一条成功之路，也为我国电视纪录片创作思路的创新提供了可靠依据。

2. 突破我国长期不与外界合作的限定，为以后类似的合作铺平了道路。

我们的合作对象是以前的抗战敌对国日本，这种合作不仅突破了长期以来我国与外界文化交流与合作上的政治禁锢，也为中国电视纪录片以后的长足发展，直至走向世界，扫除了思想观念上的障碍。

《丝绸之路》开拍的前前后后，合作双方进行的成功、完备的外交程序，为我国电视界与国外合作提供了成功的范例。

3. 首次以大量篇幅将中华民族灿烂文化搬上荧屏。

中华民族有五千年的文明史，如何将中华民族的灿烂文化通过电视表现出来，《丝绸之路》找到了好的切入点。丝绸之路是人类历史上开辟最早、距离最长的陆地国际商道。在这个古道上不知有多少令人向往的文化瑰宝等待着人们探访、发掘。《丝绸之路》摄制组以弘扬民族文化、回溯历史、面

《丝绸之路》中千手佛舞蹈造型，1980 年

向未来的创作视点，第一次以大量篇幅生动介绍了公元 2—4 世纪我国通向欧洲西亚的陆路交通要道也是对外交流的交通命脉的丝绸之路文化，展示了全长 7000 余公里的古丝绸之路，对促进我国和世界文明的发展所起到的重要作用。

在展现古丝绸之路文化时，作品还采用了多种表现手段。片头选取的代表丝绸文化氛围的经典镜头：跋涉的驼蹄、沙漠中的驼队、悠荡的驼铃、灯光中的织机、朝霞中的驼队等做引导，将历史、现实、文物、古迹、自然、风情等内容汇聚一起，把雄伟、荒凉、严峻、粗犷、轻快、细腻的摄影表现集于一身，使远、全、中、近、特各种景别的画面语言有机地交织在一起，赋予作品出手不凡的气势，给人文化积淀的厚重感。

这种文化积淀的厚重感，在《古都长安》《莫高窟的生命》等篇章中，又得到了集中体现。它带给人们的不仅是感官上的愉悦，更多的是精神上的鼓舞。

这部大制作，1980 年 5 月在中央电视台首播时，因其厚重的文化韵味和丰富的知识介绍，吸引了亿万观众，而“美名”扬天下。

4. 众多编导、摄影同时创作一个主题、不同内容的节目，形成新的创作格局。

《丝绸之路》打破由一个编导始终拍摄整个作品的传统，采用由众多编导、摄影同时创作一个主题、不同内容的节目工作方式，形成纪录片创作新格局。

这种创作方式目前在大制作中能够看到，如法国雅克·贝汉 2001 年花费 4 年时间拍摄完成的《迁徙的候鸟》（*Traveling Birds/Le Winged Migration*）就是分成几组，由不同的编导执行拍摄任务的。但是在当时的年代，采用这种方式拍摄是不多见的。

《丝绸之路》的制作任务是由 11 位日方编导、8 位摄影师和 11 位中央电视台的编导、多名摄影师对等合作，共同摄制完成。这样就有可能将 17 集的系列片按照先后次序分给 30 人组成的创作班子，同时在几个点上展开工作，保证了全部影片在短时间内摄制完成，并定期播出。

《丝绸之路》采取边拍摄、边编辑、边播出的工作方式，节目的创作组织形式有益于将许多编导、摄影人才组织在一块，把他们的智慧和创造力汇集在一起，制作出既表现出他们个人色彩又符合整体风格，既花样翻新又规范统一的系列节目。《丝绸之路》在风格、结构的把握上，除总体确立明确广阔的主题外，每一集又有相对的独立性，在独立的个体中，深入报道某一方面的问题，把受众带入一个特定的环境之中，对某一地区、某类问题有一个完整的认识。这些基本经验，对以后电视纪录片创作起到了重要的借鉴作用。

大型系列电视纪录片《丝绸之路》的播出，给电视工作者一个重要启示：电视是每天都伴随着人们的生活而进行的一种播出方式。以前人们没有这种意识和概念。《丝绸之路》每集长度不一，有的长达一小时，有的只有 20 分钟，而且每月播出一集，间隔时间过长，影响到了观众有规律地收看。

作品《话说长江》

1982 年开拍的《话说长江》[①] 作为一个系列电视纪录片节目，在制作上比《丝绸之路》更完善，体现出中国电视纪录片服务受众的意识逐渐增强，广播电视的传播规律受到重视，标志着系列电视纪录片节目的制作形式开始走向成熟。

《话说长江》开创了我国用主持人主持电视节目的形式，第一次起用电视节目主持人，并把他们推到观众的面前，与观众面对面地交流，增加了电视节目的亲切感和观众的参与感；把已经有的技术条件，比如抠像、叠画等加入到节目中去，加强单位面积视觉的信息量；固定了播出时间和节目的长度，每周日晚上 7:45 黄金时间播出一集，每集 20 分钟。

《话说长江》给人耳目一新的感觉，收视率达到 40%，引起中国纪录片发展史上第一次纪实节目的收视高潮。

《话说长江》取得的成功，与作品的内容和社会大环境相适应分不开。

---

① 我国大型电视纪录片，1983 年 8 月 7 日播出，共 25 集，每集 20 分钟。主创人员：戴维宇、陈汉元、矫广礼、魏中涛、赵化勇、张茂西、王时光、冯骏、李近朱等。

首先，20 世纪 80 年代初，改革开放促进了人们的思想解放和社会文化的繁荣。人民的求知欲望、爱国热情、发奋图强成为社会风气的主流。《话说长江》把爱国主义的主题蕴藏在壮丽山河和灿烂文化的知识性、欣赏性之中，满足了人们渴求知识和欣赏、娱乐的要求，从而激发了人民的爱国感情。而先前的《丝绸之路》播出，对培育受众市场也起到了一定影响作用。

其次，《话说长江》的经费投入是一般节目无法比拟的。这是浩瀚而丰富的思想内容得到充分表现的基石，是成功的物质基础。

第三，画面、文字配合相得益彰。创作者在解说词中体现出广博的知识、充沛的激情与优美的想象，唐宋诗词、风土人情、民间传说、当代英雄，这些都和壮丽的长江风景融为一体，构成一条光彩夺目、绚烂辉煌的河流。

《话说长江》所做的尝试，为我们探索广播电视业的发展规律，有效地进行节目运作提供了宝贵经验。

作品《话说运河》

一撇一捺，合在一起是“人”字。陈汉元和他的作品始终关注的都是人。

“一撇一捺”也是大型电视纪录片《话说运河》第一集的片名，片中陈汉元把长城比作阳刚、雄健的一撇，把大运河比作阴柔、深沉的一捺，这种比喻正好契合了这两个人造工程的功用和气质——筑造长城是为了设置难以逾越的障碍，而挖掘运河是为了取得最大限度的沟通。

在地图上看我们中华民族创造的这两大人工奇迹在北京汇聚，正好形成汉字里最重要的“人”字。

“一撇一捺”的解说词具有石破天惊的气势，被人们称作神来之笔。

1984 年开拍《话说运河》[①]，从 1986 年 3 月到 1987 年 1 月，进行了 9 个月的播出，也取得了轰动效应，使电视纪录片更加深入人心。《话说运河》开始注意现场的氛围，把现场作为纪实非常重要的元素；比较重视平民视角，还把记者推到现场和观众进行直接交流；老百姓在画面里成了一定的主角，有说话的权利。

① 大型电视纪录片，1986 年 7 月 5 日在中央电视台播出，共 35 集，每集 25 分钟。主创人员：戴维宇、陈汉元、冯骏、李近朱等。

由《丝绸之路》《话说长江》《话说运河》带来的电视语言的孕育，以及伴随产生的新鲜感，征服了全国电视纪录片创作者。观众对纪录片的欢迎及认同和纪录片工作者的自觉行为结合起来，从此中国电视纪录片创作慢慢走进一个新时代。

这一时期的大型电视纪录片，以丰富翔实的内容，将中国古老的文化艺术瑰宝、悠久的文明史、自然风貌、中外文化交流、各民族的融合发展、民族精神等做了比较充分的展示，在让世界了解中国的同时，也让中国人民更加热爱自己的祖国。在这些作品中，人们既看到了当今中国社会的发展变化，又感受到中国文化与世界文化共同铸就的人类文明史。

这些作品以《话说长江》为代表，没有把爱国和爱国主义的字眼放在解说词中，但是在创作中又都表达出了强烈的爱国主义情绪，随着这些节目的播出，在全国国民和爱国青年心中燃起了爱国主义热情。

除了《丝绸之路》《话说长江》《话说运河》外，以后中央电视台相继拍摄的《望长城》《黄河》《唐蕃古道》《蜀道》《黄金之路》《伏尔加日记》等，笔者把它们归类为黄河文化系列片，这个系列的纪录片是最能体现中华民族文化特点的电视纪录片之一。它们在选材上多以我们国家和民族的重大文化现象、自然风貌或带有地域特点的民风民俗等为表现对象，在创作上有这样的共同特点，就是在形式上它们都是沿着历史留下的痕迹——一条江（《话说长江》）、一条河（《话说运河》《黄河》）、一座长城（《望长城》）、一条路（《丝绸之路》《唐蕃古道》《蜀道》《黄金之路》《伏尔加日记》）等进行拍摄，在主题思想上沿着民族文化的主线展开，并以此反映我国历史文化、经济发展变迁和人民生活风貌。其中以《丝绸之路》《话说长江》《望长城》等在社会上引起的反响最为强烈，其丰富的内涵和宏伟的气魄，产生出了史诗般的感召力。

这时期我国大型文化型电视纪录片精品，从操作和酝酿过程看，是连续不断地推出的，在 20 世纪 70 年代末到 90 年代初这个时间段里，一直保持着旺盛的生命力。《丝绸之路》尚在拍摄阶段时，中央电视台已开始了拍摄大型电视纪录片《话说长江》的筹划工作。《话说运河》等片，在操作上也经历了类似的连续过程，因此它们在创作的气韵上是相通的。每一部大片的诞生，都建立在对前者创作经验积累、继承的基础之上，同时又对前者有所突破。大型电视纪录片创作上这种富有动态的变化而又不断推陈出新的良性循环的运作过程，对于电视纪录片事业的发展极为有利。可以说，没有前面量变的积累，就没有后来纪录片《望长城》质变的飞跃。

大型电视纪录片创作带来的影响是深远的，它起始于改革开放伊始，同时又伴随了我国改革开放经济建设发展最快的时期，经济的发展对纪录片创作资金上的支持是巨大的，技术设备等的更新需要财力的支持。与此同时在资金支持下产生的高质量的电视纪录片作品对传播中华民族文化，增强我们民族自豪感，鼓舞士气，加速经济建设，又起到了重要的推动作用。两者的作用相辅相成，互相影响，协调发展。

石屹：20 世纪 80 年代的作品《话说长江》《话说运河》在社会上产生的影响非常大，不光是解说词非常感人，它们的形式大家也很喜欢。这两个作品还有《丝绸之路》等优秀作品一起引领中国电视纪录片创作进入了一个新时代。拿现在时髦的话说，就是我们国家电视纪录片创作进入了一个大片时代。这些作品在焕发人们爱国主义热情方面，达到了一个前所未有的高度。《话说长江》收视率达到了 40%，这在今天是不可想象的。回过头来看这些事情，您认为，为什么这些作品在当时会产生这样好的社会效果？

陈汉元：我必须强调所有的电视节目，包括纪录片在内，都不是某一个人的个人行为，它是一个群体集体创作的结果。这里头有些作品，应该说，我在里面起主导作用。因为我负责把握主题，提炼思想，负责创作基调，还负责提出结构，大结构，同时我还为这些作品撰写一部分或者大部分解说词。所以，作品的成功与失败都不能归结为我一个人，失败不能归为我一个人，成功也不能归为我一个人。

关于《话说长江》《话说运河》《丝绸之路》《黄河》[①]《唐蕃古道》[②]

① 我国大型电视纪录片，1988 年 2 月播出，共 30 集。该片从黄河源头到入海口，系统深入地展现了黄河流域的自然人文风貌，以及黄河文化与中华历史文明的密切关系。

② 大型电视纪录片，1987 年 4 月在中央电视台播出，共 20 集，每集 20 分钟。总编导：王娴；摄影：王怀信；其他主创人员有：张达民、黄升民、丁广师、杨小平、常立岗等。

等作品的成功，现在回过头来看，多少都和我个人有些关系。这个关系，一个我是做纪录片的老编辑，后来又成了做纪录片部门的负责人。你不想去关心也得关心，不想卷入也得卷入，这是职务要求的，更何况我个人对介入这种创作还很有兴趣。

想当年，我真的十分怀念，特别依恋，尤其在用人问题上让我至今感慨万千。当时王枫是台长，阮若琳、洪民生是副台长，他们将《话说长江》交给我去处理，真的就让我有职有权，在具体的业务问题上由我说了算；一旦碰到大难题，作为分管我们部门的阮若琳副台长就会到现场当机立断，做出安排。那时，还真的是“疑人不用，用人不疑”哩！

总之，中央电视台纪实节目一些比较关键的变化，都多少与我有一点儿关联。

代表作《话说长江》

1983年8月7日由中央电视台播出的25集大型电视纪录片《话说长江》（制片人：戴维宇、王华南、矫广礼；撰稿人：陈汉元等；编辑：赵化勇、魏中涛、张茂西、王时光、李近朱等；主持人：陈铎、虹云）以浩瀚的内容、新颖的形式，使我们的电视屏幕变得更加丰富、活泼。

《话说长江》从长江的源头开始，顺流而下，逐个介绍长江流经地区的山水风光、历史文化、风土人情。每集介绍一个地区或城市，直到长江流入大海。

《话说长江》不仅介绍长江的历史、现状和发展前景，而且介绍长江的气象万千以及两岸的物产宝藏、文物古迹。虽然没有曲折的故事，也没有贯穿始终的中心人物，但是，它循着“大江东去”的主线，体现了爱国主义的主题思想。

这种通过一条江河做载体，来介绍一个地区乃至一个国家的历史演进、经济发展和人们思想转变的拍摄方式，为以后的“长河”系列电视纪录片创作积累了经验。《话说运河》《黄河》等作品就是基于《话说长江》的成功经验的基础上创作出来的。由此“长河”系列电视纪录片在系统地介绍历史

《话说长江》影像，1983 年

地理知识、文化知识，探讨各种社会问题如环境保护、经济发展、人与土地的关系等方面具有的优势被首次开发了出来，同时人们发现这种拍摄方式，还可以从多种角度反映社会变迁。

《话说长江》从拍摄策划到节目播出，注重按照电视的特有规律进行操作，取得了较好的收视效果，是我国电视工作者开始按照电视规律运作的一个良好的开端。

1983 年 8 月 7 日开始固定在每周日晚上黄金时间播出的《话说长江》，累计时间 500 分钟，播出时间达半年之久，这种做法在中国电视史上都是空前的。

系列性是电视的优势，电视是送入千家万户的视听传播工具，收视环境

20 世纪 80 年代末与中央电视台同事合影。左起：邓再军、宋世雄、戴维宇、陈汉元、赵忠祥

的稳定，使受众感到方便和亲切。《话说长江》按照播出规律以固定的长度、在固定的时间播出，并且播出前做适当的媒体宣传策划的一系列做法，使得《话说长江》获得了较好的播出效果。

《话说长江》在创作上有如下一些特色。

1. 内容系统完整，丰富多彩。

长江沿岸的山水风光、历史文化、名胜古迹、名人典故、诗词歌赋、风俗人情、新旧变化等，奇观荟萃，胜景迭出，是拍电视片的好题材。

1963 年我国也曾拍过一部以长江为题材的 30 分钟的电视纪录片《长江行》，事隔 20 年电视工作者发现，对于很有价值的拍摄对象，要想让观众有较系统、较深入的了解，并产生较大、持久的反响，最好是把它搞成系列片或者系列节目[①]。和《话说长江》相比较而言，当年的《长江行》由于篇幅和条件所限，内容未能充分展开，而显得有点蜻蜓点水、浮光掠影。

2. 明确服务于受众的主导思想。

在制作形式上，《话说长江》按中国人的欣赏习惯，采用章回评书体。全片既各自独立，又相互关联，从而使我国的大型电视纪录片的制作，在文化氛围和艺术品位等方面逐步提高，并且更突出了电视的优势，便于定时播出，定时收看。

3. 在节目样式上，首次设置了两名节目主持人[②]出面“说话”，与受众交流。

作品采用第一人称、藏露结合的方式，缩短了与受众的距离，增强了自然亲切的气氛，是制作形式上的一个创新。虽然从严格的意义上讲，这时的主持人还不是真正意义上的节目主持人，但这为以后电视纪录片节目运用节目主持人做了有益探索，是电视纪录片创作观念的一个新突破。

4. 解说词写作独具风采。

作品解说词充分注意趣味性、知识性和文学性，努力摒弃空话套话，成

---

① 《水淋淋的太阳》，陈汉元著，北京广播学院出版社 1994 年版，第 336 页。

② 陈铎和虹云的双人主持是一个突破。“双人主持”是第一次在中央电视台亮相，并且获得了广大观众的好评。从那以后，中央电视台的《新闻联播》栏目也开始了双人播音。

为吸引观众收看、从中得到美的享受的一大源泉。精湛的解说词不仅为作品增色不少，被编辑成册出版；有的解说词还因文字优美、叙述生动、知识性强、比喻得当等特色而被收入中学教材，供学生学习使用。比如，《话说长江》第八回的解说词《从宜宾到重庆》，用瓜与藤这常见的事物来比喻长江流域湖泊与长江的关系，准确而又简洁地交代了洞庭湖的地理位置。

作者还把岷江的内江灌溉水系比作一张“尼龙丝网”，而把彭山县比作“这个网兜底的一个结扣”。显然，作者善于运用人们十分熟悉、极易理解的事物来比喻，因而也就达到了既通俗易懂又形象生动的目的，而这种在文字上体现出的文字功力，为《话说长江》增色不少。

5. 后期编辑，突出中华民族个性。

在画面处理上，作品非常注重画面的表现力，让足以反映长江外部形象和性格特征的画面本身去“话说”长江，实现“百闻不如一见”的电视纪录片的本体功能。编创者在编排画面时进行精心挑选，使其入情入理，富有变化。在节奏、音乐、画面的安排上，注重气韵的结合，意在表达一种奋发向上、奔腾不息的气势。这气势就是民族精神的体现。

在“黄河文化”系列的电视纪录片中，这种气韵随处可见。

6. 加强了播出前和播出中的宣传、评介工作。

把《话说长江》和《丝绸之路》作比较，两部同是大型电视纪录片，同是反映中华民族文化的大题材，但《丝绸之路》在观众中的反响却不如《话说长江》那样大，原因就在于《话说长江》做到了节目时间长度规格化，有主持人，每周星期日晚上 7:45 按时播出，其中注重了播出宣传，比如穿插几次答记者问等，给人以深刻印象。

《丝绸之路》在很多方面比《话说长江》更为出色，但播出时没有考虑到传播效果等诸方面的问题，每个节目忽长忽短，没有主持人串接，没有定时播出，而且播出时间间隔过长，每月一集，因而影响了传播效果。

《话说长江》播出时，如果发生错误，能及时纠正，取信于民，扩大了影响。

《话说长江》节目制作上的成功经验是一笔宝贵的财富。

《话说长江》也是一部中日合拍的电视纪录片。1980 年 4 月中央电视台和日本佐田雅仁企画社签订合拍《话说长江》电视纪录片协议，计划从长江上游岷江开始，拍到长江入海口崇明岛。其中，长江上游的画面是中央电视台记者从前拍摄的资料，长江中下游的画面则是中央电视台记者和日本佐田雅仁企画社在 1981 年联合拍摄的。

《话说长江》的结构

可以说《丝绸之路》《话说长江》《话说运河》《唐蕃古道》《黄河》《望长城》等中国文化纪录片都是按照空间线索结构法结构作品的，即按空间的概念来排列、搭配各个部分的内容。简言之，就是按照某种地理概念，凭借地域和流域的界定结构作品。

作品《话说长江》结构上的突出特点是“三明”，即明晰、明快、明确的空间结构线索。所谓明晰是指头绪单一，线索清晰；所谓明快是指内容集中，主题突出；所谓明确是指主题单纯，立意具体。

这部大型纪录片一共 25 集，从长江源头说到长江入海口，从政治经济文化说到风光风俗风情，上至天文，下至地理，古今中外，无所不及；既有古代历史沉思，又有当代城乡巨变。

面对这样一个题材，《话说长江》的编导选择了一条简捷的结构线索：按照长江的流向，自西向东，顺着奔腾入海的长江水流趋势，将沿途的风土人情一五一十地道来。这就好像一个技艺高超的说书艺术家话说一部引人入胜的小说，每每开讲必能吸引听众。

作品采用“话说”式的分集手法，每到关键之处便截止，给观众一种欲知后事如何，且听下回分解的感觉，增加了作品的艺术魅力。观众被一回一回的节目吸引住了，思路进入到结构线索之中，于是产生了期待感，这也是作品备受观众重视的一个重要原因。

该作品 1983 年荣获由中央电视台主办的全国电视专栏节目年度评选特别奖；在 2007 年中国视协纪录片学术委员会的评选改革开放 30 年中国文献纪录片经典作品中，《话说长江》获得特别荣誉奖。

确立章回体

石屹：当时怎样会想到拍摄《话说长江》这个纪录片的？为什么会采用章回小说的名字？

陈汉元：这个片子当时是和日本人联合拍摄的，是中央电视台和日本的佐田雅仁企画社共事、联合制作的。所谓联合制作，就是双方都投入资金，然后共同组成拍摄队伍。

这个工程太大了，耗资很多。最初是他们提出来要拍，我们呼应，相对地投入资金。实际操作上，是他们拍他们的，我们拍我们的。影像资料大家共享。编的版本也是各编各的。

但是，实际情况是，《话说长江》一开始我们就决定自己不编版本，由日方编，完成以后，我们把它做成中文版。可是折腾了很长时间，日方就是没有编出来。

于是，台领导跟我说，要我找一帮人自己编。那时还没有名字，我就牵头找人来编。

我提出：第一，采取章回小说的形式，第一回、第二回……一共 25 回。第二，设主持人。第三，名字叫《话说长江》。

我当时是中央电视台总编室主任，挺忙的，有事出差了。回来后发现名字被推翻了。他们说“话说”不通，不要叫“话说”，是“说话”，怎么是“话说”呢？

我当时特别生气。我说，罗贯中写《三国演义》，开篇就是：“话说天下大势，分久必合，合久必分。”他能说“话说”，我们怎么就不能说？就这么定了，谁也不许动。

这样，以后就叫了《话说长江》。后来发展到到处都是“话说”，一直到现在，有些人的文章标题还是话说什么，影响挺大的。

固定节目主持人

我国学术界和电视工作者在 1993 年 11 月为电视节目中涉及的一些概念

专门开研讨会做学术界定，其成果参见中国广播电视出版社 1994 年 7 月出版的《电视新闻分类与界定》一书，主编杨伟光。在这个界定中关于电视新闻节目主持人是这样叙述的：

“电视新闻节目主持人是在屏幕上主持播报和串联新闻节目，发表一定言论的专职人员。与播音员的区别是，主持人在节目中起着主导作用。既参与前期的采访，又参与后期的节目制作，在新闻节目的传播过程中，以节目负责人的身份出场。主持人不是用朗读方式播报新闻，而是采取谈论或交谈式。”

1980 年 7 月中央电视台开办的《观察与思考》栏目，开始出现了主持人的形式，但是不固定。在这个栏目中记者刘申采访北京永定机械工厂女工织毛衣创收的节目，第一次采用了“主持人”的称谓。

1983 年《话说长江》中的主持人虽然还不能算是真正意义上的节目主持人，他们是口播已写好的解说词，但是和播音员不同的是，《话说长江》在电视纪录片形式上有了主持人的形态，在语言表达上有了个性化的风采；亲切自然的风格，拉近了观众与主持人之间的距离，增强了作品的感染力。

1998 年 4 月 1 日，中国广播电视学会主持人研究委员会为陈汉元颁发了特别贡献奖，这次获奖的人一共有 6 名，以此表彰他们为推动我国主持人事业发展所做的贡献。

2006 年，中国艺术家协会播音员主持人专业委员会在全国选出了 25 位杰出的主持人代表，被称为“25 年 25 人”，以此纪念中国电视主持人 25 岁生日。《话说长江》的主持人陈铎成为这次受奖的主持人当中资历

拍摄《话说运河》时，摄制组继续请陈铎、虹云做节目主持人

最老的一位。

陈汉元：设主持人这个建议是我提出来的，而且找了陈铎[①]。

石屹：陈铎之前是播音员？

陈汉元：陈铎是话剧演员。

石屹：他原来不是在中央电视台工作？

陈汉元：不是，他原来是中央广播电视剧团的。是我请他来当《话说长江》主持人的。

我现在记得很清楚当时的情景，是在我们中央电视台老院的一个马路边上，汽车队调度室的门口，我叫住陈铎，聘请他来当这个节目的主持人。

石屹：你们当时住得都很近是吧？他哪一点吸引了您？

陈汉元：对，很近。他有一定的亲和力，他头发花白。

石屹：他年轻的时候就头发花白？有沧桑感？

陈汉元：他是话剧演员，他说话的腔调和播音员不太一样。

石屹：语言上有表现力。

陈汉元：也有表演的能力，他不是打官腔的在那儿说话，我欣赏他这一点。

那时候国内还没有主持人这一说呢。我当时找到他，跟他说时，他还懵懵懂懂的，我给他说会产生什么样的社会效果时，他还乐，还不太相信，不接受呢。

我就给他说，你就当吧，三期《话说长江》播出以后，你到外面去，大家就会认识你这张面孔，很可能你到小饭馆吃饭，人家都不要钱，这是开玩笑。

石屹：他头发白这一点，您感觉怎么样？有什么意思吗？

陈汉元：有意思的，头发白就显得有点分量，因为《话说长江》这个节目不是逗乐的节目。

石屹：有这样形象的人看上去比较稳健。

陈汉元：咱们这是在做一个大的报告，是一个系统的爱国主义知识讲座，那我就请这样一个白发苍苍的人，但是又不是老人来讲，也不是化妆出来的，他可能会帮助这个节目带有一定的分量，比较协调吧。这是一个有分量的节目，

① 1983 年播出的《雕塑家刘焕章》由陈铎担任解说。

请一个比较有分量的人来说。

石屹：虹云当时在哪儿工作？

陈汉元：虹云是中央人民广播电台的播音员。

石屹：噢，她是播音员。现在他俩都是中央电视台的人了吗？

陈汉元：现在都是中央电视台的人了，都调过来了。

石屹：就是因为《话说长江》他们都调过来了？

陈汉元：对。

石屹：虹云当时是怎样被选中的？

陈汉元：她不是我挑的，是陈铎提出的，希望男女搭配。

爱国主义基调

石屹：《话说长江》解说词是在怎样的情况下创作出来的？在总体把握上有哪些考虑和设想？

陈汉元：《话说长江》总编导戴维宇按照我的思路来整理素材，做这个节目。

当时画面素材有了，声音有了，但是没有解说词，没有解说词就等于没有结构。解说词出来就等于本子出来了，就可以对画面进行编辑。

但是没有人写解说词。我找过新影[①]的人，新影的习惯是这样的，凡是有成就、有本事的编导都参与片子的前期创作，都喜欢在酝酿的时候就参与出谋划策，参与前期采访，讨论预案，搜集资料。

当时的情况是到处找不着写解说词的人，而且这个片子也挺难驾驭的。

最后，台领导决定陈汉元你自己动手吧，因此我自己开始写解说词，从第 1 集写到第 8 集。当时我是总编室主任，有很多事要做，就请别人来写一部分，我也继续写，我一共写了十几集，结束那集也是我写的。

关于《话说长江》的创作基调，我当时给创作人员说，我们这部片子就是一部巨大的爱国主义教育课本，形象化的课本，但是任何人都不许在解说当中说出“爱国主义”这几个字，谁也不要把爱国挂在嘴边，但是最后要达

① 中国新闻电影制片厂。

到爱国情绪压抑不了、要像火山喷发一样的浓烈，表面渲染的色彩越淡，效果就会越好。

当时台领导和我都强调创作上遵循这条原则，避免喊口号、说教，要用事实说话，尽可能使作品具有文学性。

激情奉献

陈汉元：《话说长江》《话说运河》《丝绸之路》《黄河》《唐蕃古道》，等等，之所以变成社会长时间的热点，那是编导们作为社会的一分子的那种感觉，那种“下雪了，别忘穿棉袄；出太阳了，别忘戴草帽”[①]，那种知冷知热的情感跟社会的其他成员是一样的。

所以，整个社会到了20世纪80年代初、改革开放之后的一个时期，好比人们穿着那么厚重、那么破的棉袄太久太久了，现在终于把它脱掉了，感到了一种轻松，一种解放。

石屹：人们开始变得精神抖擞。

陈汉元（左一）与同事们在长江边上欣赏祖国的山河美

① 当时流行歌曲《心中的太阳》的歌词，刘欢演唱。

陈汉元：有点轻装上路了。该干嘛干嘛。就像你说的，有好多社会成员变得精神抖擞。

因为整个社会变了。

正是在这种背景之下，编导们作为社会成员，就要伸胳膊、伸腿，他的弹跳力就会提高，领悟事物的能力也加大；反映到软件上，他们的想象力、联系力大大地扩张，不约而同地去反映社会生活。

既想入非非，又根据现实基础去拍摄那些宏大的题材。

而这个社会本身，又为这个想法、愿望提供了可能。其中包括经费、技术条件。

很有趣的是，你现在提出的这些第二批的片子，它们已进入了电子时代，拥有了 ENG① 摄像机。这是这个时代的产物。

石屹：那时的作品还用胶片拍摄吧？

陈汉元：是胶片拍的。但同期声已大大加强了。《话说运河》已经是用摄像机了，有不少地方就直接进行采访。

所以，一个时代变了，人们的感觉发生了变化。

感觉到了轻松、张扬、精神焕发、想象力大大扩张。于是，产生了各种各样的拍摄想法，其中就有主体不怕吃苦，不怕困难，要拍摄宏大的题材。而且这些题材，用今天的话来说，都是“主旋律”，当时还没有这个词。

哎——，你别说，人们就敢拍，敢去碰它。而且一个个编导，那些领头人，都充满了自信。

石屹：放开手脚了。

陈汉元：嗯，各级领导也鼓励去营造、打造自己的创作品种。

石屹：陈老师，具体谈一下《话说长江》《话说运河》这两个作品当时创作上的情况。之后，再请您将它们和《丝绸之路》作一比较。先谈《话说长江》《话说运河》。

陈汉元：第一阶段的作品是那个时代的、典型的传统纪录片的代表。它们都是用胶片拍摄的，很难有同期声。解说占了主导地位。

---

① 电子新闻采集机的英文缩写。

后面提到的第二阶段的作品，是处在由传统纪录片到现代纪录片的一个过渡时期。这时已进入 ENG 拍摄的时代，但是也没有特别多的同期声。

同期声特别多是从《望长城》开始的。

石屹： 这时候使用的材料还是胶片？

陈汉元： 主要用胶片。《话说长江》《丝绸之路》主要用的是胶片，也带了一些摄录设备，但是不起主要作用。《话说运河》主要靠摄像机，所以它的同期声就很多了。摄像机、摄影机这时同时用，但是起主导的已是摄像机了。

这时从技术上已经有差异了。

《话说长江》《话说运河》《丝绸之路》《黄河》《唐蕃古道》这一批作品之所以出现，就是那个时代的背景变了，时代变了。人们的方方面面都发生了很大变化，变得很张扬、变得要开始远征，不管自己怎么样都想登山，都想登高，都相信自己会拿出重头的作品，并会打响。

哎，那个时候，真的，包括我在内，个个都好像雄心壮志冲云霄；但是，也都很脚踏实地地干。

一个根本的问题就是你提到的这些作品，以《话说长江》为龙头，从头到尾，从画面到文字，到它表达的叙事的方式方法、结构、音乐，以及各种元素的配合，始终都洋溢着浓浓的爱国主义精神和情调。

这些作品都有一个共同的东西，就是在爱国的情绪上，都没有把爱国和爱国主义的字眼放在解说里面，包括在被采访人的同期声里我也提醒他，不要用这个词。

我们在开摄制组会议的时候，我也得到领导的同意，玩命地强调不要把这几个字放在嘴上，不要落在纸上；但是最后表达出来的、让观众感觉到的，哎呀，那简直是爱这个国家爱得不得了，从而燃起所有国民尤其是爱国青年的爱国热情。

这种燃烧、点燃不是现在的“粉丝”对于某个“明星”的那种激动，而是基于对祖国、对这片土地和生活在这片土地上的先人，以及在这片土地上留下的他们的精神、文化的结晶的那种痕迹、成果，其中包括比如说对敦煌壁画、龙门石窟，还有乐山大佛等的热爱。

我们祖先在这片土地上留下的文化痕迹，以及祖祖辈辈在这片土地上奋斗的历程与形象表达，让观众感觉到我们这个国家、这个民族有辉煌的过去，虽然这些辉煌中带着苦涩和无奈，现在还面临着不少问题，但是大家会充满希望地走向未来。大家觉得未来是光明的，是有前途的，我们的民族在世界上是值得骄傲的。

但是，不等于没有问题。到了《话说运河》相当篇幅是谈问题了。

石屹：到《话说运河》开始不一样了？

陈汉元：嗯，开始谈问题、谈污染、地方保护主义什么都涉及了，而且都有画面。

《话说长江》给人们看到的更多的是山河的美，人民的勤劳、智慧和文化艺术创造的展现。之所以能够点燃大家的爱国主义热情，不管是《话说长江》《话说运河》，还是《丝绸之路》，是作者们本身在抒发心底对国家的感受，它是真的。

如果说这些作者大部分人都是虚情假意，他们搞不出这些作品来。他们是实实在在地爱国家、爱人民，所以挖空心思、想方设法，以最好的画面、最好的结构、最好的音乐、最好的解说词去表达我们的祖国。

石屹：当时《话说长江》播出时我也在看，那时是 20 世纪 80 年代，印象很深。

陈汉元：也觉得很美是吧，也觉得开阔了眼界、受到了鼓舞、感染？觉得我们国家还不错。

石屹：是。当时的影像画面、解说，现在脑中还有印象。

陈汉元：尽管我强调解说词不要出现说教的口号，但是被拍摄对象的选择、画面的衔接和运用，以及其他元素的使用，都充满了作者的主观色彩。

人们真的是带着一腔爱国情来指挥自己的行动，编辑制作这个系列作品。《话说长江》之所以有这样的一个结果是和这些有关，还搞了一个《话说长江》音乐会，在这个会上推出了那首歌——《长江之歌》。

石屹：《话说长江》主题歌。

陈汉元：嗯。主题歌叫《长江之歌》。《长江之歌》不是《话说长江》

片头片尾的歌。它原先只有曲子，没有歌词，是贯穿全片的主旋律，王世光作曲。在《话说长江》开始播了之后，搞了一个挺长的晚会。这个晚会的串联词是我写的。里面的《长江之歌》的歌词是从全国征集的歌词中，由乔羽等专家集体选定的，词作者是青年军人胡宏伟。

那个晚会的影响挺大的。那种赞美、那种煽情，很多人都受到了感染。

《献给母亲河的歌——话说长江专题音乐会》[①] 串联词片段：

各位观众：《话说长江》主题歌的主题音乐荡漾在神州大地的千家万户，它的主旋律绕梁足足半年有余。许多观众都会哼哼了，但是总是觉得缺了什么。因此，有的观众建议我们想办法给这个主题音乐填一首词，使它成为能唱的、足以体现赤子之心的一支歌。

我们觉得这是个好主意，于是向全国发出了征选《话说长江》主题歌歌词的通知。大家知道，一般的歌曲创作过程是先有歌词后有曲子，可是这回倒过来了——曲调几乎已经人人皆知，现在要请一位作者踩着鼓点儿填词，这就相当难办了！

但是在短短的13天时间里，我们一下子就收到了将近五千首主题歌的歌词。其情可感，其景热烈，真像是五月初五的龙舟竞渡。

……

各位观众：评委会经过认真的评选，最后终于评出了一首名叫《话说长江》的词作为《话说长江》主题歌的歌词。

这是一个十分艰巨的评选过程，当然，并不是沙里淘金，而是从金沙里挑选一颗最亮的金沙。

《话说长江》主题歌

胡宏伟　词

王世光　曲

你从雪山走来，春潮是你的风采；

---

① 中央电视台，1984年3月。

你向东海奔去，惊涛是你的气概。
你用甘甜的乳汁，哺育各族儿女；
你用健美的臂膀，挽起高山大海。
啊，我们赞美长江，你是无穷的源泉；
啊，我们依恋长江，你有母亲的情怀。

你从远古走来，巨浪荡涤着尘埃；
你向未来奔去，涛声回荡在天外。
你用纯洁的清流，灌溉花的国土；
你用磅礴的力量，推动新的时代。
啊，我们赞美长江，你是无穷的源泉；
啊，我们依恋长江，你有母亲的情怀。

陈汉元：《话说长江》之所以在当时产生那么大的影响，是和当时台领导的重视绝对有关系。具体是交给我操办。我也是总撰稿人，写了近一半。盯着的总导演是戴维宇，主抓领导是副台长阮若琳，我是总编室主任。这里我一定要说说戴维宇，他是北京电影学院最早的毕业生，拍过故事片，艺术感觉非常好，而且十分敬业。作为后期总编导，他出了许多点子，《话说长江》及其音乐会的成功，他是立了汗马功劳的。

诚然，很重要的一点，《话说长江》之所以有那么大的影响，还因为它是在每周日晚上 7:45 按时播出。可见当时的台领导对纪录片多么地重视。

石屹：这是黄金时间段。

陈汉元：是最重要的黄金时间，是每周日晚上 7:45 最黄金的时间播出。那个时候，不像现在节目栏目化，节目的长度是固定的，那时候的节目是不固定的。所以也没有准确的播出节目表，但是要做到晚上 7:45 播出，一定要把前面几个节目的时间调整了，到晚上 7:45 正好别的节目播完，《话说长江》开始。

这是个很复杂的系统工程，要全台上下，大家都达成共识，采取措施，确保每周日晚上 7：45 让全国观众能够准时看到《话说长江》。

当然，这跟我当时是总编室主任，也是节目的监制、撰稿，手上有点儿权有关系。

石屹：能掌控节目播出。

陈汉元：能掌控。所以我在想，这权力是顶要紧的。如果说权力和美学相结合，那么就会给大家带来美感；如果权力和邪恶相结合，就带来恶感。

过去我可能给你说过，《丝绸之路》在艺术上，在拍摄方方面面的到位上，一点儿也不比《话说长江》差。但是它没有按固定时间播出，没有规格化，一会儿星期一播出，一会儿星期三播出，一会儿播出 47 分钟，一会儿播出 28 分钟。观众找不到脉络，这对节目的损失太大了。

在表现形式上，《话说长江》有演播室，有主持人，又搞音乐会，凭良心说包装得确实是好。

石屹：这个音乐会是在《话说长江》播出前还是在播出后搞的？

陈汉元：是在播出的过程中。

那时候这些大片的编辑，现在都还活着。我认为这些主力编导自身的境界真的比较高。不像现在有些人，也是没有办法，要养家糊口，要挣钱，眼睛盯着钱。那时候的人，晚上有三毛钱的夜餐补助就不错了，就很高兴了，真是想把自己的作品做好、打响，真的一心一意为作品服务。

充满魅力的解说词创作风格

在我国的电视纪录片作品中，解说词一直被看成是一门艺术。人们说它不是散文，但它比散文还散；它不是诗，但有的确实属于诗。它不是说明文，也不像叙述文，又不像议论文，但是，它需要说明，需要叙述，需要议论，它是一种特殊的文体。

电视纪录片中，除画面人物语言以外的有声语言为解说词。中国电视纪录片的解说词受民族文化的影响，具有独特的语言魅力。优秀的解说词同时也担负了理论诠释的巨大功能。

在解说词创作上，不同的作者有自己不同的创作特色。

陈汉元的解说词创作朴素自然，亲切幽默，充满活力，显示出超然的才智。这些特点在《收租院》《下课以后》《雕塑家刘焕章》《黑颈鹤》《泰山》《话说长江》《话说运河》《黄河》等作品中都有非凡的体现，使得他在解说词创作领域享有盛誉。

陈汉元的解说词创作风格通过对真实生活的理解得到强化，这可从以下几方面的具体处理中看出：

1. 朴实无华，不夸张，不做作。比如写刘焕章，写他的生活工作环境，解说词这样说：

> 刘焕章是一个“绝大多数的中国人并不认识”的“优质、高产的雕塑家”。他家里“没有电视机，也找不到电冰箱和洗衣机”。他的小院子小得“几乎转不开身”；即便是他的那些苦心雕琢而成的艺术品也常常在“出世以后，因为一时找不到安顿之所，往往先在这个做饭炒菜的地方和刘焕章一起共享饭菜香”。

这里，他对作品中人物所处的环境以及生活条件做了朴实的交代，没有丝毫的虚饰，让观众对人物产生由衷的敬佩，显示出作者用心刻画不着痕迹的真功夫。

2. 自然亲切。他擅长以“聊天”“摆龙门阵”式的格调和观众对坐着拉家常、说心里话。

> 冬季温暖，春天来得早，夏天比较热，秋天很凉爽，冰冻时间短，雨水很充足。当然，农业生产的发展不能只靠老天爷的恩赐，只要不人为地乱折腾，那么，这个风调雨顺的好环境，是有可能让这个盆地年年五谷丰登的。

这是《话说长江》中介绍四川盆地的一段话，它如同一位四川老乡对一个外乡来的朋友“摆”起了“龙门阵”。

他还这样介绍了峨眉山的猴子：

> 人们都说，猴子嘴馋。不过，要不是猴儿们如此好吃，哪会给疲惫不堪的游人带来这样的愉快呢？

这些话说得自然、亲切，让人乐意听。文字看似随手拈来，不费力气，实际上都是作者锐意磨砺的结果。

3. 引入人物语言。陈汉元在多部作品中，都从第一人称的角度，用人物自己的口吻对观众诉说心里话，在这些作品中，解说词相应地也采用了口语化、生活化的创作风格，从而产生了较强的感染力。

陈汉元追求作品的思想性，但不把观点硬塞给观众，而以聊天、拉家常的口吻说出。他追求的是一种潜移默化的境界，在不知不觉之中让观众接受他的思想主张。《话说长江》中他由宜宾和它的特产“五粮液”的关系中引出议论：

> 是的，宜宾不太出名，然而宜宾出产的“五粮液”可是中国的八大名酒之一。说起来并不奇怪，生活中常有这样的事，譬如一部故事影片，扮演主角的演员，人们都能说得出来，但是许多人却不知道这故事片的编剧是何许人。

诸如这样的例子在陈汉元的作品中不胜枚举。他常从一些细小的关系出发，跟观众“聊”开，从而引起人们对人生、对现实、对生活的思考。

4. 诙谐幽默。对幽默感的追求使得陈汉元的解说词充满活力。比如陈汉元笔下的峨眉山：

> 有小桥，有流水，没有多少人家；但是，在丛林里，在溪流边，你可以听到山蛙在“击鼓”，你可以看见猴子在“传花”。

《话说长江》中，面对父母背上的孩子左顾右盼的画面，陈汉元写道：

在这里，娃娃有着优厚的待遇。当然，他们也会为父母减少一点“后顾之忧”。

再如，作者说成都人倒茶的功夫：

射程多远，范围多大，凭的是手腕功夫。不射则已，一射准保无误，而且不溅水花，真不愧是高明的“射流技术”！

有时，为了使观众轻松一下，他还故意说点逗笑的话，如描写游泰山的姑娘们：

因为不知“高处不胜寒”，结果呢，只得裙子套裙子，裤子套裤子，裤子套裙子，裙子套裤子，啊呀，真所谓“乱套”啦！

5. 巧用比喻。陈汉元解说词中采用的比喻和拟人手法，形象、鲜明而又新颖，透射出一种超凡。

长江流域有许多湖泊。打个比方吧，如果说长江是一条长长的藤，那么这众多的湖泊就是这长藤上一个又一个的瓜。由西往东数，这是第一个大瓜——它就是洞庭湖。

在《话说长江》中用瓜与藤这常见的事物来比喻长江流域湖泊与长江的关系，准确而又简洁地交代了洞庭湖的地理位置。同样，他也这样介绍朝天门在重庆的位置：

如果说重庆的地形像一条长长的舌头，那么朝天门就是舌头尖了。

陈汉元的比喻也颇具诗意和时代感。他用钢琴的琴键来比喻重庆的台阶：

> 重庆的台阶特别多，好像是数不尽的钢琴琴键。勤劳的山城居民们不分男女老少，从黎明到午夜，就这样共同演奏着生活的交响乐，就这样弹出了时代的最强音。

他还将石鼓镇一带的金沙江比作“超级宇宙健将”，把长江比作“人体的主动脉”。这样的比喻不落俗套，充满新意。

6. 解说词与画面“重叠”。在解说词与画面的关系上，陈汉元不怕解说词“重复”画面内容，敢于让解说词与画面“重叠”。在“重叠”之中，解说词对画面起到强调、渲染、开掘内涵等作用。“重叠”不是啰唆，而是一种创造性的表现。在《收租院》中，画面是一个老农民交完租子以后，领到了几根竹签，他看着、数着。解说词这样说：

> 过完斗，箩筐空了，麻袋空了，肚子空了，一年的辛苦全都落空了！

这里的“重复”，就是“渲染”，把画面内蕴的审美情感抒发出来，起到“此处无声胜有声”的作用。这种“重复”对画面内容就起到强调的作用，同时，也揭示出画面没有表示出来的内涵，加深了观众对作品内容的理解。

在《话说长江》中，面对开阔的长江口的画面，他写道：

> “一叶飘摇扬子江，白云尽处是苏洋。”这是南宋文天祥写的两句诗。所谓“苏洋”就是指长江口的江面。七百年过去了，长江口还是这样水天一色，烟波浩森。

这是“重复”画面内容，但又不是简单的描摹，借文天祥的诗句，使描绘的文字更具文学性，使观众对这辽阔海域的感受因诗句而凝固起来。这种诗化的“重叠”，在某种程度上超越了自然美，带给人们更多美学上的情思和遐想。

7. 解说词与画面“分离”。陈汉元的解说词还大胆采用与画面“分离”的笔法，即我们前面提到的“错位”，他所说的“若即若离”。《雕塑家刘焕章》中，画面是刘焕章的妻子洗衣服，解说词说的是她怎样爱上刘焕章；画面是全家人一起吃饭，解说词说的是他们的孩子怎样对待爸爸的作品；画面是刘焕章在“文革”期间制作的小凳子等物件，解说词说的是他怎样走过坎坷的道路。

《话说长江》中，画面是重庆蜿蜒的街道，解说词说的是如果东北有这样一座山城，可能会出现什么样的境况；画面是岳阳楼和洞庭湖，他的思绪却在养育了范仲淹的太湖碧波里遨游。这样的“分离”是必要的，它补充了画面所不能提供的成分。这种“分离”扩展和加深了主题思想，加深了观众对画面形象的理解，使想象升华，增强审美感受。

《话说长江》中，陈汉元曾这样描绘峨眉山的云海：

> 峨眉山的云彩，变幻多端。巍峨的峨眉山，此时此刻竟然成了茫茫大海中的一个小岛，或是汪汪大洋里的一艘轮船。不错，云是海，海是云，这是名副其实的云海。然而，还是在峨眉山，这厚厚的云层，不禁使人联想到辽阔的松辽平原——春天已经来临，深翻的大地，积雪尚未消融……

这样的处理引发了观众遐想，把观众带向更高层次的审美境界当中，这样的“分离”，就是一种审美感受的生发和升华，观众会由此而领悟到更为深刻的意象，达到较高的审美价值。

解说词的创作不只是一个技巧问题，也非一朝一夕之功。解说词的创作除了需要较高的驾驭语言文字的能力、深厚的艺术修养外，还需要有崇高的事业心、职业道德作为支撑，更需要经常练习，反复实践，在创作实践中自己摸索、悟出解说词的创作规律。即便是有成就、有经验的解说词创作者陈汉元，在创作解说词时也不是大笔一挥，一蹴而就的，也需要经过艰苦、反复的推敲，审慎提炼，才能获得较为满意的结果。譬如观众十分欣赏的为众多电视纪录片创作者推崇的解说词精彩片段——《话说运河》的开篇，即序集《一撇一捺》，就来之不易。

当初，《话说运河》总编导戴维宇请陈汉元撰写开篇第一集的解说词。开宗明义，当然很难。陈汉元深知任务的重要，不敢轻易下笔，憋得好苦。戴维宇又常常上门“逼债”，他只好表示无可奈何的歉意。那些日子，他坐在班车上都冥思苦想，思维的火花就是不闪。

后来，有一天晚上，他又站在中国大地图前仔细地端详运河的走向，突然发现运河同长城构成了一个大写的“人”字——长城是一撇，运河是一捺。长城卧于高山峻岭之间，具有浩然的阳刚之气；运河流于平原低洼之地，大有深沉的阴柔之美。一个构思闪电一样骤然闪亮：古长城、大运河都是人工建造的丰功伟业，都是中国人建造的世界奇迹，显现了人类征服自然的勇气，以及人定胜天的古老哲理……由此引发开去，该有多少话可说呀！于是，他迫不及待地铺下稿纸，一口气完成了那篇寓意深沉、文采勃发的《话说运河》开篇解说词①，解说词创作的孕育过程，由此可窥见一斑。

陈汉元在总结解说词创作体会②时，也曾指出写好一篇解说词要做多方面的努力。

首先，要直接参与电视纪录片的创作，最好是亲自参与采访，亲自动手编片子，即使不这样也起码要做到事先参与片子的结构和总体设计。只有使画面的选择和解说词的撰写处在同一感情的基础上才能进行创作。无数事实证明：只有亲自参与采访、编辑画面、编写、解说，才能使电视纪录片的情感基调保持统一，才能使电视纪录片的解说和画面搭配和谐。

其次，要使自己进入创作角色。就是使自己兴奋起来，自始至终处于创作状态之中，达到忘我的境界。在解说词的写作操作上，要树立一个“语不惊人死不休”的雄心壮志。要给受众留几句令人回味、撞击心扉的话语。生动、惊人的解说词能够帮助受众解读电视纪录片中所孕育的深刻含义，从而

① 《电视艺术概论》，高鑫著，学苑出版社 1992 年版，第 293 页。

② 《水淋淋的太阳》，陈汉元著，北京广播学院出版社 1994 年版，第 264 页。笔者做了文字压缩。

达到较高层次的审美境界。

第三，解说词的作用应该是暗示的、启发式的。尤其是讲社会问题的，涉及道德、情操和风土人情的影片解说，更应该是潜移默化、耐人寻味和令人深思的，切忌说教。

《话说长江》等作品，获得观众的好评和赞许，从客观上看，就在于它们不是居高临下地对人们进行灌输，而是晚辈对长者的汇报，一个外出考察归来的人对亲朋好友所做的介绍，所做的一番感慨，注意到了潜移默化，让事实去说话。

在追求纪实的年代中，为了纪实和平实，解说词开始了口语化的倾向，以后又发展为一种时尚，其原有的文学化文采退化。在纪实片包打天下的创作倾向充斥屏幕之时，一些能拍好片子的编导和能写好解说词的撰稿人之间缺少了良好的合作，使解说词的穿透力和凝重感在一些纪实作品中没有爆发出来。

其实，解说词的平实、朴素也是一种文学的手段，但需要很好地驾驭，精彩的解说词的出现，需要与好作品相配，我们从陈汉元等人的解说词创作经验中可以悟出其中的道理。

一撇一捺

——《话说运河》第一回

陈汉元

各位观众，请仔细看一下中国地图。这是山海关，万里长城从这里向西南方延伸到中国的腹地，高高低低，途经七个省、市、自治区。

这是北京城，京杭运河从这里伸向东南的大海之滨，深深浅浅，流经四个省、两个市。

我们从地图上粗略地看，长城跟运河所组成的图形是非常有意思的，它正好是我们中国汉字里一个最最重要的字眼“人”，人类的“人”，中国人的“人”。

你看，这长城是阳刚、雄健的一撇，这运河不正是阴柔、深沉的一捺吗？长城和运河是中国人为人类所创造的两大人工奇迹。

“愚公移山”多么令人可钦可佩，但毕竟是先人编撰的故事。而万里长城和京杭运河可就不同了。它们是人类历史上由中国人设计并施工的两项最大的建筑工程。

巍峨的长城，是我们祖先用自己的骨和肉铸造的。

深沉的运河，是我们祖先用自己的血和汗灌注的。

我们的祖先为什么要以如此巨大的代价，在如此辽阔的中华大地上书写这个“人”字，它又是何等可敬可畏、可歌可泣的事业呢？说来实在话长了。我们这套节目暂且按住长城这个话题不表，而单单话说京杭运河的来龙去脉，并且较多地展示运河两岸的风土人情。

运河的南端是杭州，北端是北京，中间由南到北穿过浙江省、江苏省、山东省、河北省和天津市，全长1700多公里。我国河流众多，绝大多数都是由西向东流的。京杭运河是我国唯一南北走向的长河。它和公路、铁路一样，不存在源头，而是两端互为首尾。它是世界上人工挖掘的一条最长的河流。它比苏伊士运河长10倍，比巴拿马运河长20倍。

挖掘运河与筑长城的用意是完全不同的。筑长城是为了设置难以逾越的障碍，而挖运河是为了最大限度的沟通。

京杭运河横穿海河、黄河、淮河、长江和钱塘江，因而使我国这五大河系联成一个江河网。

在铁路、公路出现之前，京杭运河固然可以用来运送兵员、粮草，但在漫长的岁月中，它还担负着运送来往客商、柴米油盐、绫罗绸缎，等等，等等。当然也就密不可分地使祖国南北互相交流着思想感情、科技文化……

在中国，提到长城，人们就会联想到秦始皇，而说到运河，人们也同样会联想到隋炀帝。甚至还有不少人以为京杭运河就是隋炀帝下令开挖的。其实，这个说法是片面的。

我国古运河的挖掘经历了三个大阶段：

最早的一段是邗沟。它是公元前四百八十多年的吴王夫差下令开凿的。这条名叫邗沟的人工河，在我国历史上第一次沟通了长江和淮河的联系。

过了将近一千年，也就是公元7世纪之初，隋代为实现和巩固国家统一，重新开凿南北大运河，征发了几百万民工，先后开挖通济渠和永济渠，又投入大量人力整治疏通了江南运河。

这样，就形成了一条以隋朝东都洛阳为中心的，将五大水系联成一体的全国运河系统。

到了元代，全国的政治中心移到了大都，也就是今天的北京。

元代科学家郭守敬首先发动民工打通了山东境内的会通河，把运河改为直线形的。而后他又把运河从通州延长25公里，直通北京城里的积水潭。这样，人们可以从杭州西湖乘船通过五条大江、大河到达北京。

京杭运河是世界上最长的人工河。不少人以为它是完全靠人工从北京一直挖到杭州的，其实并非如此，京杭运河的不少段落是天然的湖泊和天然的河流。说清楚这个事实，有助于我们对祖先智慧的了解。如果我们的祖先放着先天的优越条件不加利用，那么我们这些后人的自豪感也就不会如此强烈了。

在古代，没有汽车、火车和飞机，如果只靠天然河流，那么在运输方面就会碰到许多不便。而运河运输基本不受水流影响，载重量又大，不但可以运兵运粮，也可以运送其他任何货物。

不论运河怎样改道，也不论京都所在地如何变迁，运河总是将我国最富庶的广阔地带和历代京都紧紧地联结在一起。运河是历代中央政权的生命线。我们这样一个幅员辽阔、人口众多的国家，之所以能够保持统一，并且走向经济发达，运河是起着大动脉的作用。

遥想当年，隋炀帝下令挖运河，可能和秦始皇下令筑长城一样是很残酷的。但也无可否认，千百年来，运河毕竟给中华民族的发展带来了难以估量的裨益。人们都知道，吴王夫差、隋炀帝、元世祖忽必烈，他们只是发号施令而已，运河终究是古代数以百万计的民众靠双手挖成的。正是在这个含义上，我们说：京杭运河是我们祖先用自己的血和汗灌注的。

两千年，一千年，一百年过去了。如今从北京到杭州，不但有公路、铁路，而且还有航空线路，然而不废江河万古流，京杭运河依然是这样拥挤忙碌，照旧是如此朝气蓬勃。

在京杭运河上，除去战舰外，什么样的船都有：有古的，有今的，有土的，有洋的，有木头的，有铁皮的，还有不少水泥的。有的以柴油作燃料，有的借助风力，也有许多还是靠人力作为原动力的。

有人在运河的船上出世，有人在运河的船上成长，有人在运河的船上成家，有人在运河的船上度过一辈子。然而同在运河的水面上移动，动机不一定相同，有的一目了然，有的运动就是目的，有的你就很难揣摩了……

运河好像是古往今来的船只博览会，运河又宛如一个漫长的民情民俗展览馆。自从春秋战国以来，中国两千多年来的政治、经济、文化的发展变化，都在运河两岸留下了鲜明的隽永的印记。

世界各国都一样，沿海地区或靠近大江大河的地方，经济都比较发达。杭州、苏州、扬州、淮安、济宁、临清、德州、天津、北京等城市都在运河边上，它们在历史上的崛起和发展，运河是它们吸吮的乳汁，运河是它们得以成长的血液。

我们的国家是南方缺煤，北方缺水。江浙一带和上海所用的煤，大部分都是通过运河运去的。但是，我们的祖先大概也不会想到，长江的水也将通过运河源源不断地调流向干渴的华北大地。

各位观众：我们必须告诉你们刚才大家看到的，充满生机的河面是江浙一带的运河，可以全年通航，其他的部分运河只能季节性通航。而在华北的绝大部分已经变成一条只见河床而不见河水的长洼地了。真是不见菩萨空有破庙了。有些地方在运河上自行架矮桥，使得船只不能通过，有的地方干脆拦起来养鱼，索性不许行船了。有些地方只顾往运河里排泄废水，倾倒垃圾，残害河里生灵不算，还闹得在船上生活的男女老少臭不可闻，难以度日。这一切我们都没有在这个着重于颂扬我们祖先伟业的第一回里予以揭露，怕的是祖先在天之灵为之寒心，怕的是各位观众一上来就感到难受。

我们想，一定会有许多人要问：几千年的封建时代，人们都在渴望统一，力求沟通，为什么在航天飞机穿梭太空的年头，还会有人搞“封建割据”呢？我们的祖先千辛万苦开挖运河是为了造福后代，那么我们一些做后代的为什么偏偏不积德行善，而硬要有意无意地污染我们祖先的大动脉呢？

长城是人类的奇迹，长城是中国人的骄傲，长城是中华民族高高的丰碑，长长的丰碑，它激励着世世代代的中国人要捍卫中华民族坚忍不拔的民族性。因此，多少年来，多少人在心底里呼喊着：“不到长城非好汉！”现在，又有数以万计的中国人疾呼呐喊：“爱我中华，修我长城！”

殊不知，运河也是人类的奇迹，也是中国人的骄傲，也是中华民族的丰碑。长城与运河是名副其实的一对孪生兄妹。

长城高耸在群山之巅，人们怀着崇敬之意去瞻仰，运河流淌在平原洼地，继续为人类效力流汗，倒可以任人蹂躏糟蹋。这岂不是真的捡软的捏吗？这公平吗？

殊不知，运河也是稀奇的文物，只不过它不仅“经久”，而且还“耐用”就是了。运河的不少地段已不成样子了。凡是有责任心的中国人，在这讲求“精神文明”和“物质文明”的岁月里，是不是也应该大声疾呼“爱我中华，修我运河”呢?!

阳刚的一撇是万里长城，
阴柔的一捺是京杭运河，
这才是一个顶天立地、有血气、有温情的中国人。

在《话说运河》的下一回，将向您介绍运河的北端——北京。

石屹：看过您参与创作的这些大型电视纪录片作品，让人印象深刻，我认为解说词在作品取得成功方面也起到了很大的作用。

陈汉元：对。我写的解说词，在业内是产生了效应，很多人会模仿；在社会上也产生了一些效应，不少人能背出一些我写的词。我觉得我今天在业内、在文化领域、在全国媒体里面还有一点知名度，不是因为我当过副台长，而是因为我做过了一些节目，尤其是写了一些解说词，与这个有关，这是主要的。

我的解说词的一个主要特点是比较平民化，通俗易懂，朗朗上口，时不时地有种幽默感，不强加于人。

石屹：不仅仅是这样，您写的解说词还很形象、生动，部分篇章有坐在飞机上，从高空往下俯视的感觉。

陈汉元：我真的是紧贴着画面同步地来表述作者内心的感受，但是又要注意不要去重复画面的内容，而尽可能地去补充画面的不足，尽可能提供一些东西去帮助观众了解和理解眼前的事实、景象。

石屹：《话说运河》的开篇“一撇一捺”，及《话说长江》中“如果说长江是一条长长的藤，那么这众多的湖泊就是这长藤上一个又一个的瓜。由西往东数，这是第一个大瓜——它就是洞庭湖”的段落，您都是用了很小的具体事物，把一个宏观的东西描绘出来，这种能力超乎寻常。

陈汉元：这也是我比较欣赏的。水淋淋的太阳，一个池塘不可能有，只有大海才能出现水淋淋的太阳。

太阳从水里面升起，从水里面落下，你想想这个湖有多大吧。

它大到以它为界，湖的南面叫湖南；湖的北面叫湖北，两个大省。这个我自己特别欣赏。

它就像一个海一样，是真的太阳在这里水淋淋地升起，太阳又在这里火辣辣地落下。

我的解说还有一个特点，就是你刚才提到的，文字本身有比较强的形象感、画面感。在我的解说里有不少比喻，把高深的东西浅显化，把神秘的东西形象化、具体化、物象化，尽量寻找人们生活当中熟悉的事物和感觉去进行比喻。

不管写什么样的题材，我还是注意到尽量避免居高临下。越到后来越表现出一种追求——社会学的追求和人类学的追求，就是只摆事实，不讲道理，道在其中；不讲或少讲道理，道在其中。

因为我认为摆事实的同时就讲你的观点，这是不公平的。是利用自己的话语权干扰了观众对提供的事实的判断、认知。所以，观众通过电视看节目，想知道的不是你的观点，不是你做出的观点，而是你提供的纪录片的内容。

只摆事实，不讲道理，道理就在你摆的事实当中。相信多数观众有这种判断力。只在必要的地方说一些话，这些话绝对不是多余的，观众觉得让你这样一说就更加明白了。

纪录片解说词的作用

我国纪录片解说词有其自身的魅力。在电子摄像机尚未出现的年代，我国的纪录片无法做到摄录同期声，在这个特定的条件下，我国的解说词在艺术创作上有了比较大的发展。比如，《收租院》《话说长江》《话说运河》《泰山》《长白山四季》《西藏的诱惑》《让历史告诉未来》等作品，以其独特的语言魅力，赢得了观众的青睐。

随着电子时代的到来，同期声的广泛运用，解说词因其特殊功效并没有退出历史的舞台，依然在中外纪录片创作中发挥着作用。

总结我国独具特色的纪录片解说词，其作用大致有这样一些：

1. 交代环境和背景。

画面语言始终是电视作品最重要的元素，但是当画面不能完成一些抽象、理念内容的表达，或是对环境、背景的说明、解释时，解说词就能够起到“传递信息、拓展视野”的重要作用。

《话说长江》第一回“源远流长”中，当画面出现一条涌动的长河时，解说词做了这样的说明：

您可能以为，这是大海，这是汪洋吧？不，这是崇明外的长江！

您可能会联想到长长的飘带，洁白的哈达，是啊！多么美丽，这也是长江！

如果说是三级跳远的话，我们刚才从长江的入海处起跳，中间在三峡落了一脚，现在已经跳到世界屋脊的青藏高原了。长江就是从这儿起步昂首高歌、飘逸豪放地奔向太平洋。长江在这个世界上已经生活了千千万万个春秋，但是它依旧这样年轻，这样清秀，它总是像初生的牛犊一样不知疲倦，永远充满着青春的活力。那么，长江的音容笑貌和性格究竟如何呢？

我们准备从长江的源头开始，顺流而下，逐段介绍长江的千姿百态以及长江流域的山水风光、风土人情、历史文化和古往今来的变迁发展。在这第一回里，我们打算对长江的总体形象和长江的身世做一个粗略的介绍，使大家对长江有一个大概印象。

我们更热切地希望朋友们看完了这节目之后，能够激起一腔美化中华大地的热血，犹如长江之水，惊涛拍岸！那该有多好啊！

在真实的画面相伴下，观众既领略了长江的奔腾和浩瀚，又感受了高山的巍峨和壮美，同时也品味了作为向导的解说词充满激情的、对长江环境和背景的一一述说。

纪录片《沙与海》开篇用朴实的语言交代了人物所处的环境和背景，使观众对主人公的生存状态又多了一些了解：

每天清晨，牧民刘泽远一家都要集中在这间屋子里喝早茶。

这是一户 7 口之家，他们居住在宁夏和内蒙古交界的腾格里沙漠里。

刘泽远共有 5 个儿女。每天的早茶时间大约在清晨 6 点钟。早茶实际上就是早饭，利用这短暂的时间，刘泽远要向全家人分派一天的工作。

27 年前，当时还是农民的刘泽远离开人多地少的家乡，从甘肃来到宁夏和内蒙古一带干活儿，到这里定居已经 8 年了。他是牧民可并不“游牧”，和草原上的牧民相比，生活要安定……

2. 深化主题。

在《话说运河》第一回“一撇一捺”的解说词里，作者充分发挥想象力，把最深重的历史文化意蕴与具体的形象联系在一起，在展现奇丽秀美的运河之时，讴歌了中华民族的伟大创举：

我们从地图上粗略地看，长城跟运河所组成的图形是非常有意思的，它正好是我们中国汉字里一个最最重要的字眼“人”，人类的“人”，中国人的“人”。你看，这长城是阳刚、雄健的一撇，这运河不正是阴柔、深沉的一捺吗？长城和运河是中国人为人类所创造的两大人工奇迹。

纪录片编导刘郎在《西藏的诱惑》的题记中这样写道：

西藏的诱惑，不仅因为它的地理，更因为：西藏，是一种境界。

这段题记立刻把主题思想凸显了出来。

3. 创意抒情。

恰到好处的创意抒情可以使具象产生丰厚的审美意蕴，进而升华为极具感染力的审美意象。

纪录片《长白山四季·秋颂》中的一段解说词是这样的：

丰收的果实，旷远的蓝天，绚丽的花海，秋天的诗情，像醇香的美酒，溢出秋天的金杯：

啊——
红叶醉了，
大山醉了，
小草醉了，
大树醉了，
果实醉了，
秋天醉了，
我——也沉浸在醉意之中！

《话说长江》第二十五回“走向大海”，作者借解说词直抒胸臆，对长江及长江的儿女们做出了最热忱的礼赞：

长江滋润着九州大地，长江和黄河一道培育着中华文化。长江造就的土地——不论过去、现在，还是久远的未来，都长满着金灿灿的稻谷、香喷喷的鲜花。

长江，伟大的长江，你以浩瀚而甜蜜的乳汁，养育着世世代代的炎黄子孙。

儿女，伟大的中华儿女，必将以非凡的聪明才智，制订并实施治理长江的最佳规划。

不废江河万古流。不愧为世界巨川的长江，必将永远托举着一队又一队名副其实的巨轮，驶向世界五大洲四大洋！

长江，伟大的长江，你流经神圣的中华大地，你永远奔流在亿万中华儿女的心上！

电视纪录片《香山秋色》的解说词笔墨不多，但写得很有特色：

人们不等待大自然恩赐的美景良辰，但也不辜负大自然已经赋予的美好风光。每年九九重阳节前后，四面八方的人们赶到秋意正浓的香山来了。

你看这红叶，漫山遍野的红叶，红得多么耀眼，多么热烈！霜叶红于二月花——傲霜的红叶不是比春天的鲜花更美丽吗？

当野花在寒霜下枯萎的时候，当小草在秋风中抖擞的时候，当落叶在凄风中飘零的时候，独有红叶显得更加生机勃勃！

与红叶一道抗霜斗寒的，还有那山上的松树。红叶、青松是秋天的精华，秋天的骄傲。

构成香山特色的并不是枫树，而是大面积的黄栌树。黄栌树善于扎根在高山的岩石之间，喜爱成群结队。当秋天气温下降的时候，树叶内的叶绿素逐渐消失，花青素显著增多，绿叶就呈现出一种集体的美，壮观的美……

初听起来，它好像只是在描绘香山的秋色，但细细回味就不难体会到，它在讲述一种坚韧的品格，它在讴歌一种崇高的情操。

4. 介绍知识，传递信息。

纪录片的内容涉及广博，天文地理、风土人情、名川大山、文物遗迹、宗教信仰的知识，均需要借助解说词。

《望长城》第一集“万里长城万里长（上）”有这样一段叙述：

如果说当年范杞良真的修过长城，那么，他修的应该是这段长城——战国齐长城。这是目前我们还能看到的最古老的长城。它的修筑比秦始皇的出生至少要早 100 年。也就是说，在秦始皇之前，中国的版图上就有了许多道长城，后来的史学家们把它们叫做战国长城。

《椰风海韵》中对“菠萝蜜”的知识介绍也是通过解说词得以体现的：

最具海南特色的水果，当属有热带果王之称的菠萝蜜了。在海南，到处可以嗅到它的香味，虽然它遍地生长，但果子一熟，就会被人摘下来论斤论两地卖。人一到海南，就花了 10 元钱买了一只，打开一看，才知道能吃的部分其实很少。这个芯子不能吃，这些须须也不能吃，能吃的部分，其实只有包在这个大核外面的一小片肉，所以才显得名贵。

5. 转接。

纪录片《长白山四季·秋颂》中的解说词是这样写的：

夏天访问长白山的时候，有人告诉我，长白山的秋天，色彩丰富极了，简直像个“万花筒”。你不来看一看，那才可惜呢！

“简直像个‘万花筒’”是一种虚构，不是真实的秋天情景，但它已提示真正的秋天景色就在后面。

于是，“我”就主动出面：

> 一到长白山，看到眼前的景色……哪里有“万花筒”啊？我感到很失望。
>
> 看不到“万花筒”的景色，总不死心，我成天上山，钻树林，到处寻找……

这一改，不但起到承上启下的作用，而且设置了悬念，并引导观众步入“万花筒”的境界。

解说词在创作上除了要充分发挥其应有的作用外，还需要注意：忌空谈；不重复画面；前后不矛盾，自圆其说；处理好解说词与画面的关系。

贫乏、单调而缺乏真实感的画面无法为解说词创作的想象和联想提供必要的天地，同时，人们也很难想象，一部画面处理得十分成功，而解说词却写得平庸一般的纪录片能成为佳作。解说词与画面的关系应该是相互交融的关系，画面、解说、音乐等各自作为综合体的一部分发挥自己的作用。

散文体纪录片解说词创作

我国散文体的电视纪录片是纪录片家族中的一枝艺术奇葩，其解说词在创作上与纪实、政论体风格的电视纪录片有所不同。

在散文风格的电视纪录片作品中，解说词摆脱了单纯服务于画面的次要地位，成为一种独立而重要的创作，这种创作与通片的整体构思相辅相成。

解说词这种独立的创作，扩大了电视声、画两大因素各自的表现范围，相互为对方提供了更为广泛的表现领域。声音言画外之意，画面表声外之像，通片声、画在同一主题的穿引下，立意显得更加深远。比如《长白山四季·夏赏》[①]中有一段谈到雾，解说词没有拘泥于画面，而是在画面的轻移中展开

① 中央电视台编导臧树清的代表作。

丰富联想：

> 我从小就喜欢云雾，并很幼稚地给云雾加上神的色彩，以为云雾是龙嘴里呵出来的热气，也只有神仙能在云雾里出入。如今对云雾虽然有了新的认识，眼下，云雾飘到我的身边，还是觉得有点仙境味道。

这些独立于画面的解说词，丰富了电视的表现空间，观众的思绪随着联想游移，渐入佳境，感到似乎周围很潮湿，很缥缈，仿佛真的身临其境。而当作者真的突发奇想到“雾城重庆，雾都伦敦，所以出名，多少和雾有点关系”时，你又会随着作者的思绪感叹、默许。

在解说词挥洒、思绪驰骋的同时，会出现一个奇妙的现象：许多无含义镜头，有了出色的表现，在那些联想丰富、独立性较强的解说词环境中，显得韵味无穷，点评家们也特别看重这点，大加圈点。这一现象引发出人们许多美学思考。

就散文风格的纪录片而言，精彩的解说词具有化平淡为神奇的功效。一些散淡的镜头，配上精彩的解说词便增添了无穷的凝聚力，赋予作品以新的生命力。也就是说，抛开剪辑艺术不谈，解说词的创作是编导实现自己对原素材的艺术感觉进行艺术再创造的一个重要手段。

解说词的散文化创作，在散文风格的电视纪录片作品中，不仅能够丰富画面，而且有深化主题、变平淡为隽永的重要作用。这也是散文风格的电视纪录片解说词的两大特点。

1. 意境创造。

意境即特定的艺术形象和它所表现的艺术情趣、艺术氛围以及它们可能触发的丰富的艺术联想的总和。意境的构成要求情景交融，要求超以象外。

散文风格的电视纪录片解说词的意境创造紧紧围绕着特定的艺术形象和它所表现的艺术情趣、艺术氛围，以及它们可能触发的丰富的艺术联想。《漓江水》中有这样一组镜头：水中放鸭子的孩子、木筏上的婴儿、船头补网的渔民。解说词是这样写的：

诗在水影中沉浮，画在波光中隐现，曲在清流中回旋。

作者没有单纯解释画面，而是紧紧围绕着漓江水这一特定的艺术形象，抒发所感受到的种种情怀，将诗情、画意、妙曲都融入了水影、波光、清流中。此时，“漓江水美、漓江的水确实美极了”的意境，早已笼罩住了观众的心灵。而后，当画面出现了梳理着水草的江水，划破江水宁静的碎石时，又出人意料之外：

有时她是这样的贤淑宁静，用那委婉的柔波梳理着碧绿的长发；有时她又是那样的活泼开朗，有意在炫耀那孔雀开屏似的衣裳。

于是，穿流而过的漓江水有了温柔的情，也有了活泼的心。碧绿的长发和孔雀开屏似的衣裳，都早已不是画面所直接表现的了，它是作者柔情触发的联想和想象，是发自心底的诗意的流淌。解说词满含意象的描绘，引发了观众的艺术联想，此时，使观众难以忘怀的不仅是柔美的水、纤细的草、点点碎石和娓娓的波纹了，更有那漓江涟漪似的欲淡欲浓、渐渐扩散的艺术情趣。

散文风格的电视纪录片解说词的意境创造，不仅注重艺术情趣，而且注重艺术氛围。即意境的创造不单是主体细微情愫的流露，也是对客体气氛的营造和升华。在散文风格的电视纪录片《松》中，面对千姿百态的傲然古松，我们听到了作者深沉的心语：

假如把黄山松比作脱俗超凡的隐士，倒不如把它说成是历尽沧桑的哲人，因为这黄山之松能陶冶人们的情操，净化人们的心境，给人以哲人的启示。

至此，松的形象高大深远了，它不再是一棵普通的黄山松，而是一种崇高品格的化身。

散文风格的电视纪录片的意境创造，注重通过解说词揭示由特定艺术形象所隐喻的种种艺术联想。散文风格的电视纪录片的画面有强烈的隐喻性，这种隐喻有赖于解说词的揭示，隐喻的揭示过程就是意境的创造过程。在散文风格的电视纪录片《泰山——五岳独尊》中，我们看到的是十八盘上艰难前行的挑夫，而我们感觉到的，远远不止这些：

> 而那些肩负百斤重担的挑山工，步履稳健，神志沉着，恰似一尊紫铜的力士铸像，更给人们增添着攀登的力量。他们不吭不哼，十年、八年压在肩上的是困难；挑上去的不正是泰山的文明吗？
>
> 中国人的脊梁！
>
> 中国人的脚板！
>
> 十八盘是考验意志和耐力的路，十八盘是砥砺恒心和韧性的路。在人生的道路上，总会遇到这样那样的困难。往往困难越大，离胜利也就越近了。

这里，正是由于解说词立意深远的阐述，使得画面的隐喻转为实感。我们感知的不仅是一个普通的挑山工，而是中国人不畏重负的点睛之笔触发了观众的联想，实现了画面的隐喻，创造了崭新的意境。

2. 笔调。

任何文学样式都有自己的笔调，作为一种特殊文学样式的散文风格的电视纪录片解说词创作，也有自己运笔用墨的规律和规格。

散文风格的电视纪录片解说词创作十分注重创作主体的自身观照。它主要通过创作者主体的情绪体验、感受认识来反射或折射生活。因此，主体观照表现得十分凸显。在散文风格的电视纪录片解说词中几乎都有主体“自己”——直接的、突出的、明晰的主体“自己”。只是由于作者艺术处理上的差异，使得主体有时以“我”出现，有时以无“我”之我活跃于欣赏者面前。

散文风格的电视纪录片注重把外在的东西变为自身，它既表现生活现象，也叙事、写人，但无不为表现创作主体的感受、情怀所主宰。可见散文风格的电视纪录片是“主情”的，这决定了散文风格的电视纪录片解说词的笔调有着浓郁的主观抒情色彩。

散文风格的电视纪录片解说词，往往以锐利的笔触，留意于画面所表现的人、事、景、物的某一点，巧妙地以少许形象挖掘事物的内涵，引导观众去思索无限的内容，从而实现它所能带来的抒情效果。为此，解说词作者们总是在对画面的观照中，尽可能地敷以浓重的感情色彩，使呈现在观众眼前的画面有鲜明的主体感情特征。

在欣赏散文风格的电视纪录片作品时，你不会感到欣赏者和创作者之间隔了一层，欣赏者和主体之间离得那样近，以致可以窥见作者的心灵深处。所有发自内心的情、理，都好似挚友敞开心扉畅谈，使观众不禁怦然心动。

好的散文风格的电视纪录片解说词，不但能够精确地表达含义，而且富有“表情”。可以说，散文风格的电视纪录片解说词笔调的基本美学特征，是把创作主体的美好心灵——情绪、感受等充分地“亮”出来，灌注到对生活的描绘中去，不遮掩、不躲闪、不回避。

在《长白山四季·夏赏》中，作者以浓郁的抒情笔调描述了川流不息的溪水：

> 长白天池的水，跳下悬崖后，在山间形成一条条小溪。
>
> 看到山间的小溪，使我想起大江、大海。大江、大海神奇、浩瀚，气势不凡，赞美它的人很多，这是理所当然的。
>
> 和大江大海相比，山间小溪是微不足道的。因此，忘掉它的人，也是很多的。这一点，山溪从来也不嫉妒，它总是欢快的。

在这段散文式的描述里，没有对画面中小溪形象的补充，对小溪经过处的风光也略去不提。

然而我们却感觉到一种怜爱，一种朴实、轻快的泉流在胸中激荡。

散文风格的电视纪录片所抒之情有刚有柔、有悲有欢、有疾有缓。但是，散文风格的电视纪录片解说词在遣词造句的风格上，以自然、舒放、灵活、多变等为其外在形态，而且散文风格的电视纪录片解说词的笔调在语言的选取上，有很强的包容性。它兼收并蓄，博采众长，不拘一格，别具风采。它有时如山间清流，漫然泻地；有时如行云经天，仪态万方。

散文风格的电视纪录片解说词更具有口语的格调，许多艺术功力深厚的解说语言往往是流畅、连绵、平易的，如同临面交谈，但又没有口语的粗糙和芜杂，是口语的醇化、升华。

总之，散文风格的电视纪录片解说词的笔调讲究抒情与生活相结合，它的运笔用墨既要根据画面内容的要求，又要根据主体抒发情感的需要，做到恰到好处，相得益彰。

代表作《话说运河》

《话说运河》1986 年 7 月 5 日在中央电视台播出，主创人员：戴维宇、陈汉元、冯骏、李近朱等，全篇共 35 集，每集 25 分钟，是继《丝绸之路》《话说长江》之后不靠外资、自筹资金、完全依靠我们自己的创作力量摄制播出的第一部大型电视纪录片。自 1986 年 7 月 5 日至 1987 年 3 月 28 日，在历时 9 个多月的定时播出中，一直保持了同类节目中的较高收视率。

该片获得 1986 年全国优秀电视专栏系列片一等奖。

贯通于隋唐，有着千年历史，千里长度的京杭大运河，在中国的版图上，与长城形成了纵横相向的两大人工奇迹，不断延伸着、繁衍着进步与文明，是中华民族的骄傲。

大运河把海河、黄河、淮河、长江、钱塘江五大水系编连在一起，成为纵贯我国南北的经济命脉，流淌出说不完、

不废江河万古流——《话说运河》影像，1986 年

道不尽、看不够的风情、民俗、古迹，积累了丰厚的文化底蕴。

正是基于这种文化积淀，作品对运河两岸历史文化做了全面诠释。

作品完全采用电子设备 ENG 采访摄制，沿京杭大运河的自然走向，立体地展示了中华民族的人工奇迹、两岸风光、风土人情、古韵今貌，以及大运河面临的问题和南水北调的发展前景，倾注了创造者们对运河的挚爱之情。陈汉元的解说词出神入化的比喻，更为该片增色不少。其中，把我国两大人工奇迹长城和大运河比喻为“人”字的“一撇一捺”的解说词，具有石破天惊的气势，被人们奉为神来之笔。

《话说运河》创作上的特点：

1. 文化层次高。

该片在拍摄过程中，始终以知识性、欣赏性、趣味性为宗旨，以大量蕴含古老运河文化渊源的丰富信息量为目标。不但表现外在的风光，而且挖掘古运河沿岸深刻而丰富的文化内涵。

在此定位下，该片请京杭大运河沿途四省二市的著名作家、艺术家参与创作，他们或熟悉运河的某一地区，或过去的文学创作成就根植于这些地方，他们站在文化的高度来安排全片内容，以哲学家的睿智和历史学家入木三分的深刻来审视运河的历史与现状；上下两千年，纵横数千里，谈古论今，自由挥洒，为作品增色不少。每一集在表现一个地方时都讲出它的历史地理文化因素，并把它拿到当今现代化的环境中进行考察，使观众在欣赏优美画面时，自然而然地接受文化熏陶，在思想上受到启迪。

2. 表现形式亲切生动，与观众的交流贯穿始终。

和《话说长江》不同，两位节目主持人从拍摄开始就参加了前期采访，他们平等地与观众交流，其情绪感染了观众，激发起人们强烈的爱国主义情感。

与此同时，该片充分发挥现代传媒的优势，通过话筒将各色人物推到观众面前。主持人采访了与运河有关的各方人士，有领导干部、水利专家，有在运河边长大或者在运河一带从事革命斗争的老同志，还有运河上的船工和个体劳动者，充分体现大众参与的特点。而《运河知识京杭对抗赛》一段的拍摄形式，既开创了电视纪录片双向交流传播的先河，又丰富了电视纪录片的表现形式。

3. 在制作上采用边采访拍摄，边编辑播出的方式。

这种创作、播出方式在我国尚属首次。这种方式的好处是能够体现电视这一现代化传播工具的及时性和现场感，能够及时而广泛地吸取来自观众的种种信息与要求，有针对性地运用于以后的创作中，吸引更多的观众参与到节目中来。

比如，在无锡一集播出前，观众要求拍摄船菜，摄制组认为船菜因“船”而与水相连，应该纳入“话说”之列，于是就拍摄了船菜的镜头，并在“致观众”节目中及时反馈这个信息，说明将在“大运河上的无锡景”这一集中接受观众的建议。

此外，一些专家、学者、艺术家也作为普通观众提建议，出主意。由于摄制组采用边拍边编边播出的“三边”创作方式，吸引了广大受众参与到纪录片的制作中来。这种做法不但与观众形成了气氛融洽的亲切交流，而且从传播学预测受众收视心理角度分析，能够提高电视作品的针对性，从而进行有效传播。

这种传播在电视系列片中能够有条件实行，在一定程度上减少了电视节目作为“遗憾的艺术”的缺憾，使作品更好地体现出“现在进行时”的创作风格。

4. 为大型电视纪录片的电视化创作进行了可贵的探索。

每集互相联系，又各自独立，并都各具特色。该片有的气势恢弘，从一座古都的变迁评述历代王朝的兴衰；有的虽只描写运河岸边一个个小地区的风情，却细致入微，动人心弦。而且每集内容不一，在长达 9 个多月的播出时间里，每到周末必能吸引观众坐在电视机前等待运河“话说”。

《话说运河》的结构

运河不像长江，也不像黄河。它没有源头也没有入海口。它是一条人工河[1]。它也没有流向，不知哪儿是头，哪儿是尾。如果说京都是头，那么开挖时京都是杭州，而现在北京是首都，究竟该从何处说起呢？这一系列的难题，使运河成了复杂的河流了，就是说它不好表现了。那么，作品的结构线索该如何处理呢？

编导一开始来了一集《序》，名为“话说运河的前前后后”，说了一些拍摄内幕，然后以挑担子作比，说应该是一头一集才能平稳，于是就一头一集地娓娓道来，一会儿来一集北京，一会儿再来一集杭州。这个想法很好，但没能持续下去，只是一南一北地来了一个回合，便又沿袭《话说长江》之路，又慢条斯理地从杭州向北话说过来了。

《话说长江》的结构线索是简明的，也是编导者易于掌握的。但是这种单线条的结构，一旦多次出现，便会使观众感到乏味。对于《话说长江》来讲，观众对这种结构是新奇的，获得了轰动效果。对于其他后来的作品也采用这种结构，观众就感到作品缺少变化，甚至有沉闷感。

其实，《话说运河》应该坚持“挑担子”的结构思路，一南一北地说下去。北京一集，再杭州一集；北方一集，再南方一集。《话说运河》的结构线索不该是单一线条式的，而应该是跳跃式的：一南一北，南北呼应。南有水，北无水；南丰饶，北粗犷；南婉约，北豪放；南吴侬软语，北直言爽语；南方细雨，北方热风；南方寺庙云集，北方碑塔如林。这样形成对照，相映成趣，便可将大运河的文化表现得更加淋漓尽致。

《话说运河》在创作上如前所述有许多成功的经验，但没有获得《话说长江》的殊荣与轰动，或许与作品的结构线索也有一定关联。

难题：《话说运河》的开篇

石屹：陈老师说说《话说运河》的解说词创作吧。我知道您在创作那“石

① 京杭大运河，北起北京，南至杭州，经北京、天津两市及河北、山东、江苏、浙江四省，沟通海河、黄河、淮河、长江、钱塘江五大水系。全长 1794 千米。京杭大运河作为南北的交通大动脉，在历史上曾发挥过巨大作用。运河的通航促进了沿岸城市的迅速发展。目前，京杭大运河的通航里程为 1442 千米，其中全年通航里程为 877 千米，主要分布在黄河以南的山东、江苏和浙江三省。

破天惊”的《话说运河》开篇“一撇一捺”的解说词时非常不容易，这也是您遇到的一次比较大的挑战，最后把您给逼急了，终于写出了这篇开宗明义、起到“定音鼓”作用的解说词。这篇解说词寓意深沉，文采勃发，是您长期生活积累在创作上的一次爆发。

陈汉元：《话说运河》解说词我写了开头两集、当中一集、结尾一集。其他部分是邀请全国各地的知名作家来写的。比如说汪曾祺①、冯骥才②、陆文夫③、蒋子龙④、田本相⑤、任卫新等。

《话说运河》开篇的影像，1986 年

当时，这个片子已经编辑出了一大部分了，要写解说词，请大家一起来

---

① 汪曾祺（1920—1997），现代作家、散文家、文体家。曾任《北京文艺》编辑、北京京剧院编辑。在短篇小说创作上颇有成就。著有小说集《邂逅集》，小说《受戒》《大淖记事》，散文集《蒲桥集》，大部分作品收录在《汪曾祺全集》中。

② 冯骥才，当代作家。曾任中国文学艺术界联合会执行副主席，中国文联副主席，中国小说学会会长，中国民间文艺家协会主席，天津大学冯骥才文学艺术研究院院长，《文学自由谈》杂志和《艺术家》杂志主编，并任国际民间艺术组织（IOV）副主席，中国民主促进会中央副主席，全国政协常委等职。

③ 陆文夫（1928—2005），当代作家。出版小说集《荣誉》《二遇周泰》《小巷深处》《特别法庭》《小巷人物志》《围墙》《陆文夫中篇小说选》，长篇小说《人之窝》，文论集《小说门外谈》等。小说常写闾巷中的凡人小事，作品蕴藏着时代和历史的内涵，清隽秀逸，含蓄幽深，淳朴自然，展现了浓郁的姑苏地方色彩。

④ 蒋子龙，当代作家。创作了《乔厂长上任记》《一个工厂秘书的日记》《赤橙黄绿青蓝紫》《锅碗瓢盆交响曲》《燕赵悲歌》等脍炙人口的改革题材的文学作品。

⑤ 田本相，曾任中国艺术研究院博士生导师，中国话剧理论与历史研究会会长，华文戏剧节委员会主席。创意举办了华文戏剧节。专著有：《曹禺剧作论》《郭沫若史剧论》《曹禺传》《中国话剧研究概述》《二十世纪中国戏剧论辩》（上下卷），以及《中国话剧百年图史》（上下卷）等。

写，大家领到了任务就不动了，因为第一集没有写出来。没有人写第一集，好像都不愿意写。结果领导决定，还是汉元你来写吧。我那时是台长助理还是副台长呢？忘了，真是挺忙的。

但是，第一集写不出来，后面大家就不好写，于是，我就写了第一、第二集。

我写运河开篇那几句话，就是为了说明运河是什么，运河在中国社会发展史上、在促进人类物质文明方面处在什么样的地位。开篇要起到坐标作用。

那时，我真是痛苦极了，找不到啊。想不出来该怎样去说它。

在一个礼拜六的晚上，我折腾到凌晨三点钟，站在门背后，看着贴在门板上的地图，反复地看啊看，一会儿比划一下，老在那儿比划运河通过哪几个城市。突然，我在想，把它跟长城比一比，看看哪个长一点。于是就拿手指从秦皇岛经过北京，沿着长城往里走，走了三遍；又走到这边看怎么走，突然之间，眼前一亮，“一撇一捺”，头脑中浮现出了“人”字，这时眼睛一下由黑暗变成极大的光明。当时觉得这个世界太美丽了，太美好了，自己好像变成爱因斯坦了，变成牛顿了，发现自己像疯了一样。

作家汪曾祺

石屹：灵感来了。

陈汉元：因此很快乐。任何快感都代替不了当时的心态。难以用语言表达。

“一撇一捺”写出来一配音，就放给作家们听、看，当时我陪着汪曾祺，想听听他的看法。他说，“哎呀，把长城比作阳刚的一撇，把运河比作阴柔的一捺，太妙了。这就让我们其他写解说词的人有了‘定音鼓’，就知道了运河的分量，我们心里就有谱了”。这是汪曾祺的原话。

石屹：您还参与了哪些节目？

陈汉元：《唐蕃古道》我参与了策划。解说词不是我写的。

《黄河》我是总监制，也是主要撰稿人之一。

《黄河》《话说运河》《话说长江》，还有《伏尔加日记》开篇结尾都是我写的。《话说长江》我写得比较多一点。

石屹：在20世纪80年代，您一直参与电视纪录片创作，到了《黄河》《伏尔加日记》以后您就不参与创作，主要从事管理了，是吗？

陈汉元：不。20世纪90年代之初，我还应邀参加了关于进行爱国主义教育的电视片创作活动。我任总编导、总撰稿，其实就是搞结构、写解说。先后制作了《莫忘八·二九》、《云下边的山》和《九·一八》三部纪录片，提醒人们莫忘国耻，记住不平等的《南京条约》；记住日本侵略中国的“九·一八”事件；记住孙中山先生领导的辛亥革命，等等。

石屹：《望长城》您也是参与者。

陈汉元：我是招标人和制片人。当时我强调了两个要求：一个是要拍摄长镜头；一个是只要镜头打开，录音的开关就要打开。

石屹：在这以后您是不是还有一些创作，再想一想？

陈汉元：你这一提醒，我倒想起来了，迄今为止，我为电视纪录片撰写解说词的最后两个主题是《拯救黄河》和《雁荡山》，都在2000年。

先是一位媒体外叫刘春的制片人找到我，说他们出于爱国情怀，呼唤政府和百姓赶紧采取措施，确保黄河免受断流和加重污染之灾害，特地制作一部纪录片。但是历经千辛万苦拍摄的大量素材，因车祸而付之一炬。可他们在治理黄河委员会的领导者柴泽民等老同志们的关怀下，又从零做起，拍摄了所需素材，但不知怎么办。我和朱景和等同志特别赞赏他们的壮举，于是联络白岩松、曾文济等人一道投入精力，终于做成了这套题为《拯救黄河》的系列片。我为其取名并撰写了两篇解说词①。

后来，我和老搭档冯骏②（中央电视台编导）一道前往浙江省乐清县拍摄

---

① 见本书附录。

② 在《话说长江》《话说运河》《楠溪江》等多部作品中合作过。

纪录片《雁荡山》。乐清是我的家乡，雁荡山就在乐清境内。我儿时就听说这座山美得不得了，就是仙境，但没听说有谁去玩过。母亲说："穿蓑衣游雁荡，衣乐？食乐？"说来有趣，我们老家的老人们虽然几乎都是文盲，但常用古文表述所思所想。我母亲用文言以反问的方式回答，为什么当地人不去近在咫尺的雁荡山游览的原因。用现在的白话，就是："穿着不是衣裳的蓑衣去游览雁荡山，是穿得舒服呢，还是吃得快乐呢？"穷啊！

到电视台工作后，看了许多文字和影视资料后，我想拍雁荡山圣境的欲望真的与日俱增，以至于几乎要沸腾了。但由于种种原因未能如愿。结果，先去拍了邻县的楠溪江，没想到，它在中央电视台播出后，一炮打响，成了著名的旅游地。过了许多年，应雁荡山管理局之邀，中央电视台海外中心的冯骏和我开始拍摄《雁荡山》。这篇解说也可能是我的"收山"之作了①，我不敢说它有多么好，但确实充满了激情，又不乏思考的理性。

回看《再说长江》

作为20年前《话说长江》的续篇，由中央电视台摄制的大型纪录片《再说长江》(33集)从2006年7月16日起在CCTV-1每天晚上8:47两集连播。

《话说长江》主创人员在一起为《再说长江》出谋划策

① 见本书附录。

《再说长江》用高清摄像机记录了当年《话说长江》限于技术问题而没能拍摄到的长江源。2004 年 8 月 1 日，中央电视台《再说长江》摄制组从长江第一镇——沱沱河镇出发，向着峰峰相连的雪山深处走去，在海拔 5800 米的姜根迪如冰川，用高清摄像机录下长江源头的最新影像。

以当今的技术条件，拍摄长江源也并非易事。长江源在 5800 米的高海拔地区，普通的航拍直升机根本无法达到那个高度，最后，在部队的支持下摄制组在军用高空直升机上才第一次由空中俯瞰到真正的长江源。这是由 76 条冰川组成的巨大冰川，总面积相当于上海市那么大，是个庞大的固体水库。

20 年后的长江代表了中国的变化，《再说长江》中有很多《话说长江》的镜头重现，当年片中的很多人物又重新走进新片中。

总制片人刘文说："《再说长江》策划时明确的主旨就是以长江沿岸风光地貌、风土人情的变化来反映中国 20 年的经济建设所带来的巨变。20 年前的《话说长江》是一部风光片，散文化的解说，让没走出过家门的老百姓看到了祖国各地人们的生活状态，20 年长江沿途很多地方都是旅游胜地了，早已不再神秘，所以这次我们以人为本、以纯纪实手法讲故事，用对比来展现长江的变化、中国的变化。然而更重要的是，让观众看到变化的背后其实是不变，20 年巨变的根源在于中华文化血脉相承的不变。"

《再说长江》在片中运用了大量的电脑动画技术制作了一幅立体、精细的长江脉络图，它的主干、支流、流向都一目了然；此外，在做一些历史文物知识的介绍时，还以真人演绎的方式重现了当时的历史事件。

近年创作的大型电视纪录片《故宫》《圆明园》《新丝绸之路》《大国崛起》《复兴之路》等作品，也都尝试运用数字技术和高清晰度的电影镜头，引起社会各界的普遍关注。

石屹：《话说长江》和《再说长江》您更喜欢哪一个？

陈汉元：我不好回答这个问题，因为我的背景、我所处的位置。

石屹：在收视率方面，两者相比，相差甚远。这其中说明了什么样的问题？这可能有时代、背景还有技术等方面的原因。我认为您是有资格在这

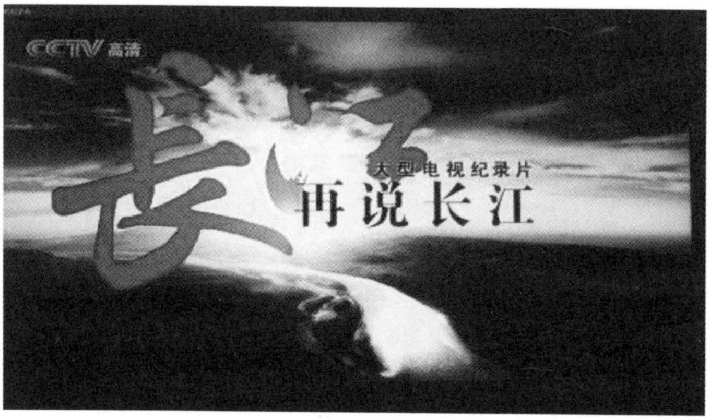

《再说长江》片头影像，2006 年

方面说话的人。别人说可能不如您说更具有权威性。所以，我想问这个问题。

陈汉元：这个，最好是找像朱景和，或者是刘效礼，或者是广播学院的那些权威老师来回答。

石屹：撇开作品，单说收视率，它和现在人们的知识面、看得作品多了等有关，您能不能从这方面谈谈，或者评判一下？因为现在说《话说长江》肯定会涉及《再说长江》的话题。

陈汉元：我是这样看的，就是《话说长江》《再说长江》的收视率是没法比的。一个是真的当时没有东西可看，人们娱乐的平台和场所也很少，中央电视台和地方电视台大家拥有的资源也不丰富，很贫乏。

在那种情况下，一个这样如此新鲜的大片出来了，确实会引起人们的高度重视。另外，凭着良心说，《话说长江》总体结构、各种元素的组合都搞得不错，解说词写得也不错，在那种背景下很吸引人，收视率高是完全可以理解的。

相对《再说长江》而言，我想如果我是《再说长江》的创作成员，甚至于还是领头的总导演，我都想不出来如何去超越《话说长江》。

你就是老老实实地跟着拍，古典的东西不去说，讲两岸现实的变化，那肯定变化很大了，20 年了嘛。

但是，如何让观众喜欢看这个变化，这就太不容易了。我不在其位，不谋其政。现在，我想一下，也很难想得出来，让观众喜欢看变化。

真的，这很不容易。就像是任何社会的人都希望有很多的好人做好事，但是，任何时候，那些好人们都不那么强烈地喜欢去看好人好事的节目，这是什么道理？我真的找不出原因。

是观众的问题还是作者没有能耐？我搞不清楚。而那些低级的、粗制滥造的、庸俗的、阴暗的节目反而会有很多观众。可能是不是它们在感官上让观众大面积地受刺激？

好人好事就受不了，不刺激，跟这个有关？理论上我想了挺久了，就是总结不出来，不知道要害点在哪里。

同样的道理，《再说长江》要拍这 20 年的变化，要大家那么睁大了眼睛，竖起了耳朵，看这些变化，听这些变化，这好像挺难挺难的。我也想不出来什么办法，但是他们的重点肯定在这儿。

石屹：重点确实在这儿，还融入了高清晰的技术手段。

陈汉元：在技术上，确实是社会的进步，用高清晰的技术拍，它在画面品质上要远远高于前者《话说长江》，但是不等于被拍到的画面的美丽，也已经超过了过去，这很难说。更何况，在整体结构上应该怎样处理得更好？大概都会有一个问题，就是续编总是被正本弄得既难弄，但又往往出力不讨好。这是什么原因？也不知道，写书也一样。

石屹：不是原创，受束缚。

陈汉元：你这个说得有道理。所以现在就杀出一个人们也喜欢听的原生态歌。原生态它没有受到什么束缚，它没有前面的东西去框住它。

所以，我搞创作，你前面问我有什么道理，大概我总喜欢当第一个吃螃蟹的人，享受那种刺激感；也想当拿石头砸核桃，然后用牙签去挑那个核桃仁吃，吃核桃仁吃一个上午的人。这种人，通过自己辛勤、细致、耐心的劳动，获取那个淡淡的、久久的美食，进行品味。这样去吃核桃仁和那一把一把地去吃核桃仁，感觉是不一样的，一个是工业产品，一个是手工操作。

石屹：其中更多的是品味和创造的乐趣！

陈汉元：哎，这种比喻不知道恰当不恰当，是临时想到的。又像写解说词了。

石屹：看来您这个富矿要很好地挖掘一下，不然放在这里是资源闲置。我认为您昨天《收租院》部分，联系现在谈反腐败也谈得挺好的。

陈汉元：你说是不是有道理？

石屹：是有道理，您谈的时候，阐发了一番联想，各个时代可能都存在这个问题。

陈汉元：那个时候根本没有这个词儿。但是它表达的就是这个思想。那是初级阶段的反腐败。那个时候的腐败是毛主席感到了要产生或者已经露出了一些苗头，那是太小意思了。所以当时没有提出反腐败的口号。倒是正式提出要搞农村社会主义教育运动，就是要解决“四清”问题。

石屹：您谈作品的时候，能够联系现在，包括昨天说的“粉丝”都挺好的。您想想，前面两个问题还有没有什么要补充的？

陈汉元：前面《话说长江》是第二个，《收租院》是第一个，它们代表了两个阶段，如果说一共分三个阶段的话，今天我们要谈的问题就进入了第三个阶段了。

石屹：对。今天谈《望长城》。

陈汉元：《望长城》已进入电子时代了。

石屹：是这样。

陈汉元：《话说长江》《话说运河》是第二个阶段创作的。第二个阶段很重要，开创了中国电视与外国电视进行大规模合作的一个先河。那时别的地方台还没有这样做，如果中央台不开创的话，在那样一个不开放的岁月里，地方台要走在前面这是不可能的。就是走在了前面，也是规模很小的。所以还有这个意义在里头。

石屹：而且还开创了中国的大片时代。这个时候都是大片，都是系列长篇，它们成为一个时代的创作特点。中国人喜欢“跟风”，这时候的情况应该不是这种情况吧？

陈汉元：这倒不是“一窝蜂”的情况。

《话说长江》播出后确实产生了一些影响，让政府主管的宣传部门尝到了甜头，也激发了从事创作的同行们的激情。大家都要跃跃欲试，这是一方面；实际上，也明摆着有那么多的大题材要挖掘，可以开拍，这是两方面结合的。你再雄心壮志，摩拳擦掌，没东西可拍，有什么用啊。这时两个结合在一起了。

这两个都基于改革开放之后那样一个大的时代背景。要挖掘、要开放，走向国际可能还在后头。但是起码让人家进来，跟我们合作。

那时，我们自己用自己的钱杀出去，拍国外，拍外国的大千世界还没有钱，还没有这个能力。

石屹：我们的这些片子都是合拍的？

陈汉元：《话说长江》《丝绸之路》《黄河》《望长城》都是合拍的。

石屹：《话说运河》不是合拍的？

陈汉元：《话说运河》不是，是自力更生的。

石屹：《唐蕃古道》《伏尔加日记》也是自力更生的？

陈汉元：它们也是我们自己拍的，都是自己自筹资金，中央电视台出的钱。

三、里程碑《望长城》

20 世纪 90 年代，后现代主义思潮涌入中国，多元化的格局开始在我国逐渐形成。作为大众媒体的电视文化发生了前所未有的改观，电视纪录片的创作理念更加活跃、开放，各种新观念伴随着新技术的发展孕育而生。其中，科学技术的发展改进了拍摄设备，改善了纪录片创作条件，为纪录片观念创新发展起到了至关重要的推动作用。在 ENG 技术的配合下，中国电视纪录片开始尝试走出一条创新发展之路，1991 年具有纪实主义象征意义的代表作品《望长城》问世了。

《望长城》开拍于 1989 年冬季，完成于 1991 年 11 月，总片长 624 分钟。20 世纪 90 年代是中国优秀纪实性作品大量涌现、电视纪录片创作蓬勃发展的时期。

在《望长城》之前我国也相继有一些获国际大奖的纪实性作品出现，但从篇幅和影响程度上看，《望长城》最为引人注目，纪实最为彻底。《望长城》在创作上所奉行的纪实主义风格，代表了我国 20 世纪 90 年代电视纪录片的发展风貌。

《望长城》的突出贡献在于：第一次把大量镜头对准了普通老百姓；利用现代摄录设备，通过长镜头、同期声的大量使用，把纪实创作推向新境界，成为中国电视纪录片发展史上重要的里程碑。

很多纪录片人参与到《望长城》的创作中，建功立业，为中国的电视纪录片创作做出了贡献，一批纪录片新人通过这部作品开始崭露头角。

《望长城》的创作主旨及意义

中央电视台1991年播出的大型电视纪录片《望长城》，全方位地遵循了纪实主义的创作方法，改变了长期以来电视屏幕主观意识过强、说教味浓的局面，为中国电视纪录片恢复纪实本性发挥了重要作用。

这部纪实作品共分4集，每集分上、中、下三部分。

4集的片名由一首诗构成：

第一集：《万里长城万里长》；

第二集：《长城两边是故乡》；

第三集：《千年干戈化玉帛》；

第四集：《烽烟散尽说沧桑》。

《望长城》表达的是中国人的一份情怀，这份情怀，制片人陈汉元在1991年元旦《望长城》播出前写下的一段精彩文字里有很好的表述①：

> 万里长城和京杭运河是中国人为人类创造的两大奇迹。
>
> 筑造长城是为了设置难以逾越的障碍，而挖掘运河却是为了最有效的沟通。
>
> 姑且不论中国的先人是否如愿以偿地达到了这两个完全不同的目的，也姑且不论吴王夫差、秦始皇、隋炀帝和忽必烈等人当时的心理状态是多么的光明，或是多么的阴暗，反正，在那漫长的施工岁月里，千万中国人为此吃透了苦头，付出了巨大的代价。

① 《水淋淋的太阳》，陈汉元著，北京广播学院出版社1994年版，第302页。

所以，我们说万里长城和京杭运河是中国先人们用自己的血汗和骨肉造就的河流和城墙。

在中国历史上，这古老的河流与城墙曾为中国在道德思想、语言文字、度量衡标准等方面的统一以及科技文化的大交流起着无可估量的作用。

在人类历史上，这古老的河流与城墙，又是如此强烈而隽永地显示着人类的意志、人类的智慧和人类的力量。

长城是中国先人最公开的心理。

这种公开始于公元前六百多年的春秋战国时期，随着岁月流逝，这公开的心理越来越公开。

今天，当“不到长城非好汉”的诗句传开后，竟然有那么多不同肤色、不同民族的人络绎不绝地跑来看望长城，攀登长城。骤然间，这“难以逾越的障碍”一变而成了人类交流思想感情的媒体。

这是不是一个谜?

长城的魅力到底在哪里?

正是怀着这种难以抑制的揭谜、寻根之心，我们与日本TBS的同行们结伴而行摄制了这套涉猎长城古今、长城内外、长城始末的系列电视片，以飨天下人。

从这段文字中人们可以看出，《望长城》所承载的负荷是很大的。

《望长城》强大的制作阵容也充分说明了这一点。《望长城》制片人是中央电视台副台长陈汉元、郭宝祥，总编导是中央电视台军事部主任刘效礼，总摄影是韩金度，编导是亦平、魏斌、程宏，主持人是焦建成、黄宗英、李培红。作品开拍于1989年冬季，完成于1991年11月，历时三年，采用全面纪实手法，围绕长城的军事功能、民风民俗、民族融合、生态平衡四个方面展开拍摄。

摄制组在拍摄前就已明确，要表现这样的一个宏大主题，唯有走纪实主义的道路，才是作品的最佳表现方式。

《望长城》在纪实手段上的突破

《望长城》影像，1991 年

1. 重视同期声，声画合一，恢复电视画面的本来面目。

20 世纪 90 年代以前，我国电视创作习惯地运用电影声、画分离的创作方式。声画分离是机械的产物，电影从拍摄到传播是机械手段，在记录图像的同时记录声音不易保真，往往采取后期声、画配合的形式补救。电视从录制到传播运用的是电子技术，其优势是能最大限度地保持生活素材的完整性、同时性，包括带有完整的现场同期声。

《望长城》整部片子从开机到关机，所有的素材带都带有同期声和现场效果声。他们在前期摄录时，除了一开机就打开摄像机话筒外，还用指向话筒、微型天线话筒，以及三路微型调台等技术手段来达到声画结合上的逼真效果，使电视画面中最重要的特征——生活中的形象，在时空中的运动和时空中的声响同时存在，使真正意义上的电视画面得以在观众面前展现。

2. 多机位、长镜头，保持一段自然的生活流程，将纪实推向新的高度。

《望长城》编创者注意利用技术手段去保持生活素材的原始形态，记录生活的自然流程。如常采用多机位同时拍摄以及长镜头的时空流动，将以往纪实的线性结构变为全方位的场信息结构，即以足够的时空来提供一个由形象、声音、环境氛围、心理氛围所组成的场信息，将纪实提到一个新高度。以往的纪录片由于技术条件的限制，声画分离，真实的生活场景和事件过程是分开的，这种纪实，破坏了纪实的完整性。

3. 注重纪实，把镜头对准老百姓，以“情节”结构片子，提高审美品格。

作品放弃了以纪录片作为政论、教育手段的直接思维模式，放弃了先有某种观念、结论，再到生活中去寻找事实的纪实方式。在拍摄长城的同时，大量地拍了生活在长城两边的人，注重表现每个人的个性、生活愿望、奋斗追求、心理状态和生存方式，以此表现中华民族的精神风貌。注意保持一段真实的足以展开人物的行为过程的生活流程，即“情节”和在这个情节中展示人物的心态、气质，以及环境氛围、文化背景，形成一种开放性的多层面的动态结构，供人思考和判断，将总体上的典型和具体流程中的自然形态结合起来。

比如，寻找民歌手王向荣这一过程的纪录。主持人焦建成在陕西府谷从卖西瓜的老人那里得知王向荣“唱得好”，找到王向荣的家，但王向荣已到榆林民间艺术团去了，只能采访他的老母和妻子，然后再到榆林寻找。当主持人走进榆林剧院，看到唱陕北小调的热闹场面，观众以为王向荣就在其中，一打听才知道他下乡演出去了。最后跟踪到榆林镇北台才找到王向荣，并听他唱原汁原味的《走西口》。观众跟随摄像机镜头经历了追寻全过程，对这位农民歌手有了一个深刻的印象。

王向荣的母亲沉浸在儿子的歌声中——《望长城》影像，1991 年

为了充分展示过程，作品还有的放矢地运用长镜头。如第二集寻找民歌手王向荣有两段特殊的长镜头：一是主持人焦建成来到王向荣的家乡，听到牧羊人唱牧歌。山坡上焦建成找到牧羊人，询问王向荣的家在何处，并与牧羊人谈论民歌，请牧羊人唱一段。牧羊人一开始不愿唱，在焦建成坚持下，

才高声唱出了富有地方特色的牧歌。这一纪实镜头交代了情节发生的环境氛围、人物关系和牧羊人情感的变化，从牧羊人感到为难的面部表情到自然地进入演唱牧歌的境界，摄像机的角度不断变化，摄像的立足点多次移动，但一直跟着这两人或推到人物近景，展现人物情感的变化，或拉出全景，表现人物的氛围，镜头始终未断，使人感到真实可信，如身临其境，看着也不嫌长。

第二个镜头是焦建成找到王向荣的家，但只有他妻子和老母。焦建成与老太太谈话时发现她耳聋，向王妻要王向荣演唱的磁带，装进录音机，自己先试听，然后将耳机给老太太戴上，老太太头一次从录音机里听到儿子的歌声。这一镜头形成一个完整的情节，而且着重表现了人物之间的情感交流，焦建成对老母思念儿子的心情非常理解，想办法让她听到儿子的声音。老太太面对录音带，那诧异的神态使观众看到了一位淳朴善良的母亲形象。老太太戴上耳机以后又惊又喜，继而爽朗开怀，这一情绪变化过程被一一真实记录下来。

主持人焦建成访问民歌手王向荣的家与王向荣母亲亲切交谈的场景，是一段完整而自然的生活流程，其中保留了大量生活细节和偶发性的情节，给人留下了一个有声有色、有血有肉的形象，生动而深刻地体现出长城脚下的人的生存状态和人情氛围。

又比如主持人在甘肃农民杨万里家过中秋一段，将厨房中自制月饼的全过程展示给观众，一道道工序的交代，大人孩子的欢笑，大大的锅，旺旺的火，浓浓的蒸汽，热闹的话语，汇成了农家过中秋的氛围。

大月饼做好后，全家人在院子里，在月亮下吃月饼，按老规矩先拜月、祭祖先，然后是老人、孩子品尝。吃完月饼，镜头仍然停留在这家，主持人和老人交谈中，知道老汉青年时会打腰鼓，曾作为农民腰鼓队队员应邀到过北京，于是他们兴致勃勃地到堆满灰尘的杂物堆中取出腰鼓，老汉即兴表演，主持人也学着打起腰鼓来。这种以整体生活场景为记录对象的方式，使观众充分理解到场景中蕴藏着的信息和意义，他们会在中秋之夜的农家，体验到一种纯朴的乡情，一种传统的习俗，一种特定的人文背景，让观众的思维和想象有较大的时空。

4. 用节目主持人调动观众的参与感。

20 世纪 80 年代我国电视纪录片中的主持人虽已开始与观众见面（如《话说长江》），并前期就出现在拍摄现场（如《话说运河》），但主持人的意识仍停留在播音员的水平上，矜持、潇洒，与观众、与被拍者都还显示出一定的心理距离。在《望长城》中，编导把主持人作为片中的一个角色，使纪录片中又增加了一个重要元素。

他们介于事件与观众之间，既负有体现编导意图出现在事件过程当中，让观众进入现实生活的责任；又承担与被采访对象进行交流的重任，使屏幕内外的人都受控于他（她），被他（她）所主持。

比如，主持人焦建成融入生活中，积极地参与事件的进程，和被拍对象交朋友，谈知心话，面向群众介绍事件，介绍知识，从心理上拉近了与观众的距离，成了观众与事件沟通的中介和桥梁，自然地推动情节发展，并引导观众参与到事件和情节中来。“考中学生”和“追访王向荣”两段“即兴”采访更是美不胜收，成为现场采访（主持节目）的典范。

《望长城》主创人员在金山岭长城上观看陈汉元、李培红、黄宗英的问候视频

5. 其他手法互相渗透。

特技的运用以及抒情、象征、寓意等段落，使作品呈现一种不拘一格的潇洒风格。《望长城》在全方位纪实的同时，也很注意理性知识层面，常在一些重要景观上叠出历史变迁情况、地理形势图表、各种数字及文献资料，并且自始至终都有各方面的专家做学术性的论述。这一层面与自然真实的纪实结合，使影片具有厚重的历史感；另一方面，它也注重用一些时间和空间来抒情，如在东北草原上跑马的段落，时间很长，用各种新奇角度，用优美的光线，用慢速度，用音乐，将在东北草原上跑马的美感抒发出来，用自然美感来感染观众。

又如，在纪录山西、内蒙古交界的一个小村落“十三边”时，村中只有六户人家，古朴幽静的山村有一所小学，只有一个学生、一个老师，记者拍下了这一师生夜晚上课的情景，一人一句朗诵课文，情景感人。编导为了让观众有时间来品味其中的意蕴，又拍下了夜空下的小屋，一盏灯火镶嵌在寂静的山影之中，朗诵声重复再起，达到了用纪实手法抒情的最佳效果。

6. 运用航摄、水下摄影、显微摄影等技术。

运用航摄、水下摄影、显微摄影等技术，提供给观众平常难以见到的视域和视点，扩展和延伸了人们的视野。在《话说长江》中我国电视编导已注意用航拍来满足观众宏观把握事物的审美要求，千方百计创造这方面的技术条件，使作品上升到新品位。

《望长城》片头影像，1991 年

在《话说运河》中，就将航拍纳入片子的整体结构之中。那些从南至北沿运河有计划地拍摄的画面，成了这部片子的重要链条和美感的重要来源。

而在《望长城》中编导使用了直升机、“小蜜蜂”飞机、热气球等各种高空摄影工具，从不同角度做不同式样的宏观摄影，为长城创造了前所未有的崭新视觉图像。

有的还与地面的拍摄点交叉摄影，展示了长城的新景观，如“小蜜蜂”飞机与车队一起穿过长城垛口，点燃烽火台，以及长城与兰新铁路并行的伴随飞行等。《望长城》中还有水下长城一段的水下摄影，以及文物古迹的显微摄影，这些技术手段延伸了人们的视野，也成了当代纪录片工作者体现当代纪实风貌的一种手段。

《望长城》由于创作手段上的贡献，成为我国电视纪录片史上具有特殊重要意义的里程碑。但是《望长城》也存在过分追求纪实，某些地方造成失真的不足之处，给一些对纪录片观念认识不够的模仿者造成了误解，他们不讲选择性，以为照实直录就是纪实。当然这也有模仿者本身方面的原因。

《望长城》获得了1991年度全国优秀电视社教节目系列片一等奖。

自《望长城》后我国涌现出一大批优秀纪实性电视纪录片。

纪实性作品，具有较高的美学价值，它特别注重采用采访拍摄的方法，保持被摄对象形声一体化的表形结构，记录具有原生形态的生活内容，通过对生活情状、文化现象或历史事实的记录，来揭示生活本身具有的内涵和意蕴。

在创作过程中，创作者的思想或倾向往往是隐而不露的。它隐蔽在生活本身的过程中，作者通过对生活的审视、感应、领悟和选择捕捉来表达自己的情思。

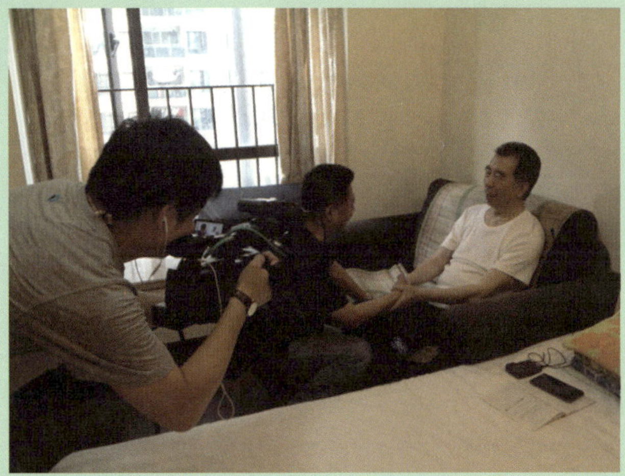

摄影师温智涛记录《望长城》主持人焦建成与《望长城》制片人陈汉元广州见面

纪实性作品并非只有跟踪纪实一种表现手法，但跟踪纪实容易掌握，可以扩大展开，双线交错，多项跟踪，因而在国内掀起“纪实热”时，被广泛采用。

在纪实创作的影响下，20 世纪 90 年代以后我国纪录片创作有很大的改观：在声画结合、画面意境的营造上开始转向更加趋向人们的审美心理。在表现内容上注重多侧面、多线条地立体地进行反映。选题上注重发挥平民化意识，策略上不直接面对政治，而是面对人，面对人的本质力量和生存方式。

《望长城》开拍前，当时身为副台长、制片人的陈汉元在中央电视台公开招标总编导。事隔几年以后，时任军事部主任的刘效礼在创作谈中写道，陈汉元拍板他中标后说[①]：“你中标了，但是有一点要明确，是你个人中标，不是你军事部。台里决定由崔屹平（原中国电视报社副主任）、程宏（原中央电视台总编室节目组长）作为编导协助你。其他成员你可以提名，但必须

《望长城》经典回访工作人员大合影。后排中间左四为总编导刘效礼，左五为主持人焦建成

① 《望长城》，杨伟光主编，中国广播电视出版社 1993 年版，第 529 页。

经过台领导批准，方可进入摄制组……”

这一天是 1988 年 11 月 19 日，星期六。

1988 年 12 月 2 日，中央电视台与日本东京广播公司（TBS）合拍《万里长城》节目的签订仪式在人民大会堂举行。代表中方签字的是中央电视台副台长陈汉元，中国老资格的外交家黄华出席了签订仪式。

1988 年 12 月 2 日，中方与日方在人民大会堂举行《望长城》（合拍）签订仪式。代表中方签字的是中央电视台副台长陈汉元（右）。黄华外长也出席了签订仪式

《望长城》招标设想、期待与实施

1. 招标设想、期待。

石屹：《望长城》在中国纪录片发展史上具有标志性的意义，也是我国第一个实行公开招标总编导的纪录片，当时，您作为中央电视台的副台长，为什么会想到用招标的形式来选择总编导？

陈汉元： 招标，是那个时代的时髦做法，为什么一直到现在还这样做？各行各业好多都这么做。它的出现和它能坚持下来，能发展，必定有它的道理。

我认为搞纪录片招标，会让更多的人才有展示自己纪录片创作能力的机会，会因此有优秀的人才被选拔出来，造成一种竞争的局面，由竞争出人才。这是我的基本想法。

它不像是那种任命式、指令性的，也不是“抛彩球”式的。其实“抛彩球”是很危险的，从上面把彩球抛下来，谁接了彩球，闺女就是谁的，如果底下接球的是个“二赖子”，那就是“二赖子”的。我绝对不能那么傻，走这条路。

但是，我也不愿意去搞暗箱操作，去搞行政指令。目的就是刚才说的，能够造成一种竞争的态势和氛围，激励大家来创作，然后产生尖子人物。最后能把我们的作品做好。

当然，再往前不大可能有这种想法和做法。再往后，也不稀奇了。

现在春节晚会的导演还是大家来报名，然后领导权衡。但是，在中央电视台的历史上，采取这种做法的，《望长城》的招标是第一个。

这就是我的基本动机、出发点，但是并不等于我内心没有想法，我心中肯定有几个人。这里面没有什么怕摆不平，亲此疏彼，倒也不是，当时没有什么阴暗心理，就像长城一样那么公开。

我就是为了刺激。

石屹： 刺激纪录片这个创作行业？

陈汉元： 嗯，刺激这个纪录片行业，让他们起来“争”，争得创作权，这是多好的机会，是多大的一个工程，让你去领军！

我当时招的是总编导个人，不是整个队伍。

当然，我心里是有想法的、有小算盘、有希望。

石屹： 刚才您是作为招标人来谈，现在您是作为个人谈想法是吗？

陈汉元： 作为个人我有想法，我心中的目标还真的就是刘效礼。其实，在招标之前我给他个人打过招呼，他不是一口就答应了。

当然，我也是试探……

我心里想，最好他接受，最好由他来当总编导。原因吧，不光他个人做过不少纪录片，当然那些纪录片多少都带点专题片的性质，他个人撰稿。然而我更看重他领导的部门军事部，做了一些很有影响的作品，像《长征·生命的歌》① 和《让历史告诉未来》②，等等。他们的这些作品在当时都产生了很大的影响，也不断地受到表扬。我也挺关心这些作品，觉得它们挺有分量，尽管和现在群众喜欢的那种风格很不一样，但在当时来讲应该是相当出色的。

我心里一直在想，招标时，来这儿领标的这个人，中标的这个人，他自己就是业务高手。然后有事实证明，他有组织能力，这样合在一起，作品就有保证了。我想，这就是比较可靠的人选。

我还有一个小算盘，就是他个人的背景。

第一，他毕竟是那个部门的人，这个部门不是别的部门，是军事部。我知道长城的沿线都是军事机密所在地，边塞。如果刘效礼中标当总编导，他的部门肯定要介入，他要调动他们系统的优势，对不对？而且有记者站，在长城那么长的沿线。

第二，涉及中外联合拍片，涉及军事要地。有他们军事部门去打通关节，就比较容易，容易得多。

第三，一线拍摄比较艰苦，长城沿线都是比较落后的不发达的地区，不像现在高速公路那么多，那时都是骆驼的队伍，有汽车就不错了。我想如果刘效礼中标，牵涉到部队就比较方便了。组织性、纪律性、物资保证什么的，都好办了。

因为纯粹靠地方搞那么大的工程，碰到的麻烦会多得无法想象，如何去克服，那就更难以想象了。

我这种心理，今天是头一次跟你说。

---

① 《长征·生命的歌》，共 10 集，1986 年长征胜利 50 周年，由中央电视台军事部联合刚刚成立的成都军区记者站和兰州军区记者站协同作战共同创作完成。这是中国第一部反映历史题材的大型电视纪录片。主创人员：李茂林、宫军、陈获芳、许建华、王益平等。

② 1987 年中央电视台播出的《让历史告诉未来》（12 集）（主创人员：何晓鲁、陈获芳、李鹰、王益平等）把我国军事题材电视纪录片创作提升到一个新高度。这部高屋建瓴、气势恢弘、洒脱自如的作品，被专家们看作是历史题材纪录片创作的一个里程碑。

谁都不知道，陈汉元当年只有五十多一点儿，心里面就有那么多的“小九九”。我想得这么多，这么复杂，因为这是一个系统工程！

2. 实施招标。

陈汉元：我的上司是台长，我向台长做了汇报。

得到同意后，我正式向全台宣布招标《望长城》总编导。

半小时之后，刘效礼跑来了。

他说他跟同志们商量过，大家摩拳擦掌，说，要干！要接这个标。

石屹：您当时是不是“吆喝”得挺厉害的？

陈汉元：嗯，我吆喝了一下，大概。

《望长城》总编导刘效礼

是跟日本 TBS 台合作。

刘效礼拍胸脯说他要来，而且一定干好。

石屹：当时就他一个人来？没有别人来吗？

陈汉元：他带了几个人来。

石屹：还有没有别的人来接这个标？

陈汉元：没有。刘效礼接标后，很快我就报告给台长了。

我说：“甭啰唆了，就他了。”台长当时也很高兴。

我想，不是当头的、当部门主任的人，是不敢来接这个标的。因为这需要队伍，也需要能力、经验，是吧？

石屹：嗯。

陈汉元：因为确实要投入几百万美元的这么大的一个工程，风险也挺大的。

效礼当时是不是打了算盘来的？我不知道，他那几天肯定也跟哥们儿、同伴在商量。

结果，他很聪明，他最后取得了辉煌的成就。

那个作品是中国纪录片创作上的一个里程碑，他就是树碑人。哇，挖一个坑，把那个碑埋在那里头的那个人，啊——

石屹：您是幕后英雄。很多事情，比如在方案策划上，创作思路上，如何与外国合作的方法上，等等，您都起着主导作用，没有您的思路和这些想法，最后这个碑也不一定会树得这么高。

陈汉元：嗨，我是前期整个过程都参加的，包括要这么做了，让刘效礼来担任总编导，我是制片人。后来的许多想法、做法，成败得失，和我没多大关系，都是刘效礼领着这支富有创造性的队伍干出来的。

以后刘效礼去找了部队的几个作家，来写这个创作提纲。这些作家走访了一遍长城沿线，查了很多资料，写出了一本几十万字的书。后来出版了，叫《老墙》。

你还不知道吧？

石屹：我不知道。

陈汉元：这本书叫《老墙》，几十万字。但是刘效礼没有采用，另起炉灶，主要靠电视台内部的几个编导，比如说，像后来当了总编室主任，现在是中央电视台副总编的程宏，又起用了现在中央电视台资料馆的馆长崔屹平，还起用了现在中央电视台社教中心副主任、文化专题部主任魏斌等人。他选用了这些人，分成几个组，一人去当一个组的领队拍了《望长城》。

我跟他们强调地提出，在技术上，你们一定要高度重视长镜头的运用，多多地拍摄长长的镜头。因为现在不像我们过去，用发条上弦来拍的，叫16毫米的摄影机，也不需要电瓶来拍，电瓶的电也很少，几分钟就拍完了。一盘带子10分钟、20分钟就没了。

现在用ENG便携式摄像机，你们完全有条件做到多多地拍摄长镜头。

长镜头的好处：一是它大大提高、增强了真实性、可信性。另外，要打什么字幕的话它不受干扰，非常方便，等等。尤其是纪录片用长镜头，观众就对它更加相信了。对吧？

石屹：对。

陈汉元：另外，我提出来要重视声音。要真正做到有声有色。

实际上，中国人强调，声音比色还重要，声音是放在前面的，不是有色有声，而是有声有色。要真正地做到了有声有色，那才是一个真实的世界。

现在《纪录手册》封面后面印的一行字就是我说的：纪录片就是一段有声有色的历史。

石屹：2000年您给我的书[①]写的序就是这个标题。

陈汉元：是嘛。对，这个标题还挺好的，我觉得说法挺好。纪录片是什么呢？可以各说各的，从不同的角度去谈它，谈自己的感受。谈远了。

我希望，一开机就打开话筒。就是，摘下镜头盖，就打开话筒，不管是在什么情况之下，录下来同步的声音，不管是拍一个人的同期讲话，还是牛羊的环境、花香鸟语的环境，还是风声、雨声、读书声，让它声声入耳，让它入到我们的话筒里头来，给观众一个有声有色的、完整的、真实的、可信的世界。

《望长城》主持人黄宗英与蒙古族雕塑家文浩向观众介绍大昭寺——《望长城》影像，1991年

石屹：后来，在实际中，就是按照这个要求操作的？

陈汉元：嗯。按照这个操作，而且他们也大大地、远远地超过了我的这个比较干巴的要求。

他们做得很有开创性！

① 《电视纪录片——艺术、手法与中外观照》，石屹著，复旦大学出版社2000年版。

石屹：刘效礼当时提出来："哪怕是生个丑孩子也要把它照实录下来。"

陈汉元：所以，他们挺卖力地去做。

而且像焦建成、黄宗英啊……

石屹：主持得很成功。

陈汉元：主持不是我提出来的，是他们想出来的，还是我们一起讨论的，我忘了。

1995 年我在中央电视台军事部刘效礼的办公室采访过他，下面就是那次我对他的访谈。从这个访谈中大家能够对《望长城》总编导刘效礼有更多的了解。

采访刘效礼[①]

石　屹

刘效礼是一位在电视纪录片创作上叱咤风云的人物，他由士兵到少将的不平凡的人生经历，在纪录片创作上取得的瞩目成就，有目共睹。

从 20 世纪 80 年代末到 90 年代初中期，由他领导的中央电视台军事部拍摄的大型电视纪录片在全国引起了广泛轰动。他们拍摄的纪录片素材带被戏称为"电视墙"；他们拍片的那种气势，大手笔，令上海电视台的同行艳羡不已。

刘效礼出生于山东农民的家庭，母亲是一位有见识的劳动妇女，她坚持让儿子读书，在一个并不富裕的家庭里，一直供他读完了高中。当时正值 1962 年，国民党叫嚣反攻大陆，刘效礼应征入伍。

一晃三年过去了，在解放军这个大熔炉里，刘效礼锻炼成长。

1966 年尚不知电视为何物的刘效礼，被选送进了中央电视台的前身

① 《电视纪录片——艺术、手法与中外观照》，石屹著，复旦大学出版社 2000 年版，第 329–331 页。

北京电视台，开始从事电视创作。起先学写解说词，没想到，写着写着写出了名，获了奖。

1979年底，中央电视台军事部成立后，他来到军事部开始了军事题材的纪录片创作，代表作有《干枝梅赞》《义务兵的好母亲》《说凤阳》《道凤阳》《长征·生命的歌》《让历史告诉未来》《望长城》《中华之门》《中华之剑》《毛泽东》《邓小平》等。

在采访中，刘效礼的个人经历使我产生了兴趣，因为他的创作人生与中国电视纪录片的发展紧密相关。

石屹：您原先当兵，后来又如何走上了电视纪录片创作道路？

刘效礼：说来话长。1966年我在胶东半岛当兵，周总理批示到部队挑选记者、编辑。这样，一张调令，我就来到了这里，脱下军装进中央电视台写解说词。

1979年12月，根据叶剑英元帅的指示，我第二次入伍，在军事部仍从事纪录片创作。干电视也许这是最适合于我的工作，我对它十分热爱。

石屹：在电视纪录片创作生涯中，哪一次拍摄算得上是最难忘的一次拍摄？

刘效礼：罗布泊冒险。这段经历，黄宗英女士在她的书中也有描述。罗布泊在新疆境内，它是个耳朵形的沙漠地带。为拍摄万里长城，我们来到此地，我们也是历史上第一支沿中路进入罗布泊的摄影队。

罗布泊气候恶劣，风云变幻，稍有不慎就会迷失方向。我国著名的科学家彭加木同志就是在那里失踪的，至今还尸骨未见。我们在行进途中也亲眼目睹了因为缺水而未走出罗布泊的死者……这种危险，没想到后来我们自己遇到了。

当面对寻找我们的飞机凌空飞来时，我们发出了求援的信号，但是茫茫沙海，无边戈壁，我们这些人显得那么的渺小。飞机未能发现我们一晃而过，当时我真为我们的团队捏着一把汗。

石屹：从《长征·生命的歌》、《让历史告诉未来》、《望长城》、《毛泽东》到《中华之剑》，这几部有影响的大制作，使你成为纪录片领域里的风云人物，你认为你的成功取决于什么？

刘效礼：电视没有个人的作品，你谈的这几部片子都是很多人干出来的。

一个作品是属于一个集团的。从某种意义上说是属于一个“才子”集团，特别是重大题材的片子更是如此。

人离不开环境，个人的努力固然重要，机遇也很重要。我赶上了好时候。

想起当初如果不是组织上调我进电视台，如果不是老连长看我留恋部队，逼我到北京报到，也许我就不会跨入中央电视台的大门。

又如果当初不是台里老同志的传、帮、带，也许我今天就不会有这样的成绩。

石屹：在人生道路上，你认为哪一步对你最为关键？

刘效礼：入伍当兵。人生不易，回想起来当兵虽然对我很关键，但当时入伍的动机却很单纯。我生长在山东农村，1962年高中毕业，由于当时蒋介石叫嚣要反攻大陆，在我同时接到高考、入伍两张通知书的时候，我选择了后者。部队的生活很艰苦，但战友间的友爱使我度过了那些艰难岁月。

在军队这个大熔炉中，我磨炼了意志，锻炼了体魄，培养了集体主义荣誉感，这为我以后的人生道路打下了基础。

石屹：你对人生的体味是什么？

刘效礼：老老实实地做事，堂堂正正地做人。我主张拍一部片子，交一批朋友，出一批人才。

另一方面，我认为团队精神很重要，它是一种潜移默化的东西，这就是军人服从纪律、甘于吃苦。这种素质一到关键时刻就能体现出来，发挥作用。

石屹：你对哪部作品最满意？

刘效礼：《毛泽东》。我们这代人，一生接受他老人家的教育，虽然跟着他也吃了不少苦，但作为一个大写的人站起来，是因为有了毛泽东。拍摄《毛泽东》还了一个愿。

石屹：此生你最大的愿望是什么？

刘效礼：再干几件事。台里已决定开办农业、少儿、军事频道。其中军事节目每天 3 小时 10 分。

目前我们着手几项工程的实施：完成一部名为《20 世纪的中国》（也就是《邓小平》）的纪录片，为纪念长征 60 周年拍摄《再说长征》，为纪念建军 70 周年拍摄《国之大事》；为迎接新世纪，我们还计划拍一部题为《中国近代 100 年》的 20 世纪的中国史。

听着刘效礼的话语，再看看他们的成功业绩，我总感觉到就眼前的这些材料，还不能充分展示这个人物的精神风貌，于是又走访了同刘效礼一起共事的同仁。由此我知道刘效礼在大家的眼中是位聪明而又明智的领导，这突出地表现在他用人、决策两个方面。

他用人能放手大胆地让青年人干，决策总能合上时代前进的步伐。对新闻的敏感，又使得他能够一次次地捕捉到纪录片的重大题材拍摄，并拍一部，成功一部。

这里有三件事可以作注脚说明。

1979 年安徽凤阳县率先搞起了联产承包，上级让军事部去拍一部反映军属生活的纪录片。

在拍摄过程中，刘效礼意识到在当前形势下仅反映军属在农村改革中的生活情况是不够的，于是当即决定拍摄一部反映凤阳人民勇于改革、大胆探索的纪录片，即《说凤阳》，结果获得了成功。

不仅如此，10 年后他又去拍了《道凤阳》，他还决定再过 10 年拍摄出《凤阳是个好地方》。

在拍摄《让历史告诉未来》时，刘效礼有一聪明的举措，就是在全军建立记者站，这个决策是颇有远见卓识的，为《让历史告诉未来》的成功拍摄打下了基础。在未成立记者站时，军事部的二十多人拍大型纪录片力量显得过于单薄。建立记者站后，可供调动拍片的人一下就增加到上百人。灵活机动的战略战术再一次使《让历史告诉未来》获得巨大成功。

辛勤的汗水，换来丰收的果实。《说凤阳》《让历史告诉未来》两部作品，为刘效礼赢得了首届“范长江”奖的殊荣。

刘效礼的第三件事，就是对纪录片纪实手法的直接贡献。《望长城》的诞生，使人们为之一震，纪实观念被大家很快接受。观念的更新所产生的效应是不可估量的，由此我国产生了不少纪录片佳作，使我们的纪录片开始走向了世界。

近10年来，军事部巨片不断，其数量之多、质量之好令人瞠目。人们评论刘效礼领导艺术时说，他就像战场上指挥若定的将军，虽然自己并不一定每次都身临其境，但很会指挥打仗。他是一群创作尖子中的一面大旗。

在采访刘效礼的同时，我也采访了北京广播学院的任远、朱羽君、钟大年、杨村田、朱光烈等学者、教授，听他们谈了那个阶段对纪录片创作的认识和看法，下面是对朱羽君和钟大年教授的采访，时间是1995年。

采访朱羽君①

石　屹

补记：采访朱羽君老师是约在她家中进行。敲门后，来开门的是一位白发长者，事后才知他是中央电视台洪民生副台长，朱老师的先生。

进门以后，朱老师迎了出来，她手拉着我落座，感觉很亲切，访谈就这样开始了。

朱羽君老师是北京广播学院资深女教授，擅长在重大的电视纪录片学术会议上发表自己的真知灼见，对电视摄影有专门研究。同时在培养

① 《电视纪录片——艺术、手法与中外观照》，石屹著，复旦大学出版社2000年版，第331–332页。

电视纪录片人才方面，也卓有成效，陈晓卿便出自她的门下。

在这次访谈中，朱老师从学者的角度谈了对国内外纪录片创作的看法。朱老师关于纪录片创作所论及的方面有以下几点：

取材：过去纪录片取材上注重教育意义，影响了中国电视纪录片的创作方式，现在纪录片取材平易，强调对人的观照与体验，强调从生活自身体验对人的醒悟。

手法：手法上，过去唯美些，对素材选取比较关心，从了解的素材上提炼、集中、概括，摆布较多。不是自然流程，而是按某种意图向已知的东西取材。

过去由于技术手段的限制，用胶片，一些拍摄不能同步，比如声音，这使表现自然生活流程遇到了困难。

改革开放以后，创作手法以现在进行时为载体，表现正在进行中的一些鲜活的信息，而且在深化进行中，进行大量客观的体察。

纪实：纪实节目有完整的结构。它与新闻、讲话、采访等节目有所区别，更多记录的是人的经历，有相对完整的结构流程，有一个相对完整的欣赏、体察了解、观察思考的空间，这个空间从某种意义上讲，是创作取材方式上的不同，它是鲜活的。

《沙与海》《远在北京的家》《龙脊》都有一个比较长的时间选择，是结构完整的作品。

我们一些纪实栏目中的作品如果能经过精心选择，也可以成为纪录片。

电视纪录片现在还处在过渡阶段，其状态还有些模糊，发展下去将会有一个约定俗成的状态。

纪录片是复合结构，方式上以纪实为载体，用纪实手段说明一个故事，一个结构，时间、空间相对完整。

纪实本质是鲜活、流动的载体，严格巧妙的选择是有意义地纪录最有价值的东西。如《毛泽东》以现在时空为载体，去说过去的故事，这是传记纪录片的一个发展。纪录片在结构完整的前提下，结构方式可以多样化。《重逢的日子》《德兴坊》是两部好作品。

选题：纪实纪录片是纪实性节目中比较完整、水平最高的作品。

风光、动物片也是纪实片，但不一样。

纪录片最好的选题是以人为主，辐射开去，纪录人生体验、生存状态、喜怒哀乐、人与自然、人与社会、人与科技、人与人，等等。

问题：目前我国电视纪录片存在的问题有纪实语言不到位，纪实结构不到位，镜头信息不到位，拖沓，视觉文化水平低，文化涵盖不够，还有违反纪实本性的现象。

整体上，还缺少一支训练有素的创作、编辑队伍，目前中央电视台、上海电视台、辽宁电视台等还不错。

国外纪录片：国外纪录片纪实非常彻底，结构时很自由，信息量大，在时空上深入，注重同步纪录，对纪录片凝聚了内涵。

我们制作、拍摄水平凝聚力量还不够，时空技术上不够完整。《龙脊》《中华之剑》《毛泽东》三部作品不错，各种纪实手法都用到了。

采访钟大年①

石　屹

补记：采访钟大年老师最初约在央视办公大楼二楼咖啡厅，后来钟老师临时要去学校，采访地点就改在了北京广播学院。

当时进入中央电视台除了要在门房押上自己的证件，还要有一个认识的人做担保才能进去。这样我就请刘效礼老师在约定的时间等电话，为我做担保。

后来因为地点改了，我没去电视台，又没能及时地告知刘老师（那时通讯还不发达，是BB机时代），害得他那天上午都不能外出，一直等我的电话。自此以后，我做事都会注意守时、不随意爽约。

去北京广播学院的道路，那时正在修建中。我乘着公交车，伴随着一路

① 《电视纪录片——艺术、手法与中外观照》，石屹著，复旦大学出版社2000年版，第333–335页。

飞扬的尘土，走了大半天，终于来到了这里，见到了钟老师。

那时他的学生何苏六的纪录片《母亲，别无选择》刚获国际奖。在去钟老师办公室的走廊上，一个办公室的门边地板上靠着一块小黑板，上面用粉笔写了获奖信息。

钟大年，北京广播学院教授，多年从事电视业务研究、实践和教学工作，在我国电视纪录片的研究方面有一定建树，1992 年发表的文章《纪实不是真实》，将纪录片的研究引向深入。他从学者的角度针对笔者提出的几个问题谈了对中国电视纪录片创作的看法。后因工作需要钟老师担任香港凤凰卫视中文台艺术总监及节目副总裁，策划了《两极之旅》《唐人街》《穿越风沙线》等大型纪录片和众多纪实性栏目等。

我国电视纪录片发展现状

目前，我国电视纪录片创作发展很快，各台都开始重视纪录片工作，都有专门的创作队伍，并已形成一股力量。

自纪录片《望长城》之后，从整体上看，形势好，成就明显。具体地说，创作已处在从盲从转向自觉过渡阶段。从目前创作成就看，人们也已逐渐适应这一发展。

要对目前纪录片作评价，我认为现阶段还处在探索阶段，还会遇到一些问题。探索阶段的我国纪录片主要有以下特点：

第一，整体上，从过去风格式样的单调转向多样化；从过去对技巧的探索转向创作观念的成熟。

纪实重要的是对电视手段本质的了解，对声音以及结构的探讨，它们对创作观念的形成起到了重要的作用。创作意图的实现，带有很强的技巧性和实践性，但是，创作观念是起主导作用的。

目前创作者对风格化的把握还很不成熟，还处在探索阶段。前一阶段模仿多，现在是多样化了，多样化更具有审美意义，这应成为今后纪录片创作的发展方向。

第二，表现内容上，也处在一个探索阶段。过去强调意识形态、社会教育，现在主题确立，在功能特性上探索各种可能性，从目前情况可以看出这样一些特点：题材本身含有明显的文化、人文特点，不是直接宣传、灌输。

表现人文内容时，通常比较注意它的审美价值。由社会价值转向审美价值，带有创作者个性及情感特征。

从价值取向的社会教育转向范围广泛的社会交流，实现社会各阶层沟通。

在对客体对象观照上，从表现客观生活逐渐深入到关注人的存在方式和内心世界，这种观照常带有探索性。

第三，技巧上也在探索。前两年是对纪实的探索，现在在纪实基础上，从对本体特性的探索转向对艺术特性的探索，特别是1994年。我国纪录片除叙事外，对造型表意功能开始重视，这是语言方式、艺术特性的利用。这种特点在陈晓卿的《龙脊》中就可以看出，这是这一两年发展的一个重要现象，带有很重要的预示意义，这可能会成为今后的一个发展方向。

注重审美价值，不能仅表现生活的原貌，这是初级水平，要深入就要注重审美意义。

目前纪录片存在的问题是：从整体上看，创作队伍整体素质还不高，没有形成专门广泛的队伍，虽然各地都有一些好片爆出，但都是那几个人，多数还处于初级水平，对纪录片本质的认识还不深入。人们在纪录片属性的认识、创作方法上，受过去思维模式影响较大，模仿性强，有个性的创作不多。

造成这种情况的原因主要是过去手法单调，《望长城》形成的新风格给人耳目一新的感觉，再加上研究人员的导向作用，使这种观念、方法很快被人们接受，并竞相仿效。这其实不是根本的办法，要想有突破，应从方法上升为观念，这才是最重要的。

目前国外纪录片具有的特点

我感觉（只是从感觉上说）国外纪录片侧重于内容的开掘和选择。

第一，题材的意义。国外纪录片从具有人类普遍存在意义的角度选择题材。如情感、道德规范、生存状态、民族心理，等等。我们的获奖作品也有这一特点，观照人的存在方式、心灵冲突。这样的东西，不管哪个国籍的人都会产生感触并接受它。

第二，尽量将纪录片做得自然、平实。大部分作品都尽量拍得很生活化，一切看上去都显得那么自然。

第三，在做片子上，国外强调环境对人的压力，展示人对外界矛盾冲突的抗争，容易引起人的共鸣，为人接受。

关于纪录片的界定

界定纪录片对理论研究有价值，定义是认识事物的逻辑方法，纪录片应有这样几个特征：

应是一种利用没有虚构的方法进行的创作，是创作者对现实生活中的一种认识方式，因此可以有创作者的想象手法，但一定要真实；

应从现实生活中获取声音、图像原始素材，在获取方法上也可有加工成分，在叙述、语言表达上也可有自己的方法；

表现内容上应表现出客观现实情状和创作者对客观存在方式的一种认识。

纪录片所处的层面

纪录片有较明显的人文特性，内涵大，它是人类自身互相之间寻求理解的桥梁。人文意义的大小，审美价值的高低是衡量其品位高下的重要标准之一。比如《中华之剑》吸引人，它反映了当前社会中的问题，反映社会结构与制约方式造成的影响。

《龙脊》本身题材就具有现实性和民族文化特征。

《最后的山神》带有宗教色彩和文化性，人们很愿意理解。

像《龙脊》这样的作品，品位在哪儿？有人可能会去表现困难，此片编导去挖掘的不是表面的现象，而是深刻的内涵。审美价值一高，就能产生一种想象的品位纪录片是人与人的一种沟通方式，是少数人看的片子。这与文娱性质的节目有所不同，心灵的交流在于有亲近、了解的欲望，这样才能实现它的创作价值。纪录片以社会心理的交流、沟通为目的，文艺节目以快感、满足为目的。

喜爱的中外纪录片作品

《望长城》《中华之门》《故宫》《五平太流转》《父亲从战场上的来信》《沙与海》《龙脊》《下课以后》《德兴坊》《半个世纪的乡恋》《最后的山神》《两个孤儿的故事》《壁画后面的故事》等。

第三章

道在其中

一、创作谈

中国电视诞生在1958年5月1日，中国第一部拍摄规模比较大的电视纪录片是《中华人民共和国建国九周年》[①]，1958年10月1日播出，片长20分钟，采用16毫米胶片拍摄。在拍摄当天制作完成，由北京电视台（中央电视台前身）播出。通过这个作品，人们发现电视纪录片在题材选择、表现形式和时效上都比新闻电影纪录片有更广阔的用武之地。

这部电视片也为中国电视新闻纪录片创作提供了一种模式、一个样板，并在相当一个时期影响中国电视新闻纪录片创作。

自中国电视纪录片诞生以后，中国电视纪录片创作以主流媒体——电视为载体，伴随着中国电视事业的发展而发展。

纪录片就是一段有声有色的历史

石屹：您有一个标志性的语言，就是在《纪录手册》[②]的封面上、在人们的引述中我们多次看到的“纪录片就是一段有声有色的历史”[③]这句话，它现

① 任远在1993年台北中文研讨会上论文：《中国大陆电视纪录片的发展和成熟》；也有人说1958年7月由中央电视台前身——北京电视台拍摄的、反映河南信阳人民抗灾夺丰收事迹的电视片《英雄的信阳人民》（主创人员孔令铎、庞一农），为我国第一部电视纪录片（见《电视学原理》，刘志明著，中国人民大学出版社1993年版）。

② 纪学会内部学术刊物，1996年6月创办，吴文光担任创刊责编。经过2003年的第一次改版、2007年8月的第二次改版，已是16开版面的、有一定容量和特色的纪录片学术刊物。刊物自创办以来，一直是纪录片工作者交流学习的平台。《纪录手册》的名字很容易让人联想到世界著名的法国电影期刊《电影手册》（*Cahiers du Cinéma*），1950年由法国电影理论家安德烈·巴赞（André Bazin）创办，对电影界有着深远的影响。

③ 首次出现在为《电视纪录片——艺术、手法与中外观照》一书写的序言标题。复旦大学出版社2000年版，作者石屹。

在已成为您继“一撇一捺”“最公开的心理”[①]等众多经典语言中的又一个品牌，请您对这句话做一诠释。

有声有色的历史，这个历史应该怎样去记录？怎样才能保留它永恒的价值？如果您有更好的角度来诠释，就请从您的角度来谈。

陈汉元：好。首先我说说什么是历史。西方历史学家说过：历史是胜利者对往事的回忆和评述。

这句话以前我也赞同，没有一部史书是失败者的回忆和评述，因为没有话语权。但是，现在我认为历史是所有人对往事的回顾，包括胜利者、失败者、胜败双方的相关者和旁观者的共同回忆和评价；让历史明白地告诉未来，让未来无误地知道历史，真正的历史应该是这样的。

如果说历史只是胜利者对往事的回忆和评述，就充满着主观色彩，这是不公正、不客观的。这样很有可能把小河说成是大江、把黑的说成是白的。这就是我现在的历史观。什么叫历史？那就是所有的人——社会成员对往事的回忆和评述。不管他担当了什么角色，他对这个事的叙述和评价。

2000年，在匈牙利艺术节上，陈汉元（左二）获得中国海外传播贡献奖

① 1991年，陈汉元为大型电视纪录片《望长城》撰写的一段文字中有一句话是：“长城是中国先人最公开的心理。”此后“最公开的心理”成为业内经典语汇。

如果这个成立，史书按照这个去写，纪录片也应该以这个为原则去拍，因此，如果真正坚持了这个原则，真实扮演那都是小事，我们不去谈，关键是事件的根本经历、过程是不是真实的，是不是事实。

石屹：关于扮演、情景再现，这在国外已经是过去时了，就是该用的地方用，也不会成为一个争议，但是他们主要的还是把它当作一个辅助的手段。我们现在有点本末倒置，把它作为一大发现，作为一个成功的创新手段大加宣扬，这就有点可笑。

陈汉元：咱们中国搞纪录片的有“一窝蜂”现象，一看见国外不用解说词，就把有解说词的纪录片骂得狗血喷头，说那不是纪录片，然后一律玩命地做没有解说的纪录片，结果费了很大的牛劲还没有办法和人家相提并论。这我们不去说它。

你说得很对，我刚才也说到了，这些手段都不算作是主要的，主要的就是你对主要的事实是不是抱着公正、公平、客观的态度做记录。

从这个意义上讲，我不太主张有更多的解说对这个事件进行评论。因为这个评论是你拥有这个话语权，占据优势。那么多的旁观者或者对立面，他没有这个机会，没有话语权。那样，观众听到的只是你的说法，因此我不太赞成把事实、你的诠释一并拿出来的做法。

解说不应该去谈观点，解说应该作为事实的补充。纪录片的生命是画面，通过镜头记录下来的景象和人物流动的轨迹，就是生命行为的记录。而这一切都是有声有色的。这个有“声”有“色”不只是物理上的有声有色，而是指这个事件本身不是那么单调的。

石屹：您是指艺术上的吧？

陈汉元：对。记录的东西、对象从表象上说都是有声音、有颜色包括有形状的，这是第一层意思；第二层是多样性、多元性，即不单一、不干巴、不枯燥；第三层是有生命力、鲜活，充满着鲜活的气息、鲜活的状态和氛围。因为中国人讲“有声有色”就是指生动，还有准确在里面。

石屹：有再现的意思在里面。

陈汉元：是尽可能地贴近真实。换句话说，一部纪录片就是一段可信的历史。

我们把刚才几层意思概括起来用两个字表达就是“可信”。

可信不只是包含着真实，好像还经过鉴定了，我们可靠地告诉人们它是可信的历史。无所谓是胜利者、失败者还是旁观者写的。反正不管是什么后人来看这一段都是可信的。

三个阶段的中国电视纪录片创作

第一阶段：1958 年—1978 年，起步学习

从 1958 年中国第一部电视纪录片诞生，至党的十一届三中全会召开前《祖国各地》[①] 栏目的开播，是中国电视纪录片发展的第一阶段，这是中国电视纪录片起步学习阶段。在这期间，中国电视纪录片经历了学习中国抗日战争时期、解放战争时期，纪录史实、保存某个辉煌时代事件的纪录电影[②] 的创作方法。

尽管如此，我国电视纪录片工作出于对社会主义事业的热爱创作出一批有影响的作品，代表作品有：《当人们熟睡的时候》《芦笛岩》《长江行》《美丽的橄榄坝》《欢乐的新疆》《美丽的珠江三角洲》《大庆铁人》《战斗中的越南》《下课以后》《放鹿》《收租院》《周恩来访问亚非 14 国》等。这批电视纪录片作品大都成为中国电视纪录片题材或形式的“第一个”。

其中，1965 年底摄制完成的纪录片《收租院》（主创人员：陈汉元、朱宏、王元洪等），是这个阶段电视纪录片的创作高峰。

1966 年—1978 年是“文化大革命”和“文化大革命”影响较为严重的时期。在此期间，工农业题材的纪录片较为突出，《当代愚公战太行》《深山养路工》《壮志压倒万重山》《向青石山要水》《三口大锅闹革命》《金溪女将》《大庆在阔步前进》《泰山压顶不弯腰》《大干颂歌》《戈壁红花》《英雄的人民，光辉的成就》《咱们的五个孩子》等代表作品，注重用事实说话，

① 《祖国各地》是专门播放电视纪录片的栏目，于 1978 年 9 月 30 日在中央电视台开播。

② 比如《抗美援朝》《伟大的土地改革》《百万农奴站起来》等电影纪录片。

尝试细节描写[①]，在学习电影艺术表现手法的同时，对蒙太奇艺术表现手法也进行了大胆探索[②]。作品真实地记录了那个时代，颂扬了人民群众奋发自强的精神，其中农村题材的作品还反映了中国农村变革、发展过程中的一段不寻常的经历。

这期间还产生了《伟大的白求恩》《人民的好总理》这样反映伟大战士形象和民众送别总理的感人作品。

这个时期活跃着的纪录片创作者有：戴维宇、陈汉元、童国平、李绍武、马靖华、屠国璧、臧树清、刘效礼、王娴、赵化勇、朱景和等。

第二阶段：1978 年—1989 年，探索提高

从党的十一届三中全会召开前《祖国各地》开播，到 1989 年冬季大型电视纪录片《望长城》开拍确立纪实拍摄创作基调，是我国电视纪录片发展的第二阶段，即探索提高阶段，这也是我国改革开放、思想观念发生巨变的时期。

1978 年我国实行改革开放，纪录片工作者走出国门，并请外国专家学者进来讲学、合作拍片，转变了观念，开阔了眼界，纪录片创作走向繁荣，各种题材都开始出现，电视纪录片创作从理论到实践变得积极活跃起来。

20 世纪 80 年代后，ENG 电子采集设备功能的改进，为电视纪录片创作带来了很大便利。电视纪录片创作涉猎的题材无所不至。各种形式的电视纪录片成为中国人民了解社会、认识世界的重要窗口。

这时期，题材上突破了被“四人帮”列入不可触及的反映山川风光、名胜古迹、历史文化等创作禁区，出现了《泰山》《青岛》《长白山四季》《黄

① 真实是电视纪录片的基础，细节描写通过摄影和解说等手段，能够形象而细致地表现具体拍摄内容，达到深化主题的目的，也是产生综合感染力的有效技巧。比如，《壮志压倒万重山》里，为找地下水流动规律，定时取水样的细节；《三口大锅闹革命》里，缝补工作服的细节；《向青石山要水》里，姑娘们井下钻井的细节，等等，都是巧于用笔的典型例子，达到了寓意深邃、令人久久不忘的审美效果。

② 《大干颂歌》在画面的衔接上大量采用蒙太奇组合，大胆尝试采用两极镜头；解说词的锤炼也很有特色，不仅与画面贴切，作为画面补充的解说词还尽量简短凝练，不深奥，不拗口，化繁为简，简单明了。

山》《香山秋色》《中国哈萨克》《探索冰川奥秘》《雕塑家刘焕章》等多种题材风格的优秀电视纪录片。

社会和经济改革题材的电视纪录片是这时期较有分量的作品，它们有的侧重表现人们的艰苦创业精神，有的侧重反映改革开放的进程，出现了《说凤阳》《菜花正黄时》《蓬莱新八仙》《牧马姑娘》《包产到户以后》《路广财多》《改革冲击着女人》《二十五个夜与昼》等佳作。

社会和经济改革题材的电视纪录片的突出贡献是，通过真实地再现在改革大潮中涌现出来的先进人物和典型事例，生动地向广大人民群众宣传党的改革开放的富民政策给人民生活带来的巨大变化。通过电视传媒的巨大传播效应和电视纪录片真实可信的权威性，打消了一些人的疑虑，放下包袱，轻装上阵；与此同时，通过示范，先进经验得以向全国推广，从而达到宣传、引导、教育、鼓劲的目的。

作品《说凤阳》

《说凤阳》1982 年播出，主创人员：刘效礼、韩金度等。作品赞扬凤阳县委和凤阳农民的改革精神，用事实说明大包干联产承包责任制有益于农村，对党在农村推行搞活经济的政策起到了积极促动作用。

十一届三中全会以后，我国出现了“大包干”的生产责任制形式，安徽凤阳是实行“大包干”较早的县之一。

《说凤阳》用朴实的语言、科学的方法进行说理，把“大包干”这个政策性措施放在古往今来的大环境里进行评价，朴实而又深刻。

在解说词的创作上，大量选用带有地方特色的“顺口溜”，比如开头的两节：“‘走千走万，赶不上淮河两岸’。凤阳，地处淮河以南，南有山，北有水，土地肥沃，本来是一个好地方。”“据《凤阳府志》记载，由于黄河多次夺淮入海，致使淮河经常泛滥成灾，造成凤阳大雨大灾，小雨小灾，无雨旱灾，十年九荒。”这些解说词生动活泼，通俗易懂，又有内在节奏和韵律，铿锵上口，很受欢迎。

一些对家乡搞联产承包心存顾虑的战士们来信说：“看了《说凤阳》我们

多年以后，刘效礼成为中央电视台军事部主任，被授予少将军衔

放心了”；农村观众一再来信表示“《说凤阳》说出了我们农民的心里话”；著名画家黄永玉夫妇看完《说凤阳》，连夜写诗、作画，投书电视台，盛赞这部作品“拍了一组活的、助人奋发长进的、社会主义的、充满希望的科教片。”[①] 许多人看了《说凤阳》之后转变了认识。《说凤阳》顺应历史和人民的要求，回答了人民迫切需要解决的问题，说出了大多数人的心里话。该片获当年全国专题节目评选一等奖。

作品《蓬莱新八仙》

《蓬莱新八仙》创作于 1986 年底，于 1987 年 5 月 1 日—7 月 1 日在中央电视台黄金时间档《九州方圆》栏目播出。主创人员：臧树清等，共 9 集，平均片长 22 分钟。

这是我国第一部用大量篇幅反映农民企业家搞改革的电视纪录片。作者在当时特定的年代，以敏锐的目光、宏大的气势，选取胶东半岛 12 位典型人物进行纪实拍摄，通过对 12 位农民企业家的命运相似而又不雷同的创业史的描述，深刻地反映了改革这一时代主旋律中雄浑激越的音响，生动真实地记录了 20 世纪 80 年代初到 80 年代中期，我国一大批农民企业家通过自身的努力，完成历史性过渡这一重大历史事件。

1987 年《蓬莱新八仙》播出时，用特殊变焦镜头拍摄出来美轮美奂

① 《电视片艺术论》，田本相、夏骏著，工人出版社 1987 年版，第 142 页。

1988 年 4 月 28 日，在第 25 届戛纳国际电视节上，臧树清（右一）向外国朋友介绍中国电视节目

的“海市蜃楼”片头奇景一下就抓住了人们的视线。在这仙境般的画面里，一代“天之骄子”做到了神仙也无法办到的事情。司继双、吕顺兴、王福成、陈亮、石学亭、李兆旭、李玉璞、王海绪、张子远等昔日的“泥腿子”，穷得掉渣的“乡巴佬”，如今靠自己的努力，穿西装，盖洋房，办企业，搞管理，成为无所不能的“大老板”。

也许有人不敢相信世世代代从事农业劳动的中国农民“一夜之间”的脱胎换骨。然而，愚昧与文明，保守与进取，贫穷与富裕，发生在历史性冲撞的 80 年代，正是这些农民以前所未有的变革精神，改变着几千年来板结在人们头脑中的“传统观念”，带动着中国农业生产结构的变革，推动了中国农村经济迅猛向前发展。

作品借助“八仙”这样一个古老的神话传说故事，生动形象地赞誉把农民从贫困中带领出来走向富裕的农民企业家们是一批了不起的能人，并从一个真实的侧面反映了中国农民对社会主义建设的伟大贡献。

作品在人物塑造方面独具匠心，把人物置于重重困境中来表现，突出反映了这些农民企业家创业的艰辛和成功的来之不易。更为独特的是，作品对人物进行多侧面、立体交叉透视，捕捉最有代表性的细节，让人物“活”起来，每个人都有鲜明的个性和气质。第四集中的主人公陈亮，不仅头脑灵活，目光敏锐，抓住机会大干快上，使有名的“光棍村”脱贫致富，而且，他是长着一副铮铮铁骨的硬汉子。他搞改革，遭人误解，遭人暗算，八十四岁的外祖母遭人毒打。他宁折不弯。他的恋爱故事也浪漫得出奇，“泥腿子”竟与城里姑娘大胆恋爱，经外祖母做主终成为一对恩爱夫妻。他不仅搞企业有方，闲暇还与妻子跳上几段迪斯科。他的内心世界是如此丰富，他的精神生活是如此充实。作品通过一连串的感人细节，使主人公外在形象和内心情感得到充分的展现，从而使作品中的人物个性鲜明，呼之欲出。

该片播出后，社会反映强烈，创作者收到读者来信上万封，第一集的主人公山东省蓬莱县振兴公司总经理司继双，也收到来信三千余封。

该片荣获 1987 年电视系列节目政府奖一等奖。

1978 年，陈汉元随邓小平访日，担任报道组负责人和撰稿。图为采访证

这时期多种形式、风格的电视纪录片作品竞放异彩。

20 世纪 70 年代末、80 年代初，随着扇扇窗棂的开启，艺术的风铃在中国电视界摇响。许多电视编导带着对神圣艺术世界的向往，开始了电视纪录片艺术的探求。他们努力摆脱传统纪录片框架的束缚，开拓求新，吸取其他艺术创作的养料，以奠定年轻的电视纪录片艺术的基础。相比较而言，编导们的目光更多地集中到文学领域。在电视纪录片的创作中，他们不但借鉴文学创作的修辞手法，而且将一些文学体裁的创作样式移入电视纪录片领域，出现了散文式、抒情诗式、音画式、调查报告式、报告文学式的兼容体等，它们的出现为电视纪录片百花园增添了绚丽多姿的美好“景观”。

散文风格的电视纪录片的主要特点是，解说词注入浓厚的感情色彩，文学味较浓。为了便于叙事、抒情、议论融合自如，有些散文风格的电视纪录片还运用第一人称。由于他们的风格、样式与客观叙事、传播知识信息的传统样式有别，颇受爱好文学的观众喜爱。优秀之作多为风光、风情题材和人物片。

时政性纪录片是我国乃至世界纪录片领域中新闻性最强、文献价值较高的一类电视片。重大政治活动，不论在国际还是在国内，都是新闻竞争的“主战场”。我国摄制的一批时政性纪录片，完整、系统、准确地反映了一些重要外交活动。它不仅包括诸多消息的主要内容，还包括事件的主要过程、背景和结果，有些作品还兼采了一些精彩细节、花絮趣闻，使作品更加生动、深刻。时政记者的政治敏感、摄影功力，以至于他们的反应能力都直接关系到瞬间的即兴创作效果。代表性作品有：《邓小平访问日本》《友谊的春天》《胡耀邦总书记访问日本》等。

这期间，我国派出记者到国外拍片，向观众介绍有关国家的情况，颇受观众欢迎。代表性作品有：《扎伊尔纪行》《势在必行》《继往开来》《人才开发》等。

弘扬革命传统题材的电视纪录片的主要作品有：《周恩来的办公室》《毛主席在中南海住过的地方》《不能忘却的地方》《数风流人物》等。

探索类的电视纪录片具有知识性和趣味性，是有很大潜力的一个电视纪录片片种，它为人类探索自然、认识自然提供了便利。优秀之作往往奇险诱人，情景交融，异趣横生。这时期的代表性作品有：《探索冰川奥秘》（中央电视台与甘肃电视台合拍，主创人员：贾登文、王娴等）、《攀登珠穆朗玛峰》（主创人员：强巴、董石才）、《远征南极》和《新的使命》（中央电视台）。类似的题材当时我国还有《泥石流》，是用胶片拍摄的，非常真实、惊心动魄。探索科学奥秘题材的纪录片发展到今天，其本身就成为高科技和耐力的结晶品。1995 年，在四川国际电视节上，获自然科技类纪录片“金熊猫”奖的英国广播公司的《植物的秘密——行走》，令世人大开眼界，摄制组用高速和缓速摄影机为人们展示了植物也是非常复杂和高度活跃的一种有机体。

政论性电视纪录片在这一时期诸多新兴的电视纪录片样式中，逐渐形成了自己的特色，成为名副其实的形象化政论。事实的客观性、报道和评价的主观性相结合，便是思辨力量和舆论力量的所在。优秀的政论性电视纪录片的共同特色是：题材重要，诸如社会、政治、历史问题等；有明确的中心主题；叙事、说理不受时空限制，剖析论辩自由驰骋；画面素材翔实，视听效果高度和谐统一；以政治思辨性为主，兼顾知识性、欣赏性等。一批优秀作品影响颇大，代表性作品有：《长征·生命的歌》《让历史告诉未来》等。

人物题材的纪录片是一批表现名人和英雄人物的作品。不同人物的杰出贡献、品德情操给人以积极的启迪和影响。代表性作品有：《不甘伏枥添砖瓦——全国政协副主席荣毅仁》《斯诺与中国》《雕塑家刘焕章》《干枝梅颂》《他的业余时间》《义务兵的好母亲》《知识分子的优秀代表雷雨顺》《过去了，但没有忘记——柯棣华大夫的故事》等。

其中《雕塑家刘焕章》（1982 年摄制，主创人员：陈汉元、李绍武等）是这时期众多人物电视纪录片中堪称最优秀者，也是我国最早出现的电视报告文学体。

作品《长白山四季》

《长白山四季》全片共分四集，1983 年播出。编导：中央电视台臧树清。散文体电视纪录片。作品解说词文采飞扬，辞藻华丽，倾注了创作者的情感与追求，给人以美的享受，突破了以往散文体风光纪录片的局限，在创作技巧方面做了有益的探索，受到人们的好评。观众称赞它像一首流畅的“四季”协奏曲。

作品以长白山地区自然界四季的景色为表现内容。在如诗如画的长白山面前，作者以发现的眼光，在四季时空的变化中，用诗人的心灵观察、思考、选择、创造。

《长白山四季》的片名《春赞》《夏赏》《秋颂》《冬吟》，富有诗意。它源于诗词“春游芳草地，夏赏绿荷池；秋饮黄花酒，冬吟白雪诗”，经过作者重新组合，赋予片名新内涵。

《长白山四季》摄制组在吉林省长白山地区拍摄，右一为编导臧树清

作品充分利用春、夏、秋、冬四节气分段命题的结构线索，抒发、歌颂了大自然的神奇与美妙。

《长白山四季》在散文风格的电视纪录片的创作上进行了许多有益的尝试。

《长白山四季》通篇洋溢着的情感，或热烈、或深沉、或含蓄、或明朗，表达着一种热爱，一种赞美，一种感叹，一种深情。情感沟通了主体与客体、物与我，两者融合形成一种境界，虽然画面本身是直观可视的具体形象，但却是“在微尘中显大千”，在有限之中蕴含着无限。

此片播出后，收到许多观众热情洋溢的来信，盛赞《长白山四季》。

1978 年改革开放，中国经济建设全面复苏，国民经济进入发展快车道，经济的繁荣带动了纪录片创作的发展。《丝绸之路》（17 集）、《话说长江》（25 集）、《话说运河》（35 集）、《唐蕃古道》（20 集）等一批弘扬民族传统文化的大型电视纪录精品带来的电视语言的孕育，以及伴随产生的新鲜感，征服了全国电视纪录片创作者。

作品中洋溢出的爱国主义情调，引领人们掀起一个又一个收视狂潮，这些大制作持续不断地播出，很好地培育了中国电视纪录片市场和观众定时收看纪录片的习惯，让纪录片这一非虚构的纪实作品在人们心中扎下了根。

由《丝绸之路》、《话说长江》和《话说运河》等带来的电视语言的孕育，以及伴随产生的新鲜感，征服了全国电视纪录片创作者。观众对纪录片的欢迎以及认同和纪录片工作者的自觉行为结合起来，从此中国电视纪录片创作慢慢走进一个新时代。

在这个时期，社会的进步，思想的解放，政治环境的宽松，观念的更新，对中国军事题材电视纪录片作品创作的发展也起到了良好的作用，1987 年《让历史告诉未来》（12 集）（主创人员：刘效礼、何晓鲁、陈荻芳、李鹰、王益平等）把我国军事题材电视纪录片创作提升到一个新高度。这部高屋建瓴、气势恢弘、洒脱自如的作品，被专家们看作是历史题材纪录片创作的一个里程碑。

作品《让历史告诉未来》

1987 年 8 月 1 日是中国人民解放军建军 60 周年纪念日。中央电视台军事部组织全军 12 个记者站协同作战，仅用了不到半年的时间，就完成了这部献礼作。作品从 1987 年 7 月 27 日至 8 月 7 日在中央电视台首播，收视率达 20%，受到各界舆论的一致好评。

作品从历史唯物主义观点出发，以新的视角，回顾我军 60 年走过的光荣道路，不搞编年史，却大事不漏，脉络清晰；不搞传记片，却在个人的点滴小事中让你领悟出历史的真谛。在明快的节奏中 60 年的历史被浓缩在 240 分钟的节目中；在精选的事件及人物中，观众如读一部军史，重温那段血与火的历史。这部由年轻人编辑拍摄的大型节目，激情与深沉同在，歌颂与思考并行，对历史的尊重，对现实的思考全在一场精心剪裁的场景中。

这部 80 年代高屋建瓴，气势恢弘，洒脱自如的作品，被专家们看作是历史题材纪录片创作的一个里程碑。在《让历史告诉未来》的影响下，全国出现了一大批反映历史题材的大型电视纪录片。仅军事部组织制作的在全国电视节目评选中获一等奖以上的作品就有：《血沃中原》（主创人员：董宾、周振天、王鹏举等）、《祖国不会忘记》（主创人员：骆嘉玺、朱乐民等）、《和平备忘录》（主创人员：杨宪文、李鹰、周广兴、李茂林等）、《光辉的历程》（主创人员：杨宪文等）。

从大型电视纪录片的创作轨迹可以看出，中国电视纪录片在创作手法、表现形式上，经历了不断丰富完善的发展过程，为中国电视纪录片整体创作水平的提高，做出了不可磨灭的贡献。

在这个阶段中，名牌纪录片栏目的诞生和创作群体的形成都对中国纪录片事业的发展起到了至关重要的作用。

《地方台 50 分钟》栏目

中央电视台 1989 年 1 月创办的《地方台 50 分钟》给地方台的纪录片创作者提供了一个自由创作的平台，地方台的创作者们自己报选题，大胆搞创作，目标是能拿到政府奖项。在中央电视台的鼓励下，地方台涌现出一大批好作品。其中的代表人物先后创作出的好作品有：康健宁与高国栋合作的《沙与海》，康健宁与高峰合作的《闯江湖》，康健宁的《阴阳》，王海兵的《藏北人家》《深山船家》《回家》《山里的日子》，刘郎的《西藏的诱惑》《苏园六记》，程捷的《家在向海》，祝丽华的《方荣翔》《壁画后面的故事》，沈蔚琴的《飘逝的江船》《嫁给中国》，王渭林的《最后栖息地的朱鹮》，王海平的《大红枣》，孙杰的《影人儿》，梁碧波的《婚事》《三节草》，彭辉的《空山》《平衡》《背篓电影院》，张以庆的《舟舟的世界》《英和白》《幼儿园》，佟立的《村民的选择》《一个艾滋病病毒感染者》《民政局里的林科长》等。

其中，1991 年《沙与海》为我国首次赢得亚广联电视纪录片大奖，这也是我国纪录片首次在国外拿奖。《沙与海》描绘了在相对封闭环境下人们的生活，探讨环境对人的行为方式造成的影响。

作品在结构上采取了两条线索交叉剪接的方式，一条线索反映西北戈壁滩一家牧民的生活，另一条线索展现东海之滨孤岛上一家渔民的生活。两条线索的时间背景是在改革开放之后，牧民和渔民两家人虽然相距很远，但封闭的单独一家人的生活方式使他们的行为、观念等方面有很多相似之处。《沙与海》的创作者在表现他们时的态度是客观的，展现在人们面前的是那个时代人们生活的原生态，其中“父子打酸枣”“小女孩沙滩嬉戏”“牧民女儿谈婚姻”等段落更是在朴实无华中流露出一种生活细节的诗意，令人过目难忘，产生了较大的艺术感染力。此片授奖词评价它“出色地反映了人类的特性以及全人类基本相似的概念”，并“有助于本国发展”。作品在纪实创作方面做了比较早的探索，在国内走在了前面。

《地方台50分钟》开办之前，全国各地方台的纪录片创作是朝着不同的方向发展，探索的成分比较多。1990年《地方台50分钟》改版为30分钟后，作品的内容更为集中、凝练。特别是到了中期和后期，作品中真正具有电视纪录片特点的现场性、贴近性、原生状态、过程性、真实交流的风格得到充分体现，伴随着这些创作上的特点，地方台的纪录片创作在90年代步入了一个新时代。

1995年3月中国视协纪录片学术委员会创办了由众多地方台共同举办的《中国纪录片》栏目，纪学会在业务上进行把关，这个栏目在全国五十多家地方台每周播出一次，扩大了纪录片的交流范围，对提高我国电视纪录片队伍素质和创作水平起到了积极的促进作用。

中央电视台社教中心纪录片、海外中心专题部等创作群体

这个团队专业水平高，人员素质整齐，每个人都承担着纪录片栏目或频道的创作与管理工作，他们管理下的频道和栏目中的作品，代表了中国纪录片创作的文化价值取向和品位，对中国纪录片事业的发展起到了很好的导向和示范作用。

其中1993年孙曾田的纪录片作品《最后的山神》赢得了亚广联电视纪录片大奖，这也是中央电视台首次获得国外纪录片大奖。作品表现了老一辈鄂伦春萨满（巫师）孟金福的生活，展现出时代前行的必然。孟金福留恋着狩猎生活，他和老伴在对山神的敬畏中保持着原始朴素艰苦的生活方式；但他的女儿和儿子却走出了山林，接受了山外精彩的现代社会生活，并且对父亲祭拜神灵的行为表示不理解。传统的鄂伦春生活方式在年幼一代人身上断裂了，孟金福作为“最后的山神”变为了一个影视人类学研究的背影。此片深入开掘了人物的心灵世界，表现细腻，将故事与抒情有机地结合起来，画面生动优美，具有浓郁的民族色彩。该片的授奖词中说：“《最后的山神》自始至终形象地表现了一个游猎民族的内心世界。这个民族传统的生活方式伴随着一代又一代人的更迭而改变着，本节目选取这个常见的主题描绘了新的生活。”

中央电视台社教中心纪录片、海外中心专题部等团队的代表人物的代表作品还有：高峰的《金秋时节》，魏斌的《姊妹溪》，孙曾田的《神鹿呀，我们的神鹿》《祖屋》，陈晓卿的《远在北京的家》《龙脊》等。

上海电视台国际部创作群体

20世纪80年代末上海电视台群体的崛起，使我国在1992年2月产生了第一个以纪录片名字命名的《纪录片编辑室》栏目，这个群体代表人物创作的代表作品有：江宁的《德兴坊》《上海最后的三轮车》，王蔚的《重逢的日子》，宋继昌的《摩梭人》《茅岩河船夫》，王文黎的《毛毛告状》，汤炯明的《十字街头》，王小平的《十五岁的中学生》《远去的村庄》，章焜华的《半个世纪的乡恋》《大动迁》等，这些作品关注社会、关注生活，在社会上引起广泛反响，给人们留下了隽永的印象。

中央电视台军事部创作群体

这个群体由军人组成，是一支有实力、有能力和特别能战斗的群体。中央电视台军事部团队从20世纪80年代末开始以政论片的风格引起人们的注目，这个团队在刘效礼的带领下，创作的大制作有：《长征·生命的歌》（主创人员：李茂林、宫军、陈荻芳、许建华、王益平等），《让历史告诉未来》（主创人员：何晓鲁、陈荻芳、李鹰、王益平等），《毛泽东》、《邓小平》（主创人员：陈晋、汪恒、陈荻芳、崔屹平等），《孙中山》（主创人员：李黎、伍辉、赵阳等），《中华之剑》、《中华之门》（主创人员：李荃等），《孙子兵法》（主创人员：李鹰、李黎），《新中国》（主创人员：陈晋、汪恒、王益平等）等。

在创作上，军事部早期作品多以党史军史专业领域的专家们写的文字稿为创作蓝本，《长征·生命的歌》《让历史告诉未来》《毛泽东》《邓小平》就是这样风格的文献纪录片，从《望长城》开始，这个团队尝试纪实拍摄，根据内容需要填写解说词的创作风格，强调作品的纪实性。

军事部创作的纪录片题材宏大，在社会上产生了广泛影响，其中大部分作品为中宣部立项作品。军事部下属有 16 个记者站，他们成为军事部在纪录片创作上的一支生力军，这也使得军事部团队的创作有其独特的一面。

纪录片创作群体的崛起，对中国纪录片的全面发展起到了非常好的推动作用。1995 年以后，随着市场经济的冲击，纪录片创作群体的形式开始发散，另一个形式——独立制片人出现了。

独立制片人创作群体

这个群体在表现手法上与其他创作队伍很不一样。代表人物和作品有：吴文光的《流浪北京》、蒋樾的《彼岸》、段锦川的《八廓南街 16 号》等。

其中，段锦川《八廓南街 16 号》1996 年获第 19 届法国真实电影节大奖，作品向人们提供了一个足够广阔的空间，让人们自己去认识今日西藏的现状，同时也展示了一个外界从来不了解的西藏。

李红独立制作的《回到凤凰桥》，亲切、细腻、完整，为深入解读当代女性的隐秘的内心世界提供了一个独特的审视视角。1994 年该片在日本山形国际纪录片电影节获大奖，被 BBC 购买，是第一部在外国主流电视频道播出的中国独立制片的纪录片。

第三阶段：1989 年至今的创新发展

1989 年底《望长城》(制片人：陈汉元、郭宝祥；总编导：刘效礼；总摄影：韩金度；编导：亦平、魏斌、程宏) 开拍，标志着中国电视纪录片创作进入第三阶段。

在这个阶段，电视纪录片的创作理念更加活跃、开放，各种新观念伴随着新技术的发展孕育而生。其中，科学技术的发展改善了纪录片创作条件，为纪录片观念创新发展起到了至关重要的作用。在 ENG 技术的配合下，1991 年具有纪实象征意义的代表作品《望长城》问世了。

《望长城》的突出贡献在于：第一次把大量镜头对准了普通老百姓；利用现代摄录设备，通过长镜头、同期声的使用，把纪实创作推向新的发展阶段，成为中国电视纪录片发展史上重要的里程碑。

从《望长城》开始，纪实成为中国纪录片创作者最时髦的拍摄手法。《望长城》对中国纪录片创作而言，从题材到内容、手法都是一个飞跃。作品中同期声、长镜头的运用，把纪实推向一个崭新的高度，画面中的主持人走到了生活中去，使内容更加贴近真实。《望长城》把全国的纪录片编导都带动了起来，在全国范围内掀起了一场轰轰烈烈的纪实热。

20 世纪 90 年代前后，我国纪录片创作群体的纪录片作品，强调事件、强调社会责任感，以主旋律为主。2000 年以后我国纪录片创作开始把讲故事作为叙事策略，从题材到内容向着多元化的方向发展，创作上有更高的自由度，在纪录片创作理念上尝试新的探索，出现了多样的发展形式，创作模式不再单一，各种形式风格的作品相继出现，扮演、模拟、数字技术等，只要是能够为作品内容服务的方法，人们都进行尝试。

中央电视台的大制作《故宫》《圆明园》《再说长江》《新丝绸之路》等作品，尝试运用数字技术和高清晰度的电影镜头，引起社会各界的普遍关注。

《大国崛起》《复兴之路》取得了较好的收视效果。

进入 2000 年以后，一个引人注目的现象是纪实频道开始出现。2001 年 7 月中央电视台科学·教育频道（CCTV-10）开播，频道中播出的大量纪实作品，在观众中树立了良好的形象。2002 年 1 月 1 日，中国第一家纪录片专业频道——上海电视台纪实频道成立，它以吸引高层次的精英阶层的关注为己任，为纪录片市场的培育发挥了重要的作用。

2007 年 9 月 28 日我国以播放 DV 作品为主的数字付费频道——深圳电视台 DV 生活频道成立，它的成立为 DV 文化的发展注入一股新鲜的血液。

2008 年 2 月 16 日以大力推广有本土文化特点的纪录片作品的重庆电视台新科教频道挂牌，频道在打造高水平的纪录片播出平台之时，也让观众看到更多外来的优秀纪录片作品。重庆带有本土文化特点的纪录片《远祖之谜》《陈小梅进城》《深山弄影人》《江上风清》《见证三峡》等近年来受到社会好评。

各具特色的纪录片频道的开播，对中国电视纪录片的发展是一个有力的促进，它的意义和影响都是无法估量的，它培育出的一代又一代喜爱纪录片的人们，将在未来纪录片事业的发展中发挥作用。

2000 年以后 DV 作品大量涌现，它的使用方便、成本低等特点受到人们的喜爱，打破了以往由专业人员统治纪录片创作的局面，使纪录片创作人群迅速在全国拓展，丰富了纪录片创作题材，人们开始用自己的方式进行自由地表达。

但是不可否认的是，来自民间的作品水平不一，大部分还处在探索阶段，目前真正高质量的纪录片作品还是来自专业创作人员。

客观地看待以前的作品

石屹：您是第 100 位进入中央电视台的电视工作者，属于央视元老级人物。中国纪录片创作三阶段中每一个阶段都留下了您的足迹和风采，您的作品影响了几代年轻人。现在虽然很多年轻人没有看过早期的作品，但这些作品对后来纪录片发展所起到的有益作用是不容低估的，它们在你们这一代人心中也有着特殊的地位，请您谈谈这一时期的纪录片创作。

陈汉元：所谓的“早期”是指电视纪录片，不包括新影的，新影的早了，一解放就有了，解放前在东北就开拍了。咱们说中央电视台成立以后的作品。

早期的作品回过头来看，很宝贵，为什么？它们确实做出了一个贡献，给我们留下了许多资料，它们是用胶片拍的，质量也不高，是黑白的，就是后来有了彩色，也是没有同期声，等等，但是，它们有史料价值。这就很宝贵了，给人们留下了当时的记忆，记录了一段黑白的历史，不是彩色的历史。

当时拍摄的纪录片是时政和工农业生产，主要就是这两大部分。时事政治的忠于纪录，是什么样就怎么样，你不能指手画脚；但是讲工农业生产的，有相当的部分是摆布拍摄的。

比如说，让拖拉机、收割机排起队来进行操作，画面很好看，但是这是违反生产常规的。

偶尔有同期声讲话，但是讲稿是经过领导、摄制组反复推敲的，没有几句话。

不像现在阿狗、阿猫都特能讲，都是演说家。那时就是几句话，都是表态性质的讲话，是和政治、生产、革命紧密相连的一种表态。

当时愿意讲的人不多，因为就怕讲错，为了不讲错，把他们的讲稿都写成大字报，一样的内容写两张，贴在摄影机后面的左侧或右侧。

为什么要两张？主要是能看得见，眼睛看着大字报上的文字在那儿念，准确保证了；为了不要表现得太死板，左看看，右看看，眼珠还在转动，所以两方面都兼顾了。

但是，大的问题是准确而不生动。第二个是讲话人的眼神的焦点是落在大字报的文字上，而不是落在镜头上，镜头是观众的眼睛，也就是讲话人的眼神没有落在观众的视网膜上。

那时候的纪录片最值得肯定的是它们的资料性，虽然里面有时也显得很幼稚，甚至于很可笑，但这种都是那个社会背景、经济条件、生活状况造成的。

石屹：通常说，纪录片创作1958年—1978年是早期阶段，1978年—1989年是中期阶段，1989年之后到现在又是一个阶段，您对后两个阶段的纪录片创作是怎样看待的？

陈汉元：最早期的作品都是胶片拍摄的黑白作品，没有同期声，就是画面加解说、音乐。

到了第二阶段，彩色的出来了，也有相应的同期声。原因是这个阶段是两条腿走路，有胶片，也有摄像。技术上的问题解决了，拍摄的手段就多样化了。

中央电视台还引进了日本的资金和合作者，一起拍摄，使我们有了比较坚实的经济基础，也看到了外国同行比较先进的创作思路、做法和管理方式，我们间接地学习，这对于促进我们自身发展起到了很好的作用。

第二阶段大型的纪录片开始出现了。像《丝绸之路》《话说长江》《话说运河》《唐蕃古道》《伏尔加日记》《万里海疆》《泰山》都是在这一阶段拍摄的。第二阶段是我国纪录片创作丰富多彩、题材非常广泛的时期，这些大制作，每一部都产生了很大的社会效应。

但是从结构上来讲这时还是线型的，大家没有太多的想法，都是从头到尾把问题讲清楚，也追求尽可能在讲清楚的同时，也讲得好听、好看；但是，总体上显得比较单一。《话说长江》是从头到尾拍，《丝绸之路》从头到尾拍，《黄河》从头到尾拍，《话说运河》从南到北拍，基本上是采取这种样式拍摄的。对吧?

石屹：嗯，这些都是纵向的，没有横向的。

陈汉元：对，没有横向，只有纵向。

比较多的作品还是解说词很多。解说词多，就涉及如何看待解说词的问题了。就是说，第一阶段的作品，没有解说词，就没有纪录片。

石屹：第一阶段因为受技术条件的限制，没有摄像机，没有同期声，只好配解说词。

陈汉元：对。而且编导的创作中，我也隐隐地觉得，把解说词作为完成这部纪录片创作的主要元素来看待，有时候它的作用、分量比画面还重要，这也是让后来的先锋者们不能够接受的一个原因。

我后来参加了不少评奖，看到外国大部分的纪录片也是画面、音乐、解说、同期声。当然也有很少有解说的，但是从头到尾没有解说的，少之又少。

这就涉及如何看待解说词这件事。往好地说，是中国人渴望分享、汲取、掌握人类在纪录片创作方面的文明成果，一看到人家不用解说，自己也赶紧从头到尾不用，结果带来极端的痛苦。往不好地说，是我们有点崇洋媚外。不是因为说我靠写解说起家我就说这种话，我是很心平气和地说，我们有点起哄，有点“一窝蜂”，一看见人家跳舞蹈，露肚脐眼儿了，恨不得衣服都不要穿了。什么舞蹈都把肚脐眼儿露出来，这肚脐眼儿有多么好看？它也不是太阳黑子，难道有那么神秘吗?!

一个太阳光靠黑子吸引人类，太阳也太不光明了吧。

石屹：是这样。

陈汉元：第一阶段有后人讽刺它、挖苦它，包括第二阶段，嘲笑它，也在所难免，因为这些人没有看过那时期的作品，不知道当时的政治背景、社会背景，也没有技术条件和经济条件。

当时没有录音机，黑白胶片拍完了以后如果要做有声的，还要搞拷贝的制作过程，那成本就很高，很繁杂，也做不起。所以那时拍新闻片，可以 3—4 分钟一个主题；可以几个月后，从外地拿回来播出，也叫新闻。在草原上盖一个厕所，也叫新闻。那是我亲自去拍的。

现在，在大城市盖一幢 30 层的大楼，根本没人理会，谁去报道？

后来的那些人嘲笑当时的纪录片没有同期声，只有解说、音乐加画面，觉得这些作品什么也不是，不屑一顾，这种看法是很幼稚的。

在那个阶段，尽管是处于黑白、简单的状况，但是还是产生了一些受人尊敬、让人难以忘记、在当时产生了很好社会反响的作品。这不是纪录片界自我欣赏，说自己好，而是社会、观众认可。

衡量精品的标准

石屹：您怎样看待精品？

陈汉元：衡量一个作品是不是精品，我的观点是要好看、深刻。好看，不取决于它是不是彩色的，是不是同期的，不取决于这些因素；不取决于它是用了解说词，还是没有用解说词；而是观众觉得它好看。

深刻，是作品让人看了以后不平衡的心渐渐趋向平衡；让像死水一样的心开始不平衡，变得沸腾起来。

总体上讲，纪录片题材好、内容好、结构好，解说感动人、好听，而且解说补充了画面上的很多信息，给当时的观众带来了益处，哪怕是，美的享受谈不上，起码得到了一些知识、受到了一些启发，尤其是在那个没有多少东西可看的年代，这样的作品就是精品。

在这样一个背景下看第一阶段，包括第二阶段早期的一些作品，我觉得这样才是比较公平的。这就是历史。

我现在站起来为那段历史辩护也没啥意思，我只是心平气和地、实事求是地说说当时创作的实际情况。

风格嬗变：由“全景”转向“特写”

陈汉元：第二阶段应该说是非常令人鼓舞的，录像机、摄像机出现了。彩色电视机多起来了，拍 16 毫米也用彩色胶片拍了，人们同期声的观念也加强了，老百姓的话语权开始拥有了。老百姓利用电视所获得的话语权比以前多得多，这是第二阶段最大的进步。纪录片工作者把镜头真正对准的是人，不像第一阶段镜头对准的是牛、锄头、犁头，是麦浪、牲口、机器设备，是耕作、爆破、流水、成群鸡鸭、泥塘里活蹦乱跳的鱼，等等。总之，第一阶段更多的是物，以及这些物的移动。

石屹：拍摄方式由第一阶段大全景式开始发生转变。

陈汉元：第一阶段是呈现式的。第二阶段，不管拍什么，大家都注意到核心是人，主要对象是人。

这样说吧，如果我们前面拍摄的是“他们”，那么现在是拍摄由一个一个的“他（她）”组成的“他们”。

石屹：由个人组成的群体。

陈汉元：嗯，因此在电视上出现了很多个有声有色的个体的生命行为，以及他们的口述。

这是一个很不容易的转变，代表了社会的进步，就是开始重视个体生命的命运，让个体生命在电视上拥有了更多的话语权，我认为这是第二阶段比第一阶段最大进步的核心表现和核心内容。

我觉得这点值得谈一谈，有点新意在里面。

石屹：对，您的说法有新意，宏观上还没有人对我国第一阶段和第二阶段的纪录片创作做这样详细的论述。

陈汉元：这就是社会进步，让个体生命有这样的胆量表达自己的想法。另外这些个体生命也确实开始拥有了很好表达自己的哲学、理念、期盼、向往的能力，他们拥有了这种能力。

以前把镜头对准群体，甚至是有点模糊的大全景，是一个大的数以百计的合影，现在变成一个“人”的特写。什么意思？是由大全景推上去，变成大特写，那真正重视的就是个人命运的真实走向。这是非常了不起的社会进步。

当然也还很不理想。

石屹：到了第三阶段，20 世纪 90 年代以后，纪录片工作者在创作经验和对新技术的使用上已有了一定的积累，创作观念也发生了很大转变，此时我们纪录片创作情形和先前就又不一样了。

陈汉元：对，首先，从技术上来讲，已经普及，不管是什么样式和题材的纪录片，都有颜色、有同期声，都是“有声有色”的，这是共同的。

其次，题材也越来越广泛了，拍自然题材的比例加大了。拍自然题材的纪录片需要花很多钱，拍摄者需要付出更大的耐力，甘于寂寞，才能够拍出诸如“金丝猴”动物的行为轨迹。

拍自然题材比重加大，是第三阶段区别于过去的很大表现。

第三，纪录片队伍中的很多人成为纪录片创作精英，他们都想别出心裁地来完成个人对纪录片主题的展示，都在寻找比较特别的、富有个性的艺术表现方法。

第四，不管是长篇、短篇，什么题材，大家都在玩命地追求如何使自己的作品故事化，这点很重要，很普遍。

我有一个说法，不管是做报告，还是拍故事片或是写文章，都是有话要说。拍的片子人家爱看不爱看，就取决于你拍得好看不好看。

如何以讲故事的方式去把这个片子讲好？有三个层次：第一个层次，最好是撞大运，碰上好的大故事，那就从头到尾拍下来；第二个层次，即使没有好故事，在整个拍摄中碰到、挖掘到了好几个小故事，就把它们串起来；第三个层次，是比较倒霉的，根本没有故事，但是作者以讲故事的心态和讲故事的架势来对待这个没有故事的故事。现在好多有心人都在这么做。

我希望能够像讲故事那样做纪录片。因为全世界的人都喜欢听故事、看故事。

第五，追求作品创新，尽可能有哲学思考，与哲学挂钩。

张以庆的几部作品《英和白》[①]《幼儿园》[②]《舟舟的世界》[③]，等等，

---

① 《英和白》（1999），片长 50 分钟，获中国四川国际电视节最佳纪录片奖、最佳导演奖、最佳创意奖和最佳音效奖，第 19 届中国电视金鹰奖纪录片最佳编导奖。

② 《幼儿园》（2004），片长 69 分钟，获中国电视纪录片学术奖。

③ 《舟舟的世界》（1997），片长 53 分钟，获全国精神文明建设“五个一工程”奖，中国电视纪录片学术大奖及最佳编导单项奖，中国电视金鹰奖，法国 FIPA 国际电视节、加拿大蒙特利尔艺术电影节等 6 项国际比赛提名奖。

每一部都和从前不一样，不是拍摄对象不一样，就是在结构上、处理上不一样。还可以举出很多很多例子，大家都在追求这个，这里头是五花八门的。

我认为第三阶段的纪录片创作跟纪学会的评比、交流活动是分不开的。我们纪学会每一次开年会、讨论会都事先确定一个主题。有时候我们就会提出来，这次会就讲纪录片如何故事片化，如何做得好听、好看，让它像故事一样。我们去找一些拍得好的片子，让它的作者来讲讲，他是怎样发现这个题材的，怎么构建这个题材的，如何进行叙说的。比如说请梁碧波来讲《三节草》[①]的创作过程，等等。

第三阶段不管是大片子、小片子，长篇、短篇都注重讲故事。

创作队伍与受众

石屹：20 世纪 80 年代我国出现了很多好的纪录片作品，影响也大，这时候受众都发自内心地喜欢这些作品，场面很热烈；到了 20 世纪 90 年代，在市场上我们能够看到的片子已经很多了，但是好的纪录片作品出来以后，受众依然还是热情不减；现在这种受众市场不再有了，您认为我们创作队伍和受众，与 20 世纪 90 年代的创作队伍和受众相比有些什么样的变化？

陈汉元：这个问题提得好。我给你说，我特别深切地感悟到，这个社会变了。

想当初，那么多人为什么抛头颅，洒热血？其中低文化水平的人是为了活下去；高文化水平的人是为了理想，他们不愁吃不愁穿，有些甚至是少爷、小 K、大少爷，那是受到外来文化的影响，为理想。

到了解放战争期间，为什么有那么多人参军、上前线？因为有了成果，打土豪、分田地。包括我们家，解放初，1949 年就从地主家里分到了一张床，我们家终于有了一张像样的床，这张床是从地主家分来的。

一直到 50 年代，那么多的人，那么多的干部都还是那样的朴素，都那么卖力地工作，他们发自内心地说毛主席、共产党是大救星。这是真的，包括我自己在内，我写出《收租院》这种感慨，这不是假的，是发自内心的。

① 《三节草》（1997），片长 60 分钟，1997 年获得第 20 届法国真实电影节特别奖。

这种感情和觉悟是比较低级阶段的，更多来自感性，但它是朴素的。

岁月滔滔东流去，现在不少人嘴上都在说着旭日东升的话。当然，还是有一部分干部相当清廉，那是长期受党的教育影响在起作用。

正因为这样，当年那些人到了电视台，年岁不大，三十几岁、四十多岁，他的子弟原来几岁，后来也二三十岁了，他们都有一腔热血，是真的，不是打点滴注进去的，是爹妈给的，自己通过吃馒头、蔬菜把它转换为流淌在血管中的血液。这些人在搞创作的时候，之所以产生那么大的反响，首先不是在艺术上多么娴熟，有多大的能耐，而是他们投入的是真情实感。

石屹：感情是真挚的。

陈汉元：所以他们能够拍到很有可能是要冒生命危险才能得到的镜头，我这么说极端了。

这些人现在都老了，这个行业接班的后来人，我不是一概而论，有这样一些情形：大多数也不要革命了，没有革命激情可言，他们文化比长辈高得多，读得书也多得多，见识也广得多，可能在国外兜了好几圈回来，等等；他们缺少的不是文化知识、艺术素养，欠缺的是创作激情。

这些人由于欠缺这种激情，所以在搞创作的时候，更多想到的是玩技巧。技巧有大技巧、有雕虫小技，是艺术的处理范畴领域的东西，而不是在情感、在思想深度上的挖掘、塑造。很多人为收入，为在财政上获取更大的份额、留住那份份额，像工匠一样从事着劳动。

由于缺少激情，就缺少创意。

石屹：创作的成分少了，匠人的东西多了。

陈汉元：这样一来，缺少新的点子，缺少把新点子转化为产品的创造性。因此这样的人一多，创意、创造就进入不到产生广泛影响的阶段。

这是从大面上、主流方面的分析。可能有些悲观，但是我认为是这样，他们是为职业而工作、为生存而工作，不要说革命了，更不是为某一种理想——革命理念或革命境界，为这两种理想在那儿玩命、在那儿工作，所以做出来的东西很一般，以至于是平庸的，这是大多数。

另外一类人，可能很有才干，但是由于种种原因，把精力、兴趣都用到了关注社会的非主流和边缘生活上面去了，哎，我都有点激动。

假如他们对事业的爱能够像爱自己的独生子女那样，渴望作品成功，不惜一切成本投入，事情就不一样了。

说到人生感悟，如果人人爱长辈、爱父母也像爱自己的孩子一样去爱，那这个社会会是一种什么景象？那又是不可能的。

石屹：确实是这么回事，您找到原因了吗？

陈汉元：总归是自然原因，另一个根本原因是社会原因。

自然原因是动物性。比如说动物大迁徙时不可能像长征一样把老的、病的都放在担架上抬着走，因为它们没有这个能力，只能让老的、病的留下，继续前进。在前进的过程中，那些弱小的继续死亡，最后一万多个个体生命经历了各种风险、磨难活下来的只有三千，这三千活下来的就是强者，其中领头的雄性动物就是种子选手。他就拥有特权，因为他的种是最好的，可以产生更好更强的动物后代。

曾经有一个特别节目，让我当总撰稿，我就看了100期《动物世界》，看到了刚才所说的景象，同时也使我的世界观有了根本性的改变，我过去特别痛恨强者欺压弱者，吞噬弱者，弱肉强食，但是做完了这个节目，我认为这个生物链是科学的规律。如果你同情虾米，那小鱼怎么活下去？你同情小鱼，大鱼吃什么？

自然界在营造生命的时候，很科学地搞了这个生物链。大鱼吃小鱼，小鱼吃虾米、虾米吃烂泥。但是到头来，大鱼、再大的鱼最后都要成为烂泥。生命只是一个过程。

秦始皇找长生不老药，到山东的天尽头几次去找，最后不也成为烂泥了吗？

你提的问题非常好，非常对，因为时代的变迁、分配的变化，其中包括就业状态的完全不同。

我们毕业的时候，哪愁没工作啊，好赖都会有一份，现在不是了。现在是你争我夺了。随着这样的变化，就不大有可能像过去我们那个年代，或者比我们更早年代的纪录片人来对待创作，奉献他的爱。没有了，流失了，这不能怪个人，也不能怪社会，太阳、月亮就是这样走的，潮起潮落，花开花谢，没办法，地球已经变热了。这是规律，跟乐观、悲观无关。

石屹：大环境变了。

陈汉元：嗯。计划经济变成市场经济了，这是一个很大的进步，但是也要付出代价，这个代价就是不少人的价值观发生异变，那种为社会、为集体的强盛，牺牲自己的这种热情在流失。

部分纪录片是供少数人看的

陈汉元：第三个阶段要走向世界，把自己的作品能够拿到国际上评奖，然后能够卖出去。现在的问题是，很多纪录片都商业化，当然商业化没有什么不好，但有一些是不应该商业化的。

我现在认定任何节目都应该是文化产品、文化商品。既然是商品，它就有成本投入，就得讲产出利润，所以再也不能说根本不考虑利润，不考虑回报。

这样一来就出现了纪录片娱乐化的倾向、苗头，这都是在所难免的。对于有些题材而言还是可喜的；但是也不能是所有的纪录片都商业化、商品化，毕竟有些纪录片是一个非常严肃的题材，本身提供给你的对象是不可能娱乐的，或者是带有很强学术性的一个对象。

在这种情况下，我们的节目确实是给一部分人看的，或许是供少数人研究用的，不能强求所有的纪录片都搞得嘻嘻哈哈的，所谓的商业化、娱乐化不等于是嘻嘻哈哈。

娱乐化的一个很大的标志就是故事化，外国人讲故事就是娱乐，娱乐就是故事。故事片是属于娱乐范围的片子，我是说有些带有很强学术性的片子你不能去强求它讲故事，它还得讲学问。

其实也不用强调，这是两码事儿。

20 世纪 90 年代的纪录片创作精英

20 世纪 90 年代是中国纪录片创作最为活跃、辉煌的时期，中国的电视纪录片作品开始走向国际，让更多的外国人通过纪录片作品了解中国；同时一些外国纪录片工作者也来到中国拍摄纪录片作品，比如费·艾格兰[①]的《云之南》[②]及其姊妹篇。这里选取20世纪90年代的一部分代表作品进行分析，以此解读、展示90年代我国电视纪录片的发展水平。

作品《沙与海》（*Sand and Sea*）

编导：康健宁、高国栋
摄影：江兵、高国栋

片长：30分钟 创作时间跨度：1989年—1990年

《沙与海》影像，1990年。女孩戏沙图

宁夏电视台编导康健宁的创作风格有前瞻性，先后拍摄了《闯江湖》（片长：50分钟，1987）、《沙与海》（片长：30分钟，与高国栋合导）、《阴阳》（片长：180分钟，1997）等有影响的代表作。康健宁喜欢拍摄沉重环境下人的音容笑貌，以及生活与思维特点，并通过瞬间问答展示人物的内心，赋予作品较大的张力。

作品《沙与海》由两条线组成，一条线记录发生在西北戈壁的事情，一条线讲述发生在东海之滨的故事，两条线结构在一起，构成了这部片子。两位编导各自承担南北的部分，然后再将其结合在一起。

① 英国独立制片人。1990年，其作品《巴卡，丛林中的人们》摘取第三届上海电视节纪录片“白玉兰”大奖。

② 《云之南》（*Beyond the Clouds*，共7集，每集60分钟，1994年播出）以讲故事的方式，记录了丽江普通人家的普通故事。它在1994年先后获得了英国电影学会格里尔逊大奖，英国广播记者行业公会最佳纪录片奖，英国皇家电视学会年度教育类最佳成人教育奖，美国The Peabody奖；1995年又获得了英国独立制片人大奖中的最佳纪录片和最佳最全面作品奖，1995年度英国影视艺术大奖（BAFTA）中的最佳摄影奖，后又获得美国电视艾美奖。

作品以改革开放后人们的生活、思想的变化为背景，以居住在沙漠与海岛上的两户普通牧民与渔民为视角，描绘了生活在封闭环境下的人们的喜怒哀乐，通过对具有传统思想的普通劳动者与年轻一代的两家生活环境不同的人们的记录，展示出耐人寻味的问题。

编导在这部作品中，善于抓取人物瞬间丰富的内心活动，并使其构成情节；通过对人物及其环境的描绘，构成原生状态的故事，从而产生强大的艺术感染力。采访牧民的大女儿、打酸枣和小女孩在沙坡上嬉戏等几段是其中的精彩篇章。

该片 1991 年获 28 届亚洲广播电视联盟奖，也是我国自 1973 年 12 月正式加入该组织以来首次夺得电视片大奖的作品。“亚广联”表彰它“出色地反映了人类的特性以及全人类基本相似的概念”，并写下了“有助于本国发展”的评语。

作品《阴阳》（*Yang and Yin*）

编导：康健宁　　摄像：康健宁

片长：180 分钟　创作时间跨度：1995 年—1997 年

这是 20 世纪 90 年代业内反映较好的纪录片作品。该片拍摄选点在宁夏一个常年干旱的山区农村彭阳县陡坡村。这个村因为常年缺水，经济贫困，但村民却依然顽强地生存着。他们寻找水源，想方设法储存水。镜头从一个“风水先生”（该村一个最有文化的人）入手，围绕他和村里人找水牵扯出来的一系列关系（家庭之间、邻里之间、上级领导之间等），展开深入细致的纪录拍摄。

拍摄《阴阳》时，编导的拍片观念从关注人进入到关注过程，即关注现实人物间关系的过程，或动作的过程、事件的过程。作品开拍时正值宁夏连续 5 年大旱，这里粮食几乎没有收成，人和自然的矛盾达到了快崩溃的程度，人的忍受能力达到了极限。

这时编导选择了一个叫阴阳的“风水先生”作为切入点，开始了拍摄工作。他认为：在阴阳先生身上集中了中国农民的很多东西。阴阳先生从小读过书，相对一些目不识丁的农民是有文化的人，也相对见多识广。在极端贫困的地区，阴阳先生从某种意义上代表了一种文明和先进。但是阴阳先生又是一种愚昧的体现，他生活在几千年沿袭下来的一些习惯中，如有人生病，会请阴阳先生去装神弄鬼；同时，阴阳先生还是一个农民，因为看风水不可能是一种职业，定期领工资，所以他也一样种地；在家里，阴阳先生还是一个家长，以他的方式去教育子女。

《阴阳》的编导希望用以前没有用过的形式将生活中本质的东西表现出来。

作品《藏北人家》（*Family in Northern Tibet*）

编导：王海兵、韩辉　　　　　摄像：王海兵

撰稿：赵坚、王海兵、韩辉　　片长：47 分 34 秒

创作时间跨度：1990 年 6 月—1991 年 5 月

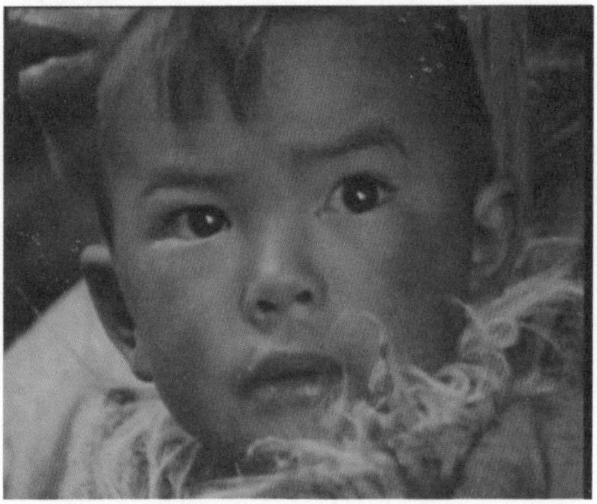

《藏北人家》影像，1990 年

四川电视台编导王海兵在纪录片创作上不断探索，寻求最佳的纪录方式，使得他的作品屡屡获奖。代表作有《藏北人家》（1990）、《深山船家》（1993）、《回家》（1995）。其中《藏北人家》《回家》分别获 1991 年、1995 年第一届和第三届四川国际电视节“金熊猫”大奖，《深山船家》获第二届四川国际电视节提名奖。三部作品还分别入围 1992、1994、1996 年三届法国戛纳国际音像节。这三部 5 年中拍摄完成的作品，人称“家的三部曲”，伴随了编导在纪实创作上的探索历程。“家的三部曲”作品有着共同的特点，都涉及人与自然的一种关系，但是每一部作品，无论是具体的手法处理还是题材的选取，以及主题的开掘方面，又有很大的不同。

三部不同样式的纪实作品，扣紧了中国电视纪录片发展的时代脉搏，它们不同的创作处理，体现了编导对纪录片创作认识逐步走向深入。

2000 年王海兵又推出时长 3 小时 15 分的长篇纪录片《山里的日子》，入围罗马尼亚阿斯特拉人类学文献纪录电影。

辽阔的藏北草原地处海拔 4500 米以上的高原，自然条件的艰险和路途的遥远筑成了一道厚重的屏障，使今天的藏北文明得以保持同几千年前基本相似的形态。

过着游牧生活的牧民，一座帐篷就是一个家庭。作品向观众介绍了牧人措达一家人在藏北草原上生活，从中反映了藏民族在与大自然的抗争和适应中建立起的一种和谐关系，以及牧人的生活方式、情感和他们创造出的独特游牧文明。

编导把焦点集中在一家一户人身上，并把叙事结构安排在一天的生活流程之中，用大量的生活细节结构全片。

在影像上编导追求的境界是：虚实相结合，即写实与写意、主观与客观相结合。作品在镜头的运用上分为两类：

写实的时候作品运用纪实镜头，展现措达一家人日常生活；另一种是写意镜头，是能说出镜头之外意思的镜头。比如藏民打酥油一段，编导一大早听到打酥油的声音一直不断，觉得一个人费这样长的时间打酥油，生存的毅力是很强大的，于是就想传达这种感觉，他拿出机器退到帐篷外，离得远远的，用了一个全景——背景是黑的，帐篷撩起一个角，从里面透出亮光，一个人在里面打酥油，一个剪影在那儿活动。虽然在黑的画面中打酥油的人就那么一点儿，但那正是亮点，画面的灵魂，表达的是人在天地之间的渺小与伟大，从而使作品的内延得到拓展，意境更加丰厚。

作品《周恩来》（*Zhou Enlai*）

总编导：时间

片长：50 分钟 ×12 集　创作时间跨度：1996 年 7 月—1998 年 2 月

中央电视台纪录片编导时间对中国纪录片发展的思考与实践都很重要，

他比较早地带着严肃和自觉的思考走入中国纪录片创作之中，他的思考与探索实践对 80 年代末处在转型中的中国纪录片发展起到了推动作用，在同行中产生了广泛的影响。时间认为纪录片本身就应该具备个人的思想，如果作者不能表达个人化、个性化的立场和态度，他的作品是没有价值，也没有存在的必要[①]。时间的作品在表达个人思想方面进行了大胆探索，他在中央电视台《东方时空》中创办的谈话类节目也体现了这一理念。代表作有《我眼里的爸爸》（1985）、《访天津市长李瑞环》（1987）、《回延安》（1987）、《地球你好》（1987）、《天安门》（8 集，1988）、《我毕业了》（1992）、《魏家胡同》（1994）、《周恩来》（12 集，1998）、《布达拉宫》（2002）、《抗战》（12 集，2005）等。时间也是中央电视台《东方时空》的创办人之一，并创办了《东方之子》《实话实说》等名牌栏目。

作品重点讲述了周恩来在新中国成立以后当总理的这段政治生涯，力图带给人们对那段历史的再认识和再思考，同时通过对周恩来这个重要人物的剖析、回顾来总结我们国家所走过的历史。

在材料选择上，作品注重对珍贵历史素材的挖掘使用；同时重视有声影像资料的运用，体现场信息。比如“文革”期间，总理在天安门城楼上的讲话这段影像资料，不仅有总理的影像、声音，还有不同身份的人们的一些反应的镜头。如林彪面无表情的影像，民众在革命情绪高涨的时候忽然听到总理要人们坚持生产时的迷惑表情等。作品尽可能多地引用了这段有声影像资料，使场信息发挥作用，让人们通过总理的语言、声音和表情，去感受在那个特定的年代一个卓尔不群、一心为民的好总理对动荡局势表现出的担忧和焦虑，以及他对不顾及生产、盲目投入运动中的民众苦口婆心的劝导。用这样的影像语言表现人物形象，在观众心中留下了长久的记忆。

作品的创作者还通过剪辑手段、技术处理等方式赋予影像深刻的内涵，增强了作品的思想性。有时为了强调的需要，作品采用同景别剪辑方式；有时为了主观的强调，作品刻意对画面的颜色作了处理，还有长镜头的使用和

① 《纪录中国：当代中国新纪录运动》，吕新雨著，生活·读书·新知三联书店 2003 年版。

运用上的一些处理等也都非常成功，扩大了作品的内涵，增强了影像的审美效果。类似这样独具匠心的创意作品中还有很多。

在文献材料的总体运用上，作品注重把握展示与揭示的关系，即说明是“什么样”的时候，揭示的目标是在挖掘“为什么会这样”。在作品中，展示是作为一种表现的途径，而揭示才是创作者真正想要达到的目的。

作品注重用个人视角来解读、触摸周恩来这个历史人物，使得对历史和人物的观察与思考更具人性化。

强调多采用间离手法，造成一种多元化的思考方向以达到更为含蓄的表现和表达境界是作品的另一大特色。

《周恩来》在影像资料上的自觉使用，超越了以往同一类型题材的作品，使我国大型文献纪录片在影像语言的运用上迈上了一个新台阶。该片 1999 年获中国纪录片学术奖特别奖、“五个一工程”奖、第 16 届大众电视金鹰节纪录片类荣誉奖。

作品《孙子兵法》（*The Art of War*）

编导：李鹰　　　　　　摄影：李黎、李鹰、李东江、何延国

片长：45 分钟 ×10 集　　创作时间跨度：1993 年—1995 年

中央电视台编导李鹰的纪录片作品多为大型电视系列节目，内容涉及国家的民族与命运，风格大气磅礴，参与创作的多部军事题材纪录片作品在国内产生过重要影响。代表作有《我们都是同龄人》（1983）、《长征·生命的歌》（10 集，1985）、《让历史告诉未来》（12 集，1987）、《新中国四十年》（1989）、《孙子兵法》（10 集，1995）、《解放战争著名战役系列片》（19 集，1997—1999）、《撼天记》（22 集，2003）、《驯核记》（6 集，2004）、《震撼的地球——二战珍闻录》（30 集，2005）、《地穴惊梦——侵华日军东北要塞探秘》（9 集，2005）、《长征·不朽的魂》（6 集，2006）。李鹰认为大型文献纪录片的编导应该从文本创作开始介入，然后从编导、摄影到撰稿，都自己动手完成，这样才能体现个人创作风格和理念。他坚持这一创作原则，并在影像叙事手法上形成了自己的创作特色。

李鹰曾是中央电视台军事部《人民子弟兵》栏目的第一任制片人、央视中国国际电视总公司红星影视分公司经理。2000年后央视国际电视总公司节目制作部为其成立中视李鹰工作室后，他开始独立制片创作生涯，并开始涉足航天、核事业等多领域的纪录片创作。2005年后，先后兼任央视新闻中心军事部《人民子弟兵》栏目主编、特别节目组制片人。

《孙子兵法》是两千多年前流传下来的五千余字的兵书，它作为中国传统文化中的兵家典籍在中国传统文化中有着重要地位。要把一部书转换成纪录片影像，生动地表现出其博大的思想精髓，难度非常大。编导在创作思路上确立：对于没有历史遗迹留存的兵家文化，只可意会，并尽可能地找出它们与中国文化的共同点来创作。编导以“用中华民族五千余年的历史解读五千余字兵书的创作方式”来表现兵家智谋型文化为突破口，最后获得了开拓性的成功。作品寓深邃的哲理于平易的述说之中，不仅可视性强，内容通俗易懂，而且情节跌宕起伏，将影像与古老文化结合得恰到好处。

该片1997年获中国广播电视新闻奖系列片一等奖；获全国优秀电视军事节目系列片一等奖。获“2007·中国文献纪录片二十年（1986—2006）经典作品”评选优秀作品奖。

作品《苏园六记》（*Suzhou Gardens*）

总编导：刘郎　　　　撰稿：刘郎

编导：吴华雄、孙欣　　摄影：吴华雄

片长：30分钟×6集　　创作时间：1999年12月

刘郎1981年在青海电视台任编导。1994年调到浙江电视台任编导。代表作以文学作为支撑的情态类作品见长，如20世纪80年代末创作的《西藏的诱惑》（1989年获第三届全国电视文艺“星光奖”一等奖）等。刘郎的作品文学性较强，充满了浓郁的民族文化、地域色彩和时代气息。

刘郎的早期作品产生于观念巨变的特定历史时期20世纪80年代末，西部文化如岩浆涌动，似火山爆发。刘郎以他的电视作品融入“西部文化”的大潮中，以崭新的审美视角对西部生活作独特观照和抒写，将当代人的思考融会于西部社会生活和自然景观之中，使西部世界和当代精神化为一体，展示了西部文化的性格、气质、精神和境界。

1994年到浙江电视台以后，他又创作出了一系列具有个人创作特色的《苏园六记》《江南》《七弦的风骚》等作品，在这些作品中他继续将文学、绘画、音乐与画面语言、有声语言、造型语言有机地结合在一起，赋予作品较高的文化价值和审美价值。

《苏园六记》结构精巧，把“苏园”视为一个整体的研究对象，按照评述的思维逻辑，布排全片各集的内容。其中一至三集重在展示园林的物质属性，四至六集重在阐述其社会意义。第一集《吴门烟水》为概论，简述苏州园林的历史演变和文化背景，揭示其综合艺术的属性和隐逸情趣的人文象征。二至四集分述造园理论和技术，从不同侧面介绍苏州园林的审美特征。第二集《分水裁山》和第四集《蕉窗听雨》围绕叠山、理水、栽花、植木园林四大技术介绍了苏州园林的种种幽微巧妙之处。第三集《深院幽庭》着重说明苏园曲折的结构布局特点，既串联了山水与花木，又完成了二、三、四集由大到细小的自然观赏过渡。第五集《岁月章回》以诉说人事为主，回顾了近现代以来园林的曲折际遇。第六集《风叩门环》立足今天展望未来，以苏园走向世界的事例论述了苏州园林作为世界文化遗产的伟大贡献，同时也探讨了未来发展中的学术课题。

解说词是作品的一大特色，其优美的语言扣人心弦。《苏园六记》每集的开始是在这样精美的辞藻中展开的：

雕几块中国的花窗，
框起这天人合一的融洽；
构一道东方的长廊，
连接那历史文化的深邃。
是一曲绵延的姑苏咏唱，
吟唱得这样风风雅雅；
是几幅简练的山林写意，

却不乏那般细细微微。
采千块多姿的湖畔奇山，
分一片迷蒙的吴门烟水；
取数帧流动的花光水影，
记几个淡远的岁月章回。

它们既是统率全片的题记，又为这部具象化、艺术化的作品奠定了创作基调，也表达了主创人员独树一帜的艺术追求。

全片构思大处立意，又善于细部编织。作品抓住人类眷恋自然的天性，隐逸避世的人生哲学，曲径通幽的东方审美，园林意境的术语定义等理论话语构置情节，使丰富多彩的具体画面有所依托，推进了思考的深度。

作品在意蕴的营造上最大限度地拓展园林这一艺术实体的文化背景，并为其注入宽广而纵深的历史内容。就园林艺术本身而言，它把苏州园林置于江南园林中考察，显示出江南园林的典型性；又把苏州园林放在中华园林体系中，体现其影响或在滋养北方园林中所发挥的重要作用；在此基础之上，编导将视野进一步拓展，把苏州园林置于世界建筑艺术范畴中考察，突出其举世无双的独创性以及无可替代的文化瑰宝地位。

编导还在作品中引入各种姊妹艺术门类，涉及多种流派和大量代表人物，通过相互印证和触类旁通，帮助人们加深对苏州园林的文化土壤和艺术特点的理解；对中国建筑艺术中的人物涉及尤多，至于诗词、小说等文学领域的借鉴更是丰富。《苏园六记》不只是一部园林“专著”，还是一部绚烂多彩的吴文化百科全书。

作品《壁画后面的故事》（*The Story of A Mural*）

编导：祝丽华　　摄影：王维

片长：30 分钟　　创作时间：1994 年

山东电视台纪录片编导祝丽华代表作《陶魂》、《方荣翔》（1992 年获第七届“星光杯”电视专题节目一等奖、优秀撰稿单项奖）等；另有《壁画后面的故事》获中国新闻奖一等奖，《中华百年祭》获中国电视奖一等奖。

《壁画后面的故事》讲述了一位艺术家为挽救他学生的生命而与命运奋争。社会在救援这个凄美的生命时表现出了慷慨和无私；当这些救助最终归于失败，一个活泼的生命走向毁灭时，给人们带来的是无以名状的悲伤。纪录片记录的是美的毁灭，而透过美的毁灭人们又看到更广泛意义上美的新生。

1994 年 3 月 5 日在山东济南召开的《和平·进步·自由》异形�合陶板浮雕壁画鉴定会上，三十四岁的壁画家刘玉安的壁雕得到与会专家学者的高度评价。事后刘玉安告诉编导壁画中充满阳刚之气的人物原形曾经是山东建筑工程学校的学生陶先勇，因患骨癌截肢永远失去了左腿。

编导意识到，在壁画的后面正在发生着一个鲜为人知的故事，这些故事不仅和刘玉安的壁画艺术有关系，更重要的是和陶先勇年轻的生命密不可分。在跟踪拍摄的两个半月里，摄制组记录了一段可歌可泣、感人至深的人间真情。故事的结局是悲剧性的：虽然，刘玉安及社会各界都为拯救陶先勇的生命尽心尽责，但无奈病魔最终还是无情地夺走了他的生命。陶先勇带着对生活的眷恋离开了这个世界。

作品的画外音是编导的声音，对人物命运的理解使得解说恰到好处。

作品中音乐与字幕的运用别具匠心，符合观众视觉的审美心理需求。在叙事过程中，每到情绪高涨之后或情节转化时，都会叠出长达二十几秒的片名“壁画后面的故事”的字幕，并伴之一段空灵而真挚的音乐，使观众在前面情节中积累的情绪得以延伸和发展，既营造出优美而深情的格调，又为该片制造出层层推进的段落，从而形成了一个与事件发展和观众的情绪发展极为吻合的节奏。

作品结尾大海边上贝壳与浮雕画面多次叠加在一起的特殊处理，唯美而又寓意深长。该片于 1995 年获中国新闻奖一等奖。

作品《最后的山神》（*The Last Man*）

编导：孙曾田　　　摄影：孙曾田、夏志方

片长：40 分钟　　　创作时间跨度：1992 年 11 月—1993 年 7 月

《神鹿呀，我们的神鹿》影像，1997 年

中央电视台编导孙曾田以表现在历史变迁中的东北少数民族的生活及其内心世界的作品见长。《神鹿呀，我们的神鹿》1997 年获第十一届“帕尔努”传记片电影节评委会奖；1998 年获德国柏林人类学电影节评委会奖；1998 年获第七届上海国际电视节评委会特别奖；1998 年获国际纪录片协会“劳伦斯”提名奖；1998 年获中国纪录片协会长片一等奖；《祖屋》2001 年获第 34 届美国国际影视节“银屏奖”。

作品表现了老一辈鄂伦春人传统的山林生活和心灵世界，也表现了新一代鄂伦春人对新的文明生活的追求，反映出山林狩猎这一人类童年时期的生活方式将最后消失。

《最后的山神》影像，1992 年

作品深入开掘了人物的内心世界，表现细腻，将故事与抒情有机地结合起来，画面生动优美，具有浓郁的民族色彩。

作品给观众的启迪是多元的。主题不是理念性的，而是一个内涵丰厚的象征体，融入了理性思索的感性形态，它给观众参与思索的空间很大。不同的观众从不同的角度，结合自己的经历及对生活的理解会得出不同的判断。人们在作品中也看到了人类生活进化的过程。

该片 1993 年获第 30 届亚广联大奖。评委会的评语是：“评委高度赞赏《最后的山神》自始至终形象地表现了一个游猎民族的内心世界。这个民族传统的生活方式伴随着一代又一代人的更迭而改变着，本节目选取这个常见的主题描绘了新的生活。”1995 年，该片获第 9 届“帕尔努”影视人类学电影节特别纪录片奖。

作品《龙脊》（*Dragon Back*）

编导：陈晓卿、杨小肃　摄像：陈晓卿、杨小肃

片长：39 分钟　创作时间：1994 年

中央电视台编导陈晓卿代表作《远在北京的家》《龙脊》分别于 1993 年、1995 年获四川国际电视节纪录片“金熊猫”奖。

龙脊位于中国广西壮族自治区龙腾各族自治县境内，自然环境恶劣，资源短缺，勤劳善良的红瑶人民在这里生活了三百多年。大山隔断了他们与外界的联系，也隔断了文明的辐射。但是，这里的孩子们却没有因为贫穷而放弃对知识的渴望。尽管条件艰苦，设施简陋，但多数孩子还是依然留在校园中。为了能够供孩子读书，家长们节衣缩食，有的孩子小小年纪就去勤工俭学。

人们关注纪录片的同时，更看重作品的风格及其带给人们的思考，把它当作纪录片作品的真正生命。作品以朴素的风格、旁观者的眼光记录了广西山区一群瑶民的日常生存状态，那里的孩子们在并不富裕的生活环境中艰难地求学。这个平凡故事引起人们很多的思考：一个相对贫困、相对封闭的农村群体为什么会形成这种纯朴的人际关系；这里的教育与生存的关系；国家为什么要实施面向贫困失学儿童的“希望工程”……

这部表现现实主题的作品，还在影像结构方面呈现出与众不同的纪实风格，从而赋予作品鲜明个性和特色。

作品《龙脊》中，静态造型贯穿作品始终：静谧的山坡，夜色下的校舍，

《龙脊》拍摄现场

雨中的村庄，跳橡皮筋的小女孩，在灶台前和窗户前忙碌家务的人们……即便是表现人物活动的场景，编导也大量运用静态造型，在静的画面框架中表现人物的动态。与静态造型相关的是拍摄的平稳和拍摄的叙述性角度。作品的画面很少随意晃动，能用三脚架拍摄绝不肩扛，即使是肩扛摄像机也尽量拍得平稳。拍摄的叙述性角度符合人们日常生活中的视觉习惯，多以视平线的高度和正常的视域来拍摄，画面呈大景深效果，给人一种贴近生活的亲切感。静态造型和画面的平稳给观众一个过程化的欣赏时间和空间，使观众的视线自主地在画面框架中流动。这种画面以一种冷眼旁观的姿态显示了纪录的客观性，以一种距离化的取材再现了生活的自然原貌。

作品画面构图和用光别具匠心。利用门窗处透过来的自然光，结合人物在室内的走动和门的开合等进行拍摄，恰到好处地交代了人物的生存环境和行为空间。龙脊人讲的是当地瑶族特有的方言土语。编导让同期声唱主角，仅用字幕同步翻译，解说点到为止。真实地反映出人物对话、读书声和民歌童谣，观众也看到了一个个富有乡土味的人物形象。

该片 1995 年获四川国际电视节纪录片妇女儿童题材“金熊猫”奖。

作品《德兴坊》（*De Xingfang*）

编导：江宁　摄影：赵书敬、李晓

创作时间跨度：1991 年 8 月底—1992 年 3 月

拍摄素材 80 分钟，成品片长 39 分钟，片比约 1∶22

上海电视台纪录片编辑室女编导江宁以拍摄具有历史纵深感题材的纪录

片见长，善于抓取生活中即将消亡的事物进行拍摄，作品具有浓重的人文和历史色彩，给人以至深的印象。代表作《德兴坊》（1992）、《上海滩最后的三轮车》（1993）、《家园》（1994）、《为了五十六个民族娃娃》。

《德兴坊》影像，1992 年

《德兴坊》取材于 1929 年建造的上海老式石库门弄堂，弄堂名曰“德兴坊”。“德兴坊”里居住着 291 户人家。在这 291 户人家中，家家户户都有一个共同的矛盾——住房紧张，由此而生出许多是是非非。

该片十分客观地捕捉了这条弄堂中的一些琐事，跟踪拍摄了 3 户人家，通过这 3 户人家各自的苦恼、矛盾展现了都市居民的现实困境及喜怒哀乐，展示了困境中的人情、温馨、宽容、平和及善良，从中透视了上海普通市民的文化观、人情味和生活状态。

作品《费达生》（*Fei Dasheng*）

编导：王韧　　摄像：陆勇

片长：25 分钟　创作时间跨度：1994 年 4 月—1996 年 6 月

上海电视台纪录片编导王韧的纪录片代表作品有《勤勤恳恳是精神》（1989），教育三部曲：《放学后》（1994）、《校门口》（1994）、《屋檐下》（1994），《富民街》（1994），《望古格》（1995），《费达生》（1996），《百年归路》（1999），《浦东印象》（1998）等。自 2006 年 8 月 5 日起担任上海电视台纪实频道《大师》栏目制片人、总编导。

作品记录了我国桑蚕业奠基人之一的费达生老人在九十二岁到九十四岁前后的一段生活，讲述了老人贡献于中国桑蚕事业的美丽人生，以及隐含在她人生中的一个历史悲剧。

该片以对老人的访谈为主，通过费达生老人的言谈，通过她的音容笑貌，她的眼神、手势人们能够感受到费达生老人的胸怀与精神光辉。费达生“就是对农民好”的一生，成为是支撑全片的灵魂。

作品通过对费达生老人的记录，老一代知识分子对事业的挚爱、那种一定要把事情做好的执着的人生追求也被一一地展现出来。

在作品的后半部分，老人担心的预言不幸被言中。20 世纪 30 年代费达生发表的一篇题为《关于桑蚕丝绸系统观点》的文章就已指出：在地少人多的江南，桑蚕业一定会因为土地的珍贵而发生价格与价值之间关系的断裂。在晚年费达生退居二线以后，还坚持试验蓖麻树的种植，因为蓖麻树不和农业争土地，费达生力图把野蚕变家蚕。

但是，尽管费达生努力工作，她花费了几十年心血的江南丝厂最终还是倒闭了，她曾经领导的课题组因为没有效益也被解散，试种蓖麻树的基地因为自然灾害被毁……对于眼前发生的一切，老人回天乏力，痛苦万分。

作品运用歌曲的形式表达编导的主观情感。音乐旋律以江南丝竹乐与教堂唱诗班颂歌为基调，将费达生当作圣母来颂扬。

该片获 1997 年第三届纪录片学会学术奖短片大奖，1998 年第 15 届中国电视金鹰奖最佳短纪录片。

作品《三节草》（*Sanjiecao*）

编导：梁碧波　　　　　摄像：梁碧波

片长：60 分钟（彩色）　创作时间跨度：1997 年 5 月—1997 年 11 月

《三节草》影片剧照

成都电视台编导梁碧波的作品带有浓郁的乡土气息。他的几部优秀纪录片的创作手法从某种角度上来讲，类似于人类学的“田野工作”。影片所展示的生活场景和内容具有鲜明的文化人类学价值。主要作品有：《峨嵋女尼》

（1995）、《二娘》（1995）、《马班邮路》（1995）、《冬天》（1996）、《三节草》（1997）、《婚事》（1999）、《熊猫宝宝成长的故事》（2005）。

作品记录了泸沽湖畔七十岁老人肖淑明的传奇故事。肖淑明在少女时代，被摩梭人土司喇宝成看中，带回泸沽湖，成为他的压寨夫人，一去就是 54 年。1996 年肖淑明有机会回到了阔别已久的故乡成都，当看到繁华的城市时，内心百感交集，她已不可能再重新融入到这个城市中，但是却萌生了要把孙女拉珠送回到成都的念头。全片分为两条线，一条是肖淑明讲述早年经历及人生感受；一条是肖淑明为了能将孙女拉珠送往成都而做努力的过程。

作品浓墨重彩于肖淑明个人命运背后的中国现代史。把奇异的走婚、泸沽湖的湖光山色放在了次要的背景上。

在影像处理上，作品选择直接电影的表现形式，一切用影像表达。在蒙太奇画面语言方面，遵循电影语法，短镜头切换与长镜头运用相宜。画面色彩倾向于浓烈，光影取大反差，以油画般的凝重讲述深沉的历史。以中国的画面语言讲述中国的故事，每个镜头都力争有十足的中国味。

声音取自然声。推动故事发展的人物对话以实录为准。而效果也采用当地能录到的声音。不作曲，不配乐，追求自然与真实。

该片获得 1997 年第 20 届法国真实电影节特别奖，第 4 届中国纪录片学术奖长篇二等奖，第 7 届中国少数民族题材电视艺术骏马奖。

作品《村民的选择》（*The Choice of the Village*）

编导：佟立　　　　　摄像：刘渝、彭彬、刘勇宏

撰稿：佟新、张群力　解说：范红军

片长：50 分钟　　　　创作时间：1997 年

北京电视台女编导佟立的代表作品有《中国母亲》（1995）、《村民的选择》（1997）、《一个艾滋病病毒感染者》（片长 50 分钟，1999）、《民政局里的林科长》（2000）。

《村民的选择》通过一个具体的选举，带给观众对中国农村民主选举的感性认识。作品是在《中华人民共和国组织法》第二条关于村民委员会的规

定实施的背景下开拍的。在片中不断用画外音来对整个中国和河北省的法律和民主选举的情况进行介绍和说明，在选举正式开始前一切都在按部就班地进行。

然而在正式选举开始以后，情况开始有了变化。一个村民走到镜头面前做了自我介绍，声称要投自己一票，他叫左金文，是非法定候选人，最后他击败了两个法定候选人以绝对的优势当选为喇嘛寺村的新一任村长。左金文的出现和胜出使选举出现了高潮，也使得片子出现了高潮。

左金文的出现，改变的是作品的情节和节奏，而这个变故的出现，除了对作品本体的改变以外，更提升了作品所蕴含的意义，因为它使得《村民的选择》不仅展示了农村第一次民主选举的过程，而且让人们看到这种民主实施过程的变数和不平坦，让人们看到了农民民主意识的觉醒和觉醒以后所带来的胜利，这种意义的提升，对于纪录片而言有了一个质的飞跃。

编导在选举结果未产生之前对左金文的采访，反映出编导对事物发展的敏锐观察和捕捉能力，使作品展现出关键人物和村民在做选择时最真实的一面，它也成为这部作品的精彩篇章。

作品《英和白》（*Ying and Bai*）

编导：张以庆　摄像：张宁、鲁澧

片长：50 分钟　创作时间：1999 年

湖北电视台纪录片编导张以庆主要作品《红地毯上的日记》《起程，将远行》《导演》分别于 1990 年、1995 年、1996 年获得中国电视“金童奖”一等奖；《舟舟的世界》1998 年获中国电视纪录片学术大奖及最佳编导单项奖，1999 年获全国“五个一工程”奖，第 17 届中国电视金鹰奖，1999 年获法国 FIPA 国际电视节、加拿大蒙特利尔艺术电影节

《英和白》编导张以庆

等6项国际比赛提名奖；《幼儿园》2004年获第10届上海电视节“白玉兰”国际电视纪录片最佳创意奖、广州国际纪录片大会纪录片大奖。三部作品分别被译成英、法、德、日、荷兰语，进入欧美主流媒体。

《英和白》的开始部分景物和人是180度的倒置，眼前的世界是颠倒的。这是杂技团的饲养室里的大熊猫英的视角。大熊猫喜欢仰卧，仰卧的大熊猫把世界看反了。这是一组有指向的镜头，是隐喻表现手法。镜头为整部片子定下了基调，英和白的错位、异化都是由此开始。

《英和白》是现代人在动荡多变的现代环境中矛盾、困惑的产物。在14年的相处之中，熊猫英和女饲养员白的生活异化了，他们在这种异化的生活中建立起相互的认同，人与自己的同类开始疏远，反而和异类亲近起来……人类大步前进的社会成了“英”和“白”共同异化的“背景”！这是有趣又令人震颤的现象！

作品体现的是“主观式”的创作理念。熊猫的眼睛实际上代表的是创作者的眼睛。

在作品中有明确的时间，而与之相联系的“英和白”没有具体的时间，也没有前后连贯的事件。在这一组贯穿全片的系列镜头中，“英和白”成了某种观念的符号。

在片中，一个倚门而坐的女孩，作为“英和白”的影子、陪衬出现，小姑娘与“英和白”的生活毫不相干，是作者主观的一种选择。此外“熊猫的眼睛”，片子开头的“女声独唱”也是一种主观的选择。

本片还有一个角色那便是一台不断提供着外部世界信息的电视机。一只熊猫、一个人、一台电视机构成了一种生活存在。同时也作为一种载体承载了编导对生活现象背后的思考。

《英和白》2001年获中国四川国际电视节最佳创意奖、最佳导演奖、最佳长纪录片奖和最佳音效奖，第19届中国电视金鹰奖纪录片最佳编导奖。

作品《平衡》（*Poachers and Their Stoppers*）

编导：彭辉　　　摄像：彭辉

片长：168 分钟　创作时间跨度：1998 年 2 月—2000 年 11 月

成都电视台纪录片编导彭辉主要作品《王老汉和他的儿女们》（52 分钟，1996）荣获中国电视纪录片学术奖，《空山》（42 分钟，1998）荣获第十一届匈牙利国际视觉电影节录像带评委会大奖，《背篓电影院》（42 分钟，1999）荣获 21 世纪布达佩斯国际艺术节最佳纪录片奖。

作品以精湛、流畅的现实主义手法，真实地讲述了一支活跃在中国著名的“生命禁区”——青藏高原可可西里的武装反盗猎队伍的命运。

摄制组运用真实、朴素的镜头语言，记录巡逻队可歌可泣的人物命运，试图从中寻找到人与自然、人与人之间的“平衡”。

全片没有一句解说词。开头为我们展现了广袤的青藏高原，接着是巍巍的昆仑山脉，最后出现在屏幕上的是“可可西里”无人区，也就是本片拍摄地点。奔跑着的藏羚羊，滑翔着的斑头雁，寥寥几笔为观众点出了这个世界第三大无人区，野生动物的天堂，更是藏羚羊家园的“可可西里”。以此作为之后片中表现西部野牦牛队保护藏羚羊及其他种种问题设下铺垫。

片中使用了少量音乐和自然音响。风声贯穿全片，在平均海拔 5000 米的高原上，即便用了防风罩，依然抵不住肆虐的大风，真实直接地表现了西部野牦牛队的工作环境。

主人公扎巴多杰坐在卓乃湖前对着镜头讲述，让人们知道了“索南达杰”，西部工委第一任队长，同 18 名盗猎者搏斗而牺牲。因此，扎巴多杰自愿请命成为西部野牦牛队队长，来到可可西里进行艰苦的工作。片中引用了故事片《索南达杰》的片段，把现实中索南达杰牺牲时，冻僵的躯体仍保持着握枪姿势的情形同演员再现的情形一同展现给观众，给人以极大的震撼。

片中还引用了一些资料，例如，偷拍的藏羚羊羊绒围巾交易现场等，增强了作品的表现力，强调了“反盗猎”的必要性。也突出“平衡”这一主题。

作品中的主人公扎巴多杰是个具有震撼力的人物，他善于表达，他的个人魅力打动了每个人。在镜头前，他毫不掩饰，非常直接自然地表达一切，对盗猎者强烈的愤慨，对政府某些官员的指责，对自己工作的执着等，很多信息都是通过扎巴多杰的表述传达给观众，成为作品的重要组成部分。

该片获英国政府2003年环境保护电视节目大奖赛一等奖；英国政府2003年环境保护电视节目大奖赛最佳导演奖、最佳摄影奖、最佳制作奖；第19届中国电视金鹰奖最佳长篇纪录片奖；国家民委、国家广电总局、文化部“中国骏马奖”；中国电视纪录片学术奖长篇二等奖。

作品《影人儿》（*Cowhide Puppets and Their Masters*）

编导：孙杰　　摄影：王移风

片长：56分钟　创作时间跨度：1995年10月—1996年5月

陕西电视台编导孙杰代表作品有《出嫁的新娘》（获中国广播电视奖一等奖，该片英文版获中国彩虹奖英语专题一等奖）；《百年税票》（获中国电视奖长篇类一等奖）；《牧羊人的冬天》（获陕西电视奖一等奖）；《看车老人》（获陕西对外宣传影视作品一等奖）；系列片《长大的故事——中国独生子女报告》（获中国十大纪录片、陕西金鹰奖一等奖）。

皮影，又称灯影，是我国民间广为流传的傀儡戏之一，也是我国出现最早的戏曲剧种之一。它演出装备轻便，唱腔丰富优美，表演精彩动人，千百年来，深受广大民众的喜爱，流传甚广。陕西华县是中国皮影艺术的重要发源地之一，郝丙历、潘京乐是华县皮影艺人中的领军人物，他们为了弘扬皮影这一民间艺术形式，用多年积蓄成立了华县皮影协会。然而，他们的努力能不能挽回正在日渐衰落的皮影戏呢？随着老人们一个个离开人世，皮影还能流传多久，成为一个非常现实的问题。

作品在生活流程中对人物性格、心态的不动声色的纪录表现得十分出色，记录了陕西华县七十三岁的皮影戏“签手”艺人郝丙历和六十八岁的皮影戏“前首”艺人潘京乐，筹划成立皮影协会前前后后的情景。其间穿插了艺人们在乡间的演出，郝丙历和潘京乐的家事，还用了几处“闲笔”，如郝丙历千里寻孙，这些记述对丰满人物的形象起到了烘托作用。乡情的淳厚，皮影的古朴，各色人等的心态，在生活流程的顺序纪录和匠心独具的取舍中得以展现。

作品着力挖掘的是在今天特定的时代、特定的地域，不同的人（包括皮影艺人）对皮影戏的态度和理解，从而反映出当代中国民间艺术的生存、传承这个大的主题。

该片获 1997 年中国社教电视节目评比长篇二等奖，第 4 届中国电视纪录片学术委员会学术奖长篇二等奖。

作品《八廓南街 16 号》（*No.16 Barkhor South Street*）

编导：段锦川　　制片人：扎西达娃

片长：100 分钟　创作时间跨度：1994 年 11 月—1996 年 10 月

西藏文化传播公司、中央电视台出品

独立纪录片制作人段锦川从 1994 年冬天开始花了 18 个月拍摄了西藏系列三部作品。《八廓南街 16 号》是西藏系列三部作品中的一部，记录了西藏一条街上的居委会里发生的事。段锦川长期在西藏摄制纪录片，主要作品有《青稞》（1986）、《青朴》（与温普林合导，1992）、《广场》（与张元合导，1994）、《八廓南街 16 号》（1996）、《沉船——1997 年的故事》（1998）。

西藏的中心是拉萨，拉萨的中心是八廓街。八廓街是西藏拉萨环绕大昭寺的街道，八廓街居民委员会就在八廓南街 16 号这个古老的院子里办公。作品记录了 1995 年一年的时间里发生在八廓街居委会里大大小小的事情，和内地任何一个居委会一样的繁琐的事务：调解家庭纠纷、给外来人员开会。没有旁白解说，没有煽情的音乐，也没有大量纪录片里采用的访谈。作者的道德取向和感情色彩深藏在画面背后。

《八廓南街 16 号》影像，1997 年

该片 1996 年 3 月获第十九届法国真实电影节

特别奖。评语："这部影片不断地向我们提供了一个足够广阔的空间，让我们自己主动地去了解今日西藏的真实现状，同时也展示了一个我们从来不了解的西藏。"

附：《大爷、大腿和我》

本文是编导梁碧波 2003 年写的一篇关于《三节草》创作前后和创作中在中国纪录片业内的一些创作活动，从中展现了 20 世纪 90 年代中后期中国纪录片编导的创作状态和氛围。

四川男人见面不管大小一律彼此称"哥子"，管有身份有地位的人叫"大爷"，是因为四川有几百年的袍哥文化——以前在袍哥中各堂口码头管事的就叫"大爷"。我认识的第一个大爷是高峰高大爷。1993 年至 1994 年，高大爷老往成都跑，拍《胜利》和《解放》。1995 年，在桂林开会，我又认识了一个大爷，是魏斌魏大爷。他当时喊了一拨人去吃饭，叫"百年饭"，说是以后要拍一个丛片，名字叫《百年》。

北京人管有名的艺术家叫"腕儿"，我们四川人不这么叫，我们叫"腿师"，特别卓越者叫"大腿"。原因是腿的任何部位都比腕粗，叫起来过瘾、解恨。我认识的第一根大腿，叫陈晓卿。1994 年，在银川开会，他随身带着 WALKMAN，走坐都听着外国交响乐，风雅得很。那次会议是康健宁康大爷组织的，几乎汇聚了当时纪录片界的所有大腿。陈晓卿是最嫩的一根。

后来体制内的中国纪录片史，就是大爷们和大腿们的折腾史。他们联系紧密，活动频繁，互相捧场，共同提高，折腾出了不少好片子。我师傅王海兵说：90 年代中后期，是中国纪录片的上升时期。我懵懵懂懂地追随其后，参与了一些事情，《三节草》就是其中之一。

1997 年 1 月一个巨冷的晚上，我和我师傅乘同一个航班到了北京。我是路过北京去巴黎，师傅是到中央台开一个不知名目的会。送师傅到宾馆后，我没下车就继续走了。谁知没走多远师傅的电话就追了过来：快回来，这个会就是"百年"，魏大爷叫了你的，房间都订好了。于是我又掉头回去，在宾馆门口见到陈晓卿。我问：都谁来开会？陈晓卿说：

都是大腿，哪一根都比你粗。果然，我上楼以后见到了康健宁、高国栋、段锦川、蒋樾、吴文光、祝丽华等一批我景仰的人物。

第二天，魏大爷、王新建、陈晓卿召集大腿们开会。新建当时的职务我至今没弄清楚，只是觉得如果按日本电影职员表的岗位设置，应该叫“主催”，因为后来催选题催进度甚至催发票都是他。会开了一天，归纳起来一句话：回去拍一部片子，从凡人小事入手，反映20世纪中国社会历史的沧桑变迁，十来部片子合起来就叫《百年》。当时我觉得大爷们就是不一样，还没到世纪末就晓得反思。

回到成都，我开始找题材。一个月以后，听到一个传奇故事：1943年，十六岁的成都汉族女学生肖淑明，被摩梭土司喇宝成娶到有“最后的母系社会”之称的泸沽湖做压寨夫人，一去就是54年。1996年夏，成都一家牙膏厂出于商业宣传的目的，把肖淑明和孙女拉珠接回成都耍了半个月。

为多了解一点肖淑明的情况，我去找了牙膏厂的老总迟洪洲。迟总告诉我，肖淑明回泸沽湖后就想把拉珠送到牙膏厂去工作，已经给他写了好几封信。

迟总把信给我看了，并说他还打不定主意是否接收拉珠，因为当时厂子正有官司缠身，如果输了，就很难维系。

这个故事让我觉得有点意思。肖淑明的一生经历了土司制度、解放、民改，以及新中国发展壮大的各个阶段，她本人的身份也经历了国民党军官小姐、学生、土司夫人、干部家属到普通农妇的多次转换，身世很是传奇。拉珠去成都这件事，去成了，皆大欢喜；去不成，过程也很有味道。因此，值得赌一把。

我向魏大爷、王新建和本台台长易为平易大爷汇报以后，他们都说要得。于是，我和助手杨益、录音师陈良来到泸沽湖，住进了肖淑明家的柴房。

我们见到的肖淑明，是一个七十岁的太婆，但精神健旺，身手敏捷，思路清晰，谈吐不俗，而且讲的是双语：摩梭话和成都话。

为送外孙女拉珠到成都，她一天到晚都在打主意。

拍什么和怎么拍，是我一直没想透的两大难题。

泸沽湖有美丽的湖光山色，有奇异的走婚制度，这些东西起初很诱惑我们。但在深入采访之后，渐渐觉得这些东西只能是底色、是背景，是自然背景和社会背景，站在前台的，应该是人，是人在社会历史变迁中的行为和内心世界。

在去泸沽湖之前，我想当然地认为，现代文明给当地人的生活带来了巨大的冲击，他们一定为此很伤感。待下来，我才发现情况完全相反，他们不仅不抵触，反而很渴望，并且以超乎寻常的热情在追求着现代文明。肖淑明急于把孙女送到成都去这件事就是明证。

在肖淑明看来，只有把孙女送回成都，孙女才有前途，而孙女回到成都，不单是孙女的事，更是肖淑明自己肉体和灵魂的回归。像很多东方人一样，肖淑明对生命有一种轮回感。

拍摄的过程异常艰苦。

我们经历了罕见的高原泥石流，长达两个月不能洗澡，在雨季里每晚抱着湿漉漉的被子睡觉，最难熬的是无所事事的日子，——肖婆婆经常好多天啥都不干，火塘边一坐就是一整天，我们只好以打苍蝇来混日子……一言难尽，就不说了，反正大爷大腿们都是这样过来的。

在进山以前，陈晓卿送了我一本书《电影语法》。这本书成了我当时的“圣经”，每天白天拍，晚上对照总结，然后向两个兄弟道歉：实在对不起，今天又有地方差点意思，可能让你们白辛苦了。两个兄弟通常都宽宏大量地拍拍我的肩头：莫来头，你明天照书上画的拍就是了。

从五月到七月，我们一直住在肖淑明家，研究她、跟踪她、拍摄她。其间王新建几次打电话要来泸沽湖，我们觉得泥石流这么严重他还要来，涉嫌对当地的走婚习俗有不切实际的想法，动机不纯，就坚决地拒绝了他。到七月下旬，素材已经32小时，“送拉珠去成都”这件事也有了结果，于是，我们结束了前期拍摄，匆匆赶往北京，参加陈虻陈大爷在二十一世纪饭店组织的“国际纪录片研讨会”。

会议期间把素材放给王新建看了一点点，他又说要得，于是我就编成了一部片子叫《三节草》，经师傅斧正以后幸运地通过了魏大爷和易大爷的审片。

高大爷在他当时的国际部办公室里看完后说：好看，像故事片一样。这句话让我飘了好久。

时间一天天过去，转眼就是六年。最嫩的大腿陈晓卿微微见了肚腩，还进了步，当上了制片人，据说是副科级，正在向大腿根部发展；王新建的岗位早就清晰了，也是制片人，主抓中国的《国家地理》；师傅王海兵笑起来的时候，憨态依然可掬，但眼角已有了些许鱼尾纹；高大爷、魏大爷、康大爷、陈大爷、祝大娘等的堂口越做越大，原来的很多大腿也大小混了个部主任或副道长，兼当大爷了；还有几个人拍案而起愤而辞职，浪迹海外做洋大腿去了……所有的人在经历电视体制改革和纪录片发展起起落落的同时，稳重了、进步了、深刻了、见老了，彼此见面，都有了几分沧桑感。

去年冬天的一个下午，陈晓卿约我到北京友谊宾馆见康大爷，说要搞《时间的重量》，把一批老片子翻出来加拍现状。我问是不是叫"枯木逢春行动"？他说不管你虾子咋个说，先去见康大爷。

于是我到了友谊宾馆，见到了两鬓略显斑白却依然目光犀利的康大爷，和康大爷、陈晓卿摆了一下午。

有意思的是，当时我力主要主持人，没想到后来这主持人居然是他——陈晓卿！播出的时候我假牙都笑痛了。

从北京回来我就给拉珠打电话，叫她到台里来。当拉珠涂脂抹粉、婷婷袅袅地穿过大厅迎面走来的时候，我吓了一大跳：酷！酷呆了，酷翻山了！哪里还有一点点泸沽湖的味道？分明是一个 FASHION 的城市女孩！

当年拉珠刚到成都 3 个月，接收她的牙膏厂就垮了，拉珠成了下岗女工。当时她给我打电话，哭稀流了。我颇费一番周折，在成都会展中心中餐部给她找了一份工作，从那以后就莫得联系了。再次见到拉珠，她已脱胎换骨！

拉珠告诉我，她在会展中心干了三年后，就辞了职，进了一所私营的演艺学校，毕业后，白天在餐饮行业打工，晚上出没于各种娱乐场所跳泸沽湖的民族舞，她现在最大的梦想就是出名。婆婆肖淑明因《三节草》的播出早已成了名人，被一个风景区请去以“摩梭女王”的身份专门给游客签名挣钱。现在天气冷了，又回到了泸沽湖。

我一边感叹生活的无常，一边和助手李蓉、杨益、刘江拍了拉珠的生活，和六年前的素材混编成了一部片子。想到六年都过去了，三节草怎么也该长一点了，就取了个名字叫《四节草》，给陈晓卿寄过去，参加《时间的重量》的播出。

《时间的重量》播出的时候，我每晚必看。看到这些熟悉的纪录片人物在时光流逝中的命运变迁，看到我熟悉的纪录片大爷大腿们也跟着一天天变老，尤其是片头中高国栋那满头白发，想到这么些年来有人出片，有人获奖，有人升官，有人挣钱，有人改行，有人出国，有人离婚，有人离了又结了，还被评为“最佳前夫”，想到我和朋友们多年来愁选题、愁经费、愁设备、愁进度、愁播出、愁收视率、愁单位里的办公室政治——以前叫“阶级斗争”；想到这又苦又累又爱又恨，拿不起放不下，剪不断理还乱，才下眉头却上心头，挣不到钱还痴情不改的纪录片行当，当真是回肠荡气、百感交集！再想到这一切都正在被时间变成虚无，心头更是堵得说不出话来。每每发半天呆，然后抬起头来，冲着成都永远看不到星星的夜空一声长啸——

石屹：20 世纪 90 年代我国出现了一批优秀的纪录片编导，他们创作出大量的好作品，成为电视屏幕上的一大看点，很多作品还分别在国内外拿到了比较好的奖项，让世界看到了我们的创作实力。

陈汉元：在我感到寂寞的时候，我常常会想起他们这一帮人，我真的分别对康健宁、时间、王海兵、张以庆、夏骏、祝丽华、吴文光、陈真、孙曾田、陈晓卿、孙剑英、彭辉、梁碧波、薛继军等人说过：“你们要带着我玩儿！啊？！”所谓“玩儿”，就是恳请他们让我参与他们的一些与纪录片有关的周边活动。

为什么？我真的觉得他们比我高出一个层次。跟他们在一起会顿觉神清气爽，多了几分真诚，少了几分虚假。觉得他们的笑容总是那么灿烂，永远不会泛黄。

诚然，我的依据主要来自于他们的作品。

石屹：20世纪90年代的纪录片取得了辉煌的成就，但是后来一些编导就没有作品出来了，这是为什么呢？

陈汉元：你提的这个问题确实是个问题。

第一种情形是被提拔做管理工作去了；第二种情形是老了，创作激情流失了；第三种情形是还不算老，去挣钱去了。

石屹：您从事创作的时间比较长。从1965年的成名作《收租院》开始，80年代初的《话说长江》《话说运河》《雕塑家刘焕章》，90年代《望长城》，1992年开始搞电视剧①，写歌词②，您的爆发力一直都很好，这到底是什么原因？

陈汉元：这里面我认为是有一种爱好、兴趣。

石屹：发自内心地喜欢。

陈汉元：嗯，喜欢。这是什么道理？因为这种爱好、这种喜欢，即使是头发白了依然觉得美丽。

关于搞创作，不管是哪一类的电视节目，我就觉得它是我心中的“情人”，就一直喜欢。“她”头发白了我也不变，因为我的头发也白了，我们是同步地老了，就像太阳并不因为要落山了，它自身的温度就降低了，它的温度和东升的旭日是一样的高。

我这个比喻不知道对不对，反正落日的太阳温度不比东升的低，经过一

① 1992年陈汉元开始担任中国电视剧制作中心副主任，策划拍摄了反腐倡廉的现实题材电视剧《苍天在上》，共17集。1995年该片播出，在社会上引起极大反响，从而也拉开了我国电视剧拍摄有较大力度反腐倡廉题材的序幕。

② 从1990年起，陈汉元应邀开始为电视作品写歌词，代表作有：1993年在中央电视台一套黄金档播出、陈家林导演的40集电视剧《唐明皇》中的两首歌《是否依旧》《谁料想》；1994年版陈家林导演的30集电视剧《武则天》主题歌《好做难做都得做》；1994年胡玫导演的20集纪实性电视剧《昨夜长风》主题歌；1996年版李少红导演的电视剧《雷雨》主题歌《一生都给你》；2001年版陈汉元总策划、萌楠导演的18集历史剧《海瑞》主题歌《一梦做了五千年》等。

天的燃烧，太阳的体温依旧。

对我自己来说，因为我喜欢，我创作节目的情感温度依旧。

我现在这个年龄来驾驭一个大节目的整个架构的创作是有点困难了，想象力没有那么丰富了，但是如果是人家架构，让我提意见，我有可能提出几点有用的意见，其中有一两点会是作者没想到的。为什么？就是你说的，我不是应付差事，我是用心的，用心地使用了自己的经验教训和智慧。

纪录片创作的优势与面临的挑战

石屹：目前中国纪录片创作开始升温。随着我国的经济发展，越来越多的外国人开始关注中国，关注中国社会，其中不少人希望通过纪录片了解中国，在这一形势下，您认为我们纪录片创作在资源、人才、题材等方面有哪些优势？面临哪些挑战？

陈汉元：我认为最大的优势是可拍的东西多。我国历史悠久，民族众多，土地辽阔，又正处在变革时期，观点多、事情多、事件多、矛盾多，剪接的办法也多，变化多。

石屹：新闻学上说，变动产生新闻。在纪录片创作上我们也可以讲社会变化给创作者们提供了鲜活的创作题材。

陈汉元：而对西方来说，中国又是一个谜，又不太了解，所以就中国纪录片的题材来说，是一个可供人们开采的大金矿。只可惜长期以来这种开采都是小煤窑、小业主式的，没有规划着做。

我常常问遇到的外国人，你们最想看到什么样的纪录片？他们说最想看介绍中国状况的纪录片，中国人在做些什么，想些什么，生活过得怎么样，遇到了什么事，怎么去处理解决的。

石屹：他们关心主流社会发展状况。

陈汉元：对，他们关心这个。我听不止一个外国评委说，你们干什么去拍弃婴，去拍一些任何社会都可能存在的负面的东西？为什么不去拍绝大多数人是怎么过的？

比如说对乡村选举，他们就很感兴趣，看到大家踊跃地去投票，往碗里扔豆，上级指定的人被选下去了，等等。

石屹： 从乡村选举中可以看到中国民主化进程的苗头。

陈汉元： 这种片子不是一部，而是好多部。我看到的就有三到四部讲基层选举的。

石屹： 您认为它们好在哪里？

陈汉元： 起码让大家看到了中国也在追求民主的道路上前行，而且也看出了这种最基层的平民想参政，想真正获得这种和自己的命运与生活质量有关系的选择权。这个顶头的村官虽小，对他的生存却至关重要。过去没有选择的权利，甚至于也没有这种意识，现在开始萌发、取得了这种选择的权利。

由此人们看到落后的社会，在民主的问题上终于有了进步的苗头。

石屹： 1998 年中央电视台《新闻调查》栏目编导胡劲草的《大官村里选村官》、1997 年北京电视台《村民的选择》① 讲的都是村民选村长的事。您说的这个作品题材和她们的一样，但是在其他方面这个作品还给人们带来许多亲切、朴实的感觉，有更多本土化的色彩。您看用黄豆当选票选举，这不仅外国人从未见过，就是我听您说用黄豆选举这段，也有种很亲切的感觉。这种带有中国人生存方式、文化习俗的行为吸引了我，片子中类似这样的场景，不仅对人们能产生某种深层的文化触动，而且对国人还能产生出一种文化的认同感：只有我们中国民间才会有这样的行为方式和举止。它完全是原生态的东西。

陈汉元： 对，这种举动，不是现代文明，不是西方引进的选票、无记名投票，它是明面的，大家都看见把这个豆儿放在哪个碗里了，一共两个碗，就像看电影、演戏。当然，有它不完善的一面，按理应该无记名投票，现在明着用黄豆往碗里放，就暴露了自己赞成谁、反对谁。但是这也说明了我们人民的纯朴和有勇气。

---

① 《村民的选择》由北京电视台摄制，编导佟立，1997 年播出，片长 50 分钟。1997 年春天，在距离北京 200 公里的河北省承德市喇嘛寺村，进行了第一次民主选举，即差额选举村民委员会主任和委员。经过几个小时的选举，非法定候选人左金文当选为村民委员会主任。民政部门通过调查确认了左金文当选的合法性，这位承载了“村民的选择”的村长开始了自己的工作。

石屹：对，很直接，也很朴实。

陈汉元：光天化日之下就在场院里进行的，由乡里来的人监督着，矛盾达到高潮的是结果，上面指定的人被否定了。

石屹：事情的发展出人意料。

陈汉元：这就有很大的戏剧性，作品里除了双方发表演讲的镜头以外，还有好多去做工作、拉选票的场景。

现在农村的这种选举已经比较普遍了，将来会扩大到乡一级、县一级。

石屹：这个选题是在国家提倡民主化进程的大背景下，让人们看到了民主化进程中好的一面，同时也暴露出原来社会选举中不合理、不够民主的一面，从中让人们看到了丰富的层面。这样的题材带有一定的风险性，需要一些勇气，他们不仅成功了，还做得很有味道。

陈汉元：这里头有故事。北京台拍得挺好的，起码第一个大故事是上面推选的人没选上，这个很有趣，这在过去是不能想象的。

石屹：而且拍的时候编导佟立[①]也不知道谁会当选，她觉得有这种可能性就拍了一下后来当选的人的镜头，没想到真的是他，佟立的第一感觉是对的。

陈汉元：再回过头来说，外国人说你们为什么不拍主流生活，《村民的选择》就是主流生活。

石屹：接下来请您谈谈纪录片面临的挑战。您长期从事中国纪录片的创作与管理工作，也从未间断参加国际国内的评奖和学术交流活动，您认为中国纪录片在创作上面临着哪些挑战？

陈汉元：农民到城里打工，他们的生活经历应该说是社会生活挺重要的部分和方面，目前拍得带有典型性的不多。

我们有一部参赛片，说的是一个村子里有一个孤寡老太太，养了一头猪，长到一千多斤，吃饭成了问题，老太太就到附近的学校食堂捡人家扔掉的馒头、剩菜。后来猪胖得站不起来了，她自己也步履蹒跚，走路都十分吃力，还要养这头猪。

---

① 北京电视台编导，代表作有《中国母亲》（1995）、《村民的选择》（1997）、《一个艾滋病病毒感染者》（片长50分钟，1999）、《民政局里的林科长》（2000）。

外国人就问这有什么意义？除了有一点好奇之外，这个行为本身能说明什么？

石屹：作者自己可能也没有想明白为什么要去拍它。

陈汉元：像《村民的选择》很明确地就是想表达中国的基层民主选举是这样子的，现在开始迈步了，可能还很稚嫩、很好笑，但这是一种进步。

老太太喂猪也可能是有话要说，但是想说明什么呢？那肯定是作者自己也说不清楚。

有些片子之所以没有拍好是因为没有想好。

从另一方面看，现在不是中国纪录片工作者没有能力，是这个体制没有能够提供条件让人们尽量张开想象的翅膀去拍摄纪录片。

这几天我在思考一个问题，想找人说说，但是也没有想清楚。我有意识地看了一些中央电视台各种各样的晚会节目，选拔主持人节目，在全国一万多人中选出6个，我也看了他们几场比赛，我有一个总体感觉：电视还确实缺少文化。如果有时间，看电视、看报纸、看杂志、看书，让我从中选择，还是看杂志好，包括报上的文艺副刊选登的中学生作文实在有看头。

看电视只觉得浅，文化上缺少味道。

我老在想这些主持人，不管年纪大一点的还是年纪小一点的，他们讲得那么流畅，但是总觉得没有味道，他们讲得都对，有时不像我和你讲的那个例子，拿榔头、石头把小核桃砸了，然后拿牙签一点一点儿往外抠，尽管只有一点点，但是吃起来特别香、有味道。

石屹：是内在的东西没出来。

陈汉元：不是我吹牛，一辈子难得的《话说运河》那个“人”字，这一辈子不就找到这一个吗？让我碰上了。我没有要求主持人都要让人拍案惊奇地说。但是总体上讲，电视上主持人不能像大娘聊天。

观众听你聊天时会有“这句话说得真到位”的这种感觉。不能像挠痒痒，老是挠不到点子上。

石屹：这是您说的现在面临的一些问题。

陈汉元：这里有文化修养的问题，有生活阅历的问题，也有经验的问题，对阅历感受的总结，好多人积累不够，有些主持人练就了耍嘴皮子的本事，但是缺少文化底蕴，他（她）可能知识也很丰富，话讲得也很流畅，但是听完了以后不能让人产生一种联想。

石屹：有些词不是他（她）讲出来的，是人家写好了，他（她）背出来的，不是原创的东西。

陈汉元：现在还好了一点，主持人的自主权限大了一点。

我过去曾经得了主持人学会的特别贡献奖，一共6个人，我是其中之一。主持人学会的会长好像是赵忠祥。是在上海领的奖，为什么？我是中国最早大力提倡设立主持人的人，而且付诸实施，比如《为您服务》由沈力主持，后来就是《话说长江》。

从《话说长江》开始正式有了“主持人”这个名称，也有了这个行为举动，而且我还做报告、写文章说主持人代表着这个电视台节目的脸面，他（她）的修养代表着电视台的水平。

在外国，许多观众是因为要看这个主持人才看这个节目的。为什么？不只是看他长得好看，也可能这个老头脸上还带疤，他讲的东西一个是好听，一个是可信，因此他对世界格局的判断，有时比国会做出的决定还要准确，多次事实证明他是对的，正确的。像这种节目主持人，他的工资应该比台长高出好几倍才对。我已在公开场合不少次说过这样的话，而且利用我的权力也确实给主持人做了支持，所以我得过特别贡献奖。

我们还是继续刚才的话题，很多人想拍摄纪录片，需要钱，这个钱怎么来？节目播出的时候要有广告商愿意在节目上做贴片广告，这样一来纪录片作为非虚构的文化产品，怎么能够和电视剧这样虚构的文化产品相比呢？没法相比！

因为多数人都需要自己所没有的东西，都想去弥补一下，实际拿不到、没有的，他们哪怕从电视上看一看皇帝、总统是怎么过日子的，那也可以得到某种满足。

人需要各式各样的体验，但是实际上能做到的是很小的一部分，因此电视屏幕提供了那么多虚构的东西，满足了多数人的这些需要，因此虚构的东西包括晚会、小品、相声，等等，这些娱乐都需要。

作为台领导也知道纪录片有品位，但是又说它是贵族文化，没几个人能看，收视率不高，没有广告，放到后半夜去，就成了一个恶性循环。纪录片越做就越伤心。有些台干脆取消了纪录片的播出，更不会去制作纪录片了，所以这样一来纪录片也就不死不活的样子。中央电视台所处的位置使它有比较强的实力，使它可以做几部巨片，多数地方台做不起来。

刚才我们讲到弱势，我们太受收视率的牵扯了。台长、台领导不重视纪录片是经济问题造成的，这没办法，很无奈，搞纪录片的这些人很可怜。

纪录片创作成功与否的根本原因

石屹：纪录片创作题材不同、风格不一，每个编导都有自己独特的工作方式，但是在本质上有些东西是相同的。根据您的创作经验和阅历，您认为纪录片创作成功与不成功的根本原因是什么？

陈汉元：成功的对立面就是不成功。这个问题我想了好长时间。其实也不只是纪录片创作。

石屹：还有电视剧。

陈汉元：嗯，那是共同的东西。当然，最好是说个性，分开说。不然写小说干吗？都一样。

成功与不成功？讲纪录片像我们原来说的那样是一段有声有色的历史，是一个生命对另一个生命、一群生命或一种生命的纪录，咱们就限定在这个范围。

第一步是记录下来了，之后利用这些材料，把它们组接起来，公之于众。

有些人成功了，变成了作品，这个作品受到人们的关注。

石屹：也有些作品就打水漂了，并没有引起人们的关注，人们看了以后并没有留下深刻的印象。这能说成功吗？

陈汉元：那就不成功了。

石屹：但是也有些作品开始没有被注意，以后才被关注起来。比如韩国电影《我的野蛮女友》[1]，开始在韩国国内并未被看好，是一年以后在国外获得了好的反响之后，才在韩国国内热了起来。

陈汉元：刚才说的成功只是说作者这一边。作者做成了，社会接受不接受，还要看当时的大环境，有没有这种氛围。

石屹：要看受众市场有没有培育成熟。

陈汉元：嗯。比如迪斯科，它从外面进到中国来，青年人喜欢，中老年人绝大多数是极端反感，但是发展到后来，青年人不把它当回事了，老年人反倒把它跳起来了。

石屹：这是一个接受延迟。

陈汉元：一个事物能不能落地生根，种子本身是否有很强的生命力，是一方面，但是土壤也非常重要。如果种子落在了水泥地上，怎么浇水也没有用；如果落在土里，尽管贫瘠一点儿，它也还有可能长出一点儿歪歪扭扭的芽来。

所以，一个纪录片的成功与否要看两个方面。

一个作品就好比一粒种子，种子能否茁壮成长要看它生长的土壤，这里涉及一个严肃的问题，为什么在中国，观众对纪录片不是那么喜欢，总是缺少热情？这就是观众本身的文化修养、品位、水准的问题，同时还和社会的整个经济发展相联系。比如，吃饭问题还没有解决，需要费一番力气才能解决温饱问题，在这种情况下，纪录片还有人看吗？大概也没有精神头看纪录片了。

纪录片拍摄得再好，比如《迁徙的鸟》[2]，也要有一定的文化水平，有一定的时间和心情的人才能坐在那儿看。

---

① 2002 年上映，片长 120 分钟，是一个关于柔弱内向的男生与豪放漂亮的女生之间的爱情故事，有很强烈的夸张色彩和婉转、动人的故事情节。

② 《迁徙的鸟》（*Le Peuple Migrateur*），法国优秀纪录片，片长 92 分钟，编导雅克·贝汉（Jacques Perrin），2001 年上映。2004 年 1 月 10 日被我国正式引进，也是我国首次引进的数字纪录电影。作品采用高科技空中拍摄系统，在历时 4 年的时间中，由春至冬，全程追踪候鸟南北迁徙的壮举，为人们留下了珍贵的鸟类生存的影像资料。

我们还是着重说说种子本身的问题。

石屹：创作者，创作主体的问题。

陈汉元：嗯，创作者和创作对象的问题。

自从人类有了纪录片，记录的对象无非是生命和非生命，非生命的暂且不去说它；有生命的不论是动物、植物，还是微生物、各种形态的生命，我们更多的纪录片主角是人。凡是拍摄人的纪录片，都是在表达、展示各种各样的人在各个时代中的命运，他们是怎样生活的？遇到了什么样的难题又如何面对？是否还拥有希望和更好的未来？

有些作者是公开承认我拍这个东西是有话要说；也有些作者强烈地声明我就是拍了，我不想说明什么东西，你看了，你有什么样的感受就有什么样的感受。

不管作者怎样声明，或者是标榜自己没有目的和思想上的动机，肯定所有镜头追踪到最后，都会链接到一个“爱”字。爱，对中国人而言，肯定马上会想到爱祖国、爱人民、爱故土、爱自己心上所爱的人，等等。

所谓成功的作品，就是得到了相当多的人的承认，看完了以后还有一些感受，能够产生联想，这就叫成功。

成功的原因就是作者在表达爱的时候，展示的内容、场景、细节、氛围都不空洞，重点就在这里。

大家都在表达爱，成功的作品绝对表达得不空洞，很具体、很真切、很自然，甚至于很细腻，所以，它就具有感染力！

石屹：在表达爱的时候要有感情的投入，才能出彩。

陈汉元：这要说到第二层、第三层时才涉及。

首先，他捕捉到的素材、细节，在主题表达的时候是很真切、具体，是绝对不空洞的。

一个人在谈恋爱的时候，不管是同龄，还是忘年恋，真切的爱在表达的时候都不是干瘪、抽象的，哪怕是一个眼神都很具体，有内容。

纪录片作者捕捉的每个镜头、情节都应该充满着深深的情感。

其次，作者有捕捉这种细节、情节、氛围的能力。为什么有这样的能力？

是他用心了，他的注意力的焦点落在了被拍摄对象上，这是心和情的焦点落在了被拍摄对象的身上。

你问我成、败，那个“成”就是刚才说到的“爱”，这是第一位的，但是要把这种“爱”表达得好，要具有这种能力，要充满了情感，然后付诸实施。也就是成功的作品，它的成功不仅仅是身体、躯体的疲劳，更要紧的是看到、感觉到创作者的“心”特别累，很多作品之所以失败，大概是没有辛苦，作者的“心”不累。

成功的作者不仅“心”累，而且苦——“心”苦。

我们搞作品，要挖掘到生活的真谛，真正找到足以表达情感的素材，要用心，所以“心”非常苦。

素材找到以后如何组合？使亮点组合得当，不是说排成队往外放就行了，也要挖空心思。

有些成功的作者，不只是一部作品成功，是好多部作品都那么成功，那就说明他的心一直在苦苦地跳动。

反过来，那些不成功的作品，就是作者心不苦。

石屹：您刚才说创作者要有能力，这个能力在纪录片创作上也是很重要的。

陈汉元：这个能力，一个是靠天赋，是爹妈给的，聪明、智慧，基因好；此外自己要有意识地利用这个基因，不停地琢磨。

搞纪录片成功的人，只要醒着，他的鼻子、眼睛、耳朵一定都在感知着客观世界、客观的存在，在动、在感受。

这种感觉的过程，就是学习的过程。

好多人拍的纪录片不成功，是因为他还没有上路，没解决拍纪录片的一些基本问题，基本问题就是刚才说的怎样去捕捉，以什么样的心态去捕捉。

所有拍片子的基本问题就是在讲生命与爱。

DV 大赛与 DV 现象

DV 是一种文化的表达方式。在我国 DV 作者最多的地方是校园。DV

已成为表达校园文化的载体。如果将校园文化潮流做一个梳理，20 世纪 80 年代校园文化主要以诗歌的形式呈现。20 世纪 90 年代在罗大佑等人台湾校园歌曲和国内歌手成方圆等人的影响下，校园歌曲成为中国校园文化的主流。

进入 21 世纪，随着文化转向、视觉文化时代的到来，DV 成为校园文化表达思想的主要方式，而一年一次的全国大学生 DV 大赛、人民网及各种媒体举办的 DV 大赛，又给这种校园文化注入了活力。杨天乙的 DV 作品《老头》（1999）、张丽玲的 DV 作品《我们的留学生活》（1999），让大学生们看到成功距离自己并不遥远这一事实。

在汉语的口语中，DV 的概念是模糊的，一般而言涉及这样几方面的意思：小型的个人化的摄录设备；独立的小型视频编辑系统；个人化的视频拍摄方式；非专业活动影像的拍摄风格[①]。

在这些模糊的寓意中还含有个人的、独立的、非体制内的、自由的等一些概念。

DV 是定义压缩图像、声音数据记录和回放过程的记录标准。同时包含 DV 格式的设备和数字视频压缩技术本身。

在制作系统上，DV 包含摄像机和桌面编辑系统。

DV 摄像机广义上包含所有数字格式的摄像机，狭义上单独指民用微型摄像机。

1995 年，日本的两大摄像机制造商松下和索尼联合全球五十多家相关企业开发出一种图像质量高，而造价低廉的家用数字格式——DV 格式。DV 格式的出现，是一种质变，它完全不同于传统的模拟系统。

DV 体积小、便宜，功能简便，利于操作等是它超越专业摄像器材的优势，因而更能深入到民间。从某种意义上讲，DV 带来的是一种文化领域中的自由表达。DV 的出现使得专业机构不再对物质资源占有优势，从前不掌握影像传媒工业制造手段的普通受众获得了用画面交流的言语空间，真正拥有了自己的话语权。

---

① 《纪录与实验：DV 影像前史》，曹恺著，中国人民大学出版社 2005 年版。

石屹：陈老师，您2006年还担任了人民网DV大赛[①]评委会主席是吗？

陈汉元：第一届我没有参加，第二届他们请我当主席。评委有电影学院的教授，有传媒大学的教授，也有电影导演，还有清华大学的尹鸿等一共7个评委。

石屹：大赛是一个怎样的规模？

陈汉元：全国范围的大学生。不分专业、业余，有些人是电影学院、传媒大学的。这些专业院校出来的人的作品肯定和业余的作者是不一样的。

石屹：DV自1996年在社会上出现以来，一直不被专业人士看好，这两年随着DV使用方便、成本低廉等特点逐渐被人们接受，DV迅速在世界范围普及。在国内各种组织和媒体频频举办DV大赛的促进下，目前DV已成为我国大学校园文化表达思想的一种方式，您怎样看待目前我国的DV大赛和DV现象？

陈汉元：我对DV开头的感觉是幼稚、初级，不就是利用小型摄像机拍摄景物的一种行为吗？如电视上经常看到的家庭中有趣的、好玩儿的事儿，那些情景不都是DV拍摄的吗？

但是后来也参加过纪学会组织的一些DV大赛，尤其是这次，我一边看片子，一边在想，这社会发生了什么？这影像在技术上怎么了？

我很自然地想到了这是一次关于影视话语权的大普及，一次革命，广大人民都拥有了影视话语权的机会，一下使影视的贵族化变成平民化，影视话语权从少数人手里被普及到广大社会成员的手中，不论男女老少。

社会的不公是由于分配的不公引起的，以前影视的话语权在一般老百姓的心目中只归部分贵族所有，现在它从贵族手中被分配出来、被拿出来了。

石屹：原来是少数人拥有，现在是普通大众老百姓都拥有。

陈汉元：原来是极少数人所有，现在只要有钱，谁想有都能有。这样就带来一个非常大的问题，本来纪录片记录的是少数人的行为，记录工作

---

① 首届人民网DV大赛评比活动是在2005年10月，由人民日报社人民网与汕头大学长江新闻与传播学院联合主办，目的在于推动和鼓励大学生的DV创作。作品题材不限，鼓励表现方式的创新，但必须为纪实性作品，优胜者最高可得2万元的奖金。

是极少数人去完成的，从人类遗传学角度讲，它保存下来的遗产是很有限的，记录人类、记录生命的东西是很少的，而且是局部的，甚至于是偶然的。

现在DV出现以后，就意味着记录的人越来越多，可能留下来人类生命活动的遗产也会越来越多、越丰富、越细腻，所以这是影视话语权的一场革命，这也是对社会、对历史的一个极大贡献。

与此同时，DV的出现，通过大赛，我也看到有些作品一点儿也不比专业人员拍得差，甚至于有的还要高出很多。这不是我个人的看法，是7个评委的共同看法。

大赛分为两类，本来大赛都是搞非虚构的，现在也允许有情节性虚构的作品参赛；还有广告、MTV，有些真的拍摄得非常老道。这样一来，DV的出现对专业的影视工作者提出了挑战，这种挑战将会大大地推动影视业的发展，而且DV的出现对整个社会的法制建设来讲将是有利的。

石屹：您为什么会这样说？

陈汉元：它会记录下很多证据，很多行为，很多诡计。

石屹：这样就使得一些人不能乱来，对自己的不法行为有所收敛。

陈汉元：因为这是有声有色地在那儿摆着，这绝不是消极的。

DV的出现也将促进、提高全民的文化素质，尤其是对平民百姓带来无穷的快乐，因为他们自己可以进行影视创作，自娱自乐，看着自己的作品，这是多么了不起的一件事情，我对DV给予极高的评价。

石屹：您说DV能提高全民的素养，主要是基于哪些原因？

陈汉元：越来越多的平头百姓拥有了影视话语权，影视创作的土壤更加肥沃了，影视创作也更加民主了，不只是张艺谋在那儿发威，平民也可以做些东西来，是大腕儿们根本不可能做出来的东西；尤其可贵的是，因为有了DV，使得那种原生态的东西有机会在最大的公众媒体上得以展示，这一点对于全体社会成员来讲是前所未有的福音。

专业的人员不可能长时间地泡在产生原生态的地点，长时间地盯在一个地方、一个区域来拍摄、记录，所以很多纪实作品最后让你感到是一堆泡沫、一些碎片的堆积，原因就是它是断断续续得来的。

有了 DV 以后，可以长期、成年累月地拍身边的事情，也更有可能记录下那些瞬间就可能逝去的情景，从这点来讲，DV 大大弥补了专业影视工作者的不足和遗憾，体现了它的优势。当然，它很粗糙、很幼稚、很可笑，但是时间长了它会走向比较成熟。如果和专家拍的一样，那还要专业干什么？

DV 存在的问题不涉及一个单位的经济发展、成本的流失，最多是 DV 爱好者生命成本如何控制的问题。

东西方评委评奖时的侧重点

石屹：陈老师，您也曾经多次做过国际纪录片大赛评奖的国际评委，据我所知，西方评委在评判一部纪录片作品时，评判的思路与标准和我们是不一样的，他们在哪些方面和我们不同？您对此怎样看？

陈汉元：我就谈我突出的感受。

我也没有比较过他们的标准和我们的有什么不同，我连同他们在中国评比片子时重视什么混在一起谈。

四川国际电视节①、上海电视节②，我当过好几次评委；广州纪录片大

① 四川国际电视节自 1991 年第一届举办以来，以“和平、友好、交流、合作”为宗旨。设有“金熊猫”奖国际电视纪录片评选，由组委会设立的评选办公室负责评选组织工作。参赛节目由组委会聘请的国际著名的专家、学者担任评审，以保证评出国际水准的节目。节目奖项分人文及社会、自然及环境两大类，下设“最佳长纪录片奖”“最佳短纪录片奖”“评委特别奖”“最佳创意奖”“最佳导演奖”“最佳摄影奖”“最佳音效奖”等 14 个奖项。

② 上海电视节创办于 1986 年 12 月。其奖项以上海市的市花“白玉兰”命名，象征着该奖项评选的艺术性和公正性。该奖项由国内外业界知名人士组成评委会，评委会将在参赛作品中评选出电视剧类和纪录片类两大类共 14 个单项奖。纪录片类的有“纪录片评委会特别奖”“最佳人文类纪录片奖”“最佳人文类纪录片创意奖”“最佳人文类纪录片摄影奖”“最佳自然类纪录片奖”“最佳自然类纪录片创意奖”“最佳自然类纪录片摄影奖”。电视节期间还有国际电视节目展播、国际影视节目交易市场、国际广播电影电视设备展览和国际电视学术研讨会等活动。

1994 年，陈汉元（前排中）担任上海电视节纪录片“白玉兰”奖国际评委

会[①]，我也参加过；欧洲，在匈牙利举行的我也参加过，我都当评委。给我印象最深的是外国纪录片评委都特别重视纪录片的开头，不管好看不好看，他们都强调直奔主题，一上来就让观众明白，本片想说什么，三五分钟之内已大概把这部片子的要点公布出来了。

这点和欧美写文章是一样的，一个新闻报道或者一篇文章，它往往把最重要的放在开头说。

我认为这是对观众最大的尊重。作品想谈的就这些，如果不想看，看这些就行了；你如果还想看，那就继续往下看。另外，国外纪录片作者有一种自信心的表现，他完全相信自己葫芦里的“药”，把盖子打开，放在桌子上，递到你眼前让你看，你买不买？自己决定。

一上来就挑明主题。这是对观众、读者最大的尊重，也是有自信心的表现。一切都明着做，没有猫腻。

石屹：请说得具体点。

陈汉元：我和他们在一起，他们看我们的，我们看他们的，一起议论，我深深地感觉到他们特别重视纪录片的开头。开得好是包含了几个因素，一个是直奔主题，它讲什么东西，主要的点在哪里，开头就摆出来了。这个我觉得它是有自信心的表现，也是对观众最大的尊重。这个不是某一部片子的问题，是整个创作思想和审美习惯跟我们有些不同。

---

① 中国（广州）国际纪录片大会（GZDOC），由 2003 年广州国际纪录片学术研讨会的基础上发展而来，目前它已经成为国家级的、具有交易功能的纪录片盛会。

我们写文章、拍纪录片还是说：远处有个山，山里有个庙，庙里东面住着和尚，北面住着老道。他们到底怎么样呢？然后镜头慢慢推上去，再说。他们可不是这样，一上来在水边的一头小牛吃草，突然被冲上来的鳄鱼把脑袋给咬住了。

石屹：欧美的作品比较有视觉冲击力，而且直接介入主题。咱们先是一个全景的，然后再进入具体的。

陈汉元：咱们是大全景，然后再进行慢慢摇，然后缓缓地推上去。

石屹：这样前几分钟就不精彩了。

陈汉元：对，这是一个很大的差异。

另外，外国人在做评委的时候，总认为我们不注重讲故事，人物关系往往交代得也不清楚，是为了交代而交代，不是在故事情节里面交代人物关系。

再就是我们的节奏太缓慢，无关紧要的东西太多；还有觉得我们的作品趣味性不够，欠幽默。

国际评委过去对我们的纪录片画面加解说、加音乐极有意见，现在外国的纪录片也这样，就不大议论这个问题，过去老在这个问题上谴责我们。

石屹：欧洲的作品也有不靠故事性取胜的。比如《迁徙的鸟》运用先进的摄像技术，延伸了人类的视域，带给人们许多新鲜的体验。另一位法国人拍了《帝企鹅日记》[①]，被美国人拿过去重新编辑，加进了故事性，因为《帝企鹅日记》讲了一种生灵的生命状态，讲故事会比较好看。

《迁徙的鸟》乍一看让人很吃惊，很多东西人们凭肉眼是看不到的。通过在鸟身上捆上摄像头，就让人们看到了鸟类世界的王国，它靠新鲜的内容吸引观众的视线，有一种让人震撼的感觉。我打断您了。

① 《帝企鹅日记》（*March of the Penguins*）2005 年 8 月 10 日上映，片长 80 分钟（美国）/85 分钟（法国），编导吕克·雅克特（Luc Jacquet）。作品选取帝企鹅特别的繁衍方式及围绕它进行的一系列活动展开拍摄，并结合了爱、勇气、冒险与戏剧化的元素，将帝企鹅在南极洲一段真实的生活展现在人们的眼前。

外国评委对我们最大的异议原来是画面加解说，现在他们自己也这么做，这样在时间上会节省一点，信息量也会大一点。现在他们对我们异议比较多的是什么？是说我们不会讲故事？

陈汉元：对，从创作方法上讲，主要是说我们作品的结构在条理上，力气没有花在核心事件的进展上。

再从题材上讲，我听到较多的疑问是：中国最有能力的纪录片工作者为什么不把自己的精力放在拍摄更多的主流生活上？

对此我们的作者好像都有点回避。他们看到的都是一些边缘的东西，不是主流的东西。他们很想看到拍摄的是少数人，代表的是多数人的状况的作品。这是外国的评委、记者、专家共同的感觉。

石屹：您认为我们为什么会这样？

陈汉元：因为主流的东西不好拍，容易出错，一深刻可能就要坏事。

石屹：不是我们能力上的问题，主要是想回避一些事，是这样的吗？

陈汉元：这个和电视剧一样，为什么都去拍摄古装戏。它是通过古装戏来隐喻现实。

石屹：所以古装戏比较发达。

陈汉元：因为是骂过去的人，说过去的事，但是观众要联想的是眼前的事。这是弯弯绕。

石屹：境外评奖在思路和评奖方式上和国内也有所不同，他们是怎样操作的？

陈汉元：我几次和外国评委在一起评奖，而且是外国人多，看完了作品后，说提名吧，不限名额，你认为哪个片子可以入围说吧。

这时，有评委说，第几号作品可以入围。

为什么？

“我认为它的音乐不错。没了。”他不说别的。

而另外一个评委认为另一个片子不错，它的开头开得好，那开头一上来鳄鱼就把小牛的头咬住了，这个头开得好。

他们往往就是这样特别强调片子的某一点的成功，而不强求它全面的好。后来再慢慢地缩小。这和我们不一样，我们是反过来的，先说全景。拍是这么拍，评奖的时候也是说片子题材不错，整个结构不错，内容不错，思想不错，慢慢地说。人家不是的。

石屹：开始提名时他们是这样的。到评第一、第二名的时候要全面权衡了吧？

陈汉元：外国人这一句话完了以后，比如 11 部作品被提到，然后大家在这 11 部里面挑选 5 部。这 5 部怎样挑呢？那个说音乐好的人就开始全面论述这部作品。每一个提名的人都开始说自己提名的片子怎么怎么好。最后无记名投票。

石屹：他们先抓最耀眼的地方提名，然后再全面阐述。

陈汉元：他说那个片子开头给我留下了深刻印象，别的片子我可能就忘记了。我就记住了它。

石屹：凭直觉。这倒挺简单的。

陈汉元：噢，我记住了，别的我没有记住，你怎么着？

石屹：也是大实话。

陈汉元：再一个，外国人绝对看不懂中国人认为好的一些作品。比如说中央电视台拍的《一个人和一个城市》系列片，有一集我特别欣赏，叫《张贤亮与银川》① 说的是这个作家和这个城市的关系。

石屹：这好像是个获奖片。

陈汉元：在中国获大奖的。在广州纪录片大会② 上，我是评委会主席，8 个评委，有 6 个是外国人，我主持讨论，可是这个片子看了 3 分钟就被否

① 正式片名叫《凤凰于飞》，片长 30 分钟。该片 2002 年获第九届中国电视纪录片学术奖大奖。

② 指 2003 年 12 月 14 日—12 月 20 日在广州举行的首次国际纪录片学术研讨会。研讨会主题为“文化传统和祖先的故事”，由影片评审、影片观摩以及专题学术讲座三个部分组成。有 13 个国家的 147 部纪录片参与初评，59 部中外优秀纪录片参加最后的展播、研讨和评奖。

定了。然后我就“急眼了”，我说这个片子在中国是特别优秀的、有创意、有新意、有想法、有突破的片子，怎么不行？然后找机会让他们从头到尾看一遍，当时外国评委议论我强加于他们，有点违反规则，但还是从头到尾地看了一遍，翻译也详细地翻译了一遍，结果投票，就是我和广州的评委各一票，一共两票。那6个外国人谁都不投，你怎么说它好都没有用。

石屹：国际评委的文化背景和我们不一样。

陈汉元：对，张贤亮[①]说的话有极高的文学性，解说也富有浓郁的中国语言色彩和简称，比如说“三反”“五反”“文革”“反右”，这些他们听不懂；还有很多成语、歇后语，比如张贤亮说以前银川的情形“一条马路三座楼，一个警察看两头”，这一类吧，给那些外国人解说，他们死活不明白。怎么一条马路就三座楼呢？一个警察怎么管了这头还管那头呢？本来是想说明当时是极小的、极简陋的城市，中国人听了哈哈笑，觉得特有味道，外国人在那儿直摇头，不感冒。作品中还有对比，是影像散文。这些片子再好，拿到国外去就不行了。

对中国人而言纪录片是个艺术作品，让你慢慢地去琢磨、去欣赏。这个作品经常还搞些对比，既不是城市发展的过程，也不是城市的状态，这个外国人实在接受不了，外国纪录片肯定是讲一个过程，一点儿，一点儿，穿插着一些有趣的事情。

《张贤亮与银川》在中国获得了极高的评价，在广州纪录片大会上这个作品都没有入围，这就是整个文化背景差异出现的结果。

石屹：如果以后出现类似这样的情形，我们中国人应该如何去面对？

陈汉元：我一直有个观点，向国外介绍中国的情况，要降低标准，要把外国观众，即使是很有文化的观众，也把他（她）看作是小学生，不是智商而是知识面问题，在提供信息时，都把对象降低到小学生水平。

---

① 当代著名作家，1955年从北京移民到银川。1957年因在《延河》文学月刊上发表长诗《大风歌》被列为“右派”，1979年9月获平反。20世纪80年代发表的《灵与肉》《绿化树》《肖尔布拉克》《男人的风格》《男人的一半是女人》等作品，以充满人性温暖的故事和新锐的思想，受到人们广泛关注。进入90年代后，张贤亮在宁夏创办了影视娱乐城。

这绝没有居高临下、歧视的因素在里面，而是他们对这个古老的文明、古老的国家太不了解，知之甚少，所以一定要对他们简单地说，往浅里说。不要想你有多少寓意，不要去用什么典故，不要去说什么俏皮话，那些没法翻译。

如果是涉及历史，最好提醒对象国，给它世界上一个大的当时背景作为参照，那就有助于人家理解我们的什么年代相当于他们的什么年代，比如文艺复兴，方便他们对照起来理解。哪怕是带上一句人家就明白了。不要净在那儿抒情。

石屹：要给他们一个对比、借鉴、想象的空间。这样做出来的片子国内观众会喜欢吗？

陈汉元：所以啊，就有了大问题。中餐就是中餐，西餐就是西餐。

我们得学着动手做西餐，纯粹是让外国人看的，不妨请外国厨师。

石屹：就是说片子如果准备传播到国外，要有两种思想准备：一是国内和国外合作，看怎样共同来完成这个叙述；二是如果只给中国观众看，就没有必要这样做。以后大的主流应该朝哪个方向发展？

陈汉元：我很早提出过，电视是给少数人看的，越是为少数人服务，实际上就越是为广大观众服务。这一部分人喜欢看这种节目，我就给你满足了，那一部分人喜欢看那种节目，我也给你满足了，这加起来就是一个大家。

石屹：这是对象服务。

陈汉元：这也是对人的真正尊重，不然就是一种退步，吃大锅饭，更何况现在是市场经济。要是大家都喜欢，那就是大锅饭。我认为多数电视节目不存在雅俗共赏。

石屹：高品位就是高品位，媚俗的就是媚俗的。

陈汉元：对，高就是高，俗就是俗。让一个戴老花镜的老先生和一个小伙子一起喜欢同一个节目，这不大可能啊。

雅俗共赏永远是一种乌托邦，只是一种美好的想象，实际是做不到的。

石屹：您以前说过，中国人的作品就是给中国人看的，不要去想着到国外拿奖。首先要中国人喜欢看，然后再是全人类喜欢看，现在您对这个提法有没有什么新的见解?

陈汉元：我还是这么看。中国13亿人口，你做的节目，如果13亿中的多数人都喜欢，你就不用管英国人喜欢不喜欢，这个数字已经不得了了。在世界上产生的反响已经太大了，世界上几乎没有作品让中国大多数人都感叹不已，哪有啊?

石屹：目前一些外国人对我们的文化不太了解，我们也没必要太在意，像《一个人和一个城市》这样的片子，没必要去降低自己的品位讨外国人的喜欢，虽然在评奖中他们人多，占据优势，但是我们没有必要为此改变自己，是吧?

陈汉元：那可不！中国人很多人喜欢红烧肉，因为外国人不喜欢，我就非要把红烧肉做成烤肉，那是干什么呀?

石屹：那就变味了，也没人喜欢。

陈汉元：应该按外国人的标准做非常地道的烤肉，中国人喜欢的就按中国人喜欢的做，外国人喜欢的就按外国人喜欢的做，不要做得外国人、中国人都不喜欢。

石屹：陈老师，你多次在国际纪录片大赛中担任国际评委，推荐过我国优秀的纪录片编导的作品在国际大赛中获奖，也有个别作品你不是很认可，比如《毛毛告状》[①]，请谈一谈你的评判原则。

陈汉元：《毛毛告状》讲农民工的事情，孩子不到法定年龄让孩子验血，有悖于纪录片真实性的原则，突破了纪录片创作的底线。

如何看待用娱乐的方式教育大众

石屹：美国国家地理频道（National Geographic Channel）常务副总裁史博恩说，他们是“用娱乐的方式去教育大众”，您对此怎样看？您认为这适

① 《毛毛告状》1993年播出，编导王文黎。

合中国的国情吗？现在国内也有人提出纪录片创作要结合娱乐化，您对此持什么态度？

陈汉元：我认为这是两说，我很赞成你在提纲里提到的。作品有些是娱乐化的，有些是不能娱乐化的。纪录片起初是不娱乐化的，什么是娱乐化？主要一点就是讲故事，作品故事化。故事片属于娱乐范围，所以长期以来人们把非虚构的作品不划分到娱乐的范围。

娱乐又意味着虚构，这个比例有多大？另说。但是，不管我们强调真实的人怎么反对，还是挡不住扮演、情景再现、flash，等等。

第一，使片子做得尽可能的好看、生动形象、画面感更强一点，从动机上讲无可指责，都是为受众着想，帮助观众去形象化地理解事实，我认为这个出发点是挺好的。

第二，现在这个世界越来越走向拜金，或者说越来越强调收视率。因为收视率就意味着利润，在这种情况下，任何一个当老板的人都不是慈善机构的总干事，他高兴也罢，不得已也罢，都得想办法为提高收视率而奋斗。

只要不违法，就不择手段地干，我想和这是有极大的关系。

从这些角度来讲，我由一个坚决反对情景再现等手段非纪实做法的顽固反对者，变成了中途的旁观者，现在呢，也不鼓掌，不说话了，觉得一切的一切只要不欺骗老百姓、不伤害老百姓，老百姓觉得挺高兴，那就好。

由此我想到了《三国志》和《三国演义》。我本来强调只有《三国志》叫历史，《三国演义》在很大程度上对《三国志》起到捣乱的作用。但是对大多数有文化的人来讲，不会把《三国志》和《三国演义》混为一谈，他们也没有那么大的心思去“较劲”。不用统计，多数人是看《三国演义》而不是《三国志》。

在这种情况下，我认为美国国家地理频道作为文化商品的制作者，提出来“娱乐化”的一种做法去影响观众，从利润出发，不违背道德，想方设法让观众高兴，这样的做法无可厚非。

我们现在的纪录片创作在叙事手法上也应该讲究叙事策略，吸引观众驻足观赏。实际上，我所说的创作上叙事的三个层面就是西方人说的“娱乐化”。

但是我还是用“故事化”，而不用“娱乐化”这个词，“娱乐化”弄不好就会让人家认为变成了“戏说”。

“戏说”已经远远不是《三国志》与《三国演义》之间的事了，是《三国演义》戏说，变成了第三种产品。这第三种产品和历史毫不搭界，走得太远了。

我现在的看法是赞同以讲故事的方式去做纪录片，不是要害、关键的地方也可以用再现，但是这些部分不要让观众产生误解。比如说用素描、变颜色或者是借用故事片、电视剧等镜头时，应该打出字幕，想方设法让观众知道这是替代品，是糖精，不是砂糖，不过它也是甜的。不然就会产生以假乱真，后人会搞不清楚，要花很多力气来甄别。如果是这样，纪录片就失去了它各种价值中最重要的史料价值，失去了这个价值，一部纪录片可能是“有声有色”，但是相当大程度上是伪历史。这个我不赞成。

所以，我说《三国志》、《三国演义》和《戏说三国》是分开的，是不一样的，如果有本事让观众一看这是三样东西，不会上当受骗、不会中计、不会受毒害，这个是看历史；那个和历史有一点像，是演义的；还有一个纯粹是哈哈乐的。

纪录片市场化

石屹：从我们前面谈的问题来看，或多或少地都避不开市场化这个话题，因为都在市场化，纪录片是一个比较独特的文化产品，在中国的情形更加特殊，现在国外纪录片都是采用市场化运作，您认为它在中国可行吗？

陈汉元：我写过一篇文章，我的中心论点就是这个市场在中国还没有形成，尤其是和电视剧比。电视剧已经形成市场，而且很拥挤、很热闹，市场也比较繁荣，不但形成国内市场，而且开始引起境外重视。

石屹：据说《还珠格格》刚出来时韩国人买了一看，特别热闹、特别好，那时韩剧还没有形成气候，他们说这么简单，我们也做，然后就不进口中国的电视剧，开始学中国电视剧，结果他们的韩剧就这样打出来了。

陈汉元：对。我听说了这事。

纪录片现在在国内没有形成市场，什么原因？咱们再分析。

但是中国的纪录片由于不断地送出去在国际的评比会上参与评比，有不少作品入围，入围就意味着在世界菜谱上有你这道菜了，人们喜欢不喜欢是另外一回事，但是菜单上有你了，这是一件可喜的事。

可惜我们的东西没多少人买，这里有口味的问题，人家可能喜欢系列，你只做了 27 分钟，拿去没用。

我总的观点是，中国的电视剧要想拿到国外去，尤其是在和我们文化背景不一样的西方世界，想让我们的电视剧很吃香，可能还很遥远，但是纪录片就比较有大的可能进入西方市场。不是说进入西方华人市场，那是第一步，初级阶段，现在已经不稀奇了。不过要真正满足西方民众的需要，还相当困难。

但是，我认为中国纪录片要挣钱，还得到国际市场上去。

怎样才能在国际市场上挣到钱？这是个大学问，光到国外去看看不行，应该像大学的一些工程项目那样，聘请外国专家、外国做纪录片的高手来。如外国的制片人、导演、策划创意人、市场营销者等。

我的基本观点是，纪录片在国内市场挣不到钱。要挣钱，到国际上去挣。要到国际上去，靠几个独立制片人反映中国非主流生活的、数量很小的、小打小闹的作品，也挣不到钱。他们可以去得奖。现在在国际上得奖不难，就看你得什么奖。世界上的奖太多了。

石屹：有分量的有哪些？

陈汉元：有分量的没几个。

石屹：比如法国真实电影节。

陈汉元：加拿大的、美国的艾美，等等，广州的这个根本算不上什么的，四川国际电视节、上海电视节都不算，因为来参评的不多啊。

我在欧洲参加了一次评奖。它那儿开了一个很大的电影院，门开着，在评奖的时候，任何人都能进来看，评委们没有专门的席位，你自己去找座位坐好。

民众有各色人等，但多半是大学生，随便看。

初评是在吃午饭的时候，这外国人和中国人太不一样了，嘴巴里一边吃着东西，一边喝着啤酒说进行初评，初评的主持人就问，咱们现在开始提名？

好，有一个人，比如说法国人举手了：我认为《四姐》这个片子不错。

主持人就问了，什么理由？

我觉得它音乐真的不错，我听起来原创性很强。没有了。

第二个说，我认为《幼儿园》不错。

那你说个理由。

《幼儿园》那个小孩打了另一个小孩一巴掌，我印象深刻。

我这是打比方。

每个评委都提，提了15部了，完了，饭也都吃得差不多了。

主持人说，现在我们别的都不谈了，就谈这提出的15部。第一部说《四姐》好的，有没有人附议？

有一个人举手，说我也认为它不错。

不用说理由了。

有时候有些片子没有人附议，那就要淘汰。可能就剩下8部了。这8部就要开始说理由了。

刚才说那个《四姐》的说，它不只是音乐好，人物行为构成的情节让人家记得住，由此造成四姐的性格很鲜明，由这样的性格让人们联想到她作为一个女人碰到那么多困难，就这样过来了，她的人格给我留下了很深的、不能忘怀的印象，完了。

另外不是有人附议吗？他们就可能从艺术表现力上、片子的逻辑性上进行补充。

终极目标

纪录片：终极目标及创作方法[①]

——陈汉元如是说

石 屹

采访陈汉元老师并非易事，约了几次他都没空。为我推荐采访他的人为

① 《电视纪录片——艺术、手法与中外观照》，石屹著，复旦大学出版社2000年版，第323—325页。

数不少，因为他是我国最早从事电视纪录片创作的实践者、探索者之一，在纪录片创作上富有开拓、创新精神，又身居中国电视艺术家协会电视纪录片学术委员会会长一职，了解中国电视纪录片发展的总体情况。

在这次采访中，陈汉元老师首次透彻地谈及纪录片的终极目标和创作方法，从中人们可以感受到，纪录片在他心目中具有不可替代的位置。

采访地点：上海。 时间：1995 年 11 月。

补记：当时身为中国电视剧制作中心负责人的陈汉元为拍电视剧《潘汉年》和摄制组主创人员一起来沪，利用其中一个下午的间隙时间，我按事先的约定前去采访了他。

一开始，我们就直奔主题，对什么样的作品才能称为纪录片做了深入认真的探讨。那是 1995 年底，大概 11 月左右，此时人们对纪录片的认识还是十分有限的；而陈汉元做过上海电视节、四川国际电视节评委，以及在国外纪录片电影、电视节也多次担任国际评委，看过大量优秀纪录片作品，见识自然与众不同，也很前卫，这从访谈的第一段文字中就可以看出。

陈汉元也是一个很感性的人，因访谈后的第二天他要去医院，在颈椎部位做一个小手术，所以，在访谈中他运用了“中医文火”“西医动手术刀”的比喻，是由此产生的联想。

当时我在复旦大学读研，采访结束时已到了吃晚饭的时候，陈老师请我吃了一顿便饭。虽说是便饭，简单，但又是中西结合的饭。

那时我和陈老师还不熟，他可能把我当时髦的洋学生了。记得主食里他为我点了馒头，配料是起司：一种白色乳状、沾着吃的甜品；他给自己主食也点了馒头、稀饭。一边点，陈老师一边说：说出去人家可能会笑话，但是我就喜欢这个。

采访结束后，我连夜整理了采访稿，第二天拿给陈老师审阅，那时他已手术回来，颈椎后包着一块厚纱布，下面的文稿就是经过陈老师审核后的文章。

我认为，凡是对着真的个体生命（人类、动物、细胞等活体物）、真事、真景象、真氛围而创作的电视作品，并有10—15分钟以上长度的片子称电视纪录片。对纪实而言的电视纪录片，摄制者对被拍摄对象应在严格不受任何干扰的情况下拍摄。

纪录片从哪儿着手呢？有两种方法：

第一种是先有想法，即已确定打算说什么，然后去拍摄。多数纪录片是在这种状态下创作的。

第二种是没有想法，只有素材，反复看后，产生创作欲，然后补充采访，组织材料，构思产生作品。

以上两种创作方法，只要是符合纪录片这个大前提，并且受众感受信息时，能产生冲击波，有深层思考、感悟，并由此改变了他们一些宏观、微观的看法，以至于导致了自身思维方式、行为准则的改变，那将是纪录片工作者追求的终极目标，这也是最高的境界。

要实现向纪录片终极目标的靠拢，我想比较得力的措施是设立纪录片最高奖，其奖额要高，分量要重，领导还要带头干，这样才行。

纪录片是最有品位、最有魅力的电视作品。制作纪录片的过程，是自我修养和享受的过程，是甘于寂寞、淡泊明志的人一生为之追求的事业。纪录片体现着一个电视台的综合实力和品位。

搞纪录片，一是需要冷静，二是需要热情，三是需要聪明。不冷静，会有失科学性、合理性；缺乏热情就是缺少责任心，没有勇气，什么也做不成；不那么聪明就会使作品失去灵性，就会没有人疼爱，没人同情。虽然聪明的身影是麻烦，但我们总不能因为怕麻烦而使自己变得越来越蠢。小鸡破壳方知天地宽，墨守成规只能生产平庸的作品。

所有纪录片不管它是什么流派、风格、题材、样式，其最高也是最起码的出发点都是给人带来益处，有极为丰富的内涵。它包括思想、知识、情感、理念、感觉等。不可否认的是我们也会遇到一些来自行政、信仰、财政、技术、设备等因素的限制，但我们要有做一些有益于人类社会的电视作品的追求。

纪录片不管它是什么流派、风格、题材、样式，只要老百姓真正喜欢，能向我们的终极目标靠近就是好纪录片。

不论是电视剧，还是纪录片，苍白无力的干巴说教，起码是只讲“动机”、不求效应的浪费行为，但是一味沉溺于揭短、阴暗、失望，起码也是有失责任的非理性行为。

我以为，不论我们个人的生存境遇如何，经我们的心和手创作的作品，应该是给人们以大量的信息、光明的信心为核心，这也是人类共同崇尚和追求的真、善、美。

纪录片可分为两类。以主题先行、解说词为主的为一类，以《望长城》开始的纪实片为另一类（即采用大量同期声），话筒始终开着，人称“跟腚”拍摄，这种方法较自然。这两种方法的生存与消亡取决于老百姓是否喜欢。

“跟腚派”采用纪实手法，虽然自然，但要防止“自然主义”，不要见什么拍什么，鲜花、牛粪与共；主题先行者（以后我们称其为传统派），他们对生活的内涵理解比较认真，但有可能忽视对生活现实的尊重，应防止将自己的观点强加于被拍摄对象。

传统派的文学品位，往往高于纪实派的作品。而论一时痛快和造成一时感官上的冲击强度，那纪实派要远远高于传统派；若论给一部分人留下久远印象和思考的，那要数传统的作品。

这是为什么？回顾我和其他人走过的道路，我觉得凡是传统作者总是想提醒人们注意的往往要涉及“人性”这一人类的基本主题。而纪实也许更贴近生活，更贴近社会热点，但它不如传统的作品给人留下的印象持久。

传统的作品注重渗透，不想产生立竿见影的快速效应，这从前些年湖南陈先绪的《荷叶颂》中就可以看出。讲荷叶，在于衬托荷花，讲荷叶为小虾、小鱼遮阴，为人们挡太阳……总之，荷叶伟大得不得了，但它不言不语，也并不被人们所重视。

在这里编导所想体现的是一种美学追求，提倡默默无闻的奉献精神。但这种片子不能引起轰动。我们佩服的就是这种明知不能引起轰动，却一心只在体现文学品位和个人情绪上奋斗的人。

我认为传统的作品，被拍摄对象很可能不会说话，如牛不会说话，荷叶不会呻吟，在这片刻的停留中，加上一些解说词，会给商品经济社会中疲于奔命、无暇思考更多问题的人们一份静谧和一份清新。

当然，光有传统的作品是不行的，需要有“跟腚派”作品向人们展示一些人间烟火。因为人类社会既需要呐喊、呼唤，也需要呻吟，同时还需要高歌。

这类片子与前者有很大反差，它会单刀直入展示矛盾，容不得拖泥带水，为使其有最大真实性、可信性，必须是同期声，直接让被采访者说话。

对传统作品而言，带有更强的欣赏价值，它文学性强，不急于解决问题，慢工出细活。如果说纪录片带有教育、感化和改造功能的话，那么传统的作品就像中医、中药，它是提倡用文火煎药；相对来讲，以反映社会热点为中心的纪实作品，颇有点西医、西药的味道，还要动手术刀。因此，纪录片存在着中医、中药、文火煎药的意味；也允许西医、西药，动手术刀；同时也可以中西医结合：既有旁白，也有同期声。由此产生的片子会产生更好的效应，杂交会产生品种优势嘛，而且估计会成为大趋势。

杂交品种的存在，不意味着传统的散文、文学品位就应消失，就如同大熊猫的存在对人类无害一样，哪怕是作为一种欣赏或讲究，也有其存在价值，传统的作品同样可以在提高民族文化素养、艺术鉴赏水准方面大有可为。

事隔多年以后，我们又谈到了同样的话题。

石屹：我们 11 年前谈过纪录片的终极目标①，11 年过去了，在这 11 年当中纪录片又有了新的发展，您也又看了很多的中外纪录片，现在您对此有什么补充？

---

① 1995 年底，笔者就纪录片的终极目标等问题采访了陈汉元老师。见 1996 年第 3 期《广播电视研究》首页《纪录片：终极目标及创作方法》一文。

陈汉元：当时我说的终极目标就是一句话：希望通过片子对一部分人产生影响。被影响的人越多，说明作品的影响力越大，作品就越成功。

什么样的影响呢？就是希望改变原来人们对某个事物、某个现象、某个人的一些看法、想法的某种走向、某种理念。人们看了我们的作品，也许就是一句解说词、一个画面、一个情景受到触动，产生某种改变，朝着新的方向走了。我们希望人们走得健康、有益，像我们祝福的那样走。当然，也可能更强化了人们走反方向。

总之，追求纪录片的终极目标就像是一块石头扔进了一个池塘里，它产生的涟漪越大、越远，就越好；而不要像一个烟头扔在了小水塘里，毫无反响，连扔的人都听不见那“嗤”的一声。

我们的作品应该像一块比较大的石头扔在池塘里，让站在水塘周围的人都能看到、听到、感觉到、欣赏到它在水面上产生的那种美丽，那种涟漪。

这说得比较形象艺术。从思想上、意念上，就是我11年前说过的，希望对受众的生活理念的走向产生一点小小的影响吧。被影响的人越多，那就越好，作品就越成功，我当初是这个意思吧？

我还曾经说过，如果我们的纪录片能使那么多人平静的心态变得大幅度的倾斜，或者反过来使那么多的人不平静的倾斜的心态恢复平静，这都是非常了不起的影响。这很难做到，但是我们心里头如果要做很大投资，希望它产生很大影响，它的结果就应该是我说的那样。

纪录片、专题片与独立制片

石屹：一般人对纪录片从拍摄到完成要走什么样的程序不太清楚，根据您的经历请谈谈这个创作的过程。

此外，2006年中国广播电视协会副会长刘习良根据多年的理论研究和中外纪录片观摩经验做了总结，撰写《电视纪录片辨析》一文发表在《中国广播电视学刊》第3期上，他指出：“专题片”可舍弃不用，而保留“专题（性）节目”一词，指的是“内容相对集中且可以形成统一主题”的节目（《广播电视词典》，第230页），专题（性）节目形式多样，既包括纪录片，也包括访谈、座谈、讲座等。您对此怎样看？

陈汉元：我不认为专题片是一个栏目，我的理解简要地说，也是想了很长时间，从我自己来看，纪录片专题片我都干过，在栏目里播出的很多都是纪录片。外国也没听说过有专题片这么一说。

石屹：它们就是虚构、非虚构。

陈汉元：对，我说纪录片、专题片都是非虚构的，只是纪录片我觉得从创作的过程来讲，它往往是作者心里有一个什么念头，这个念头怎么表达不太清晰，但是，如何去拍摄素材，这个素材的方向是清楚的，被拍摄的可能是一种状态，也可能是一个过程，可能是一个事件，也可能是一个人物，当然事件里面肯定有人物，但是将会怎么走？不知道，更不知道它的结果。这个叫纪录片。

你给它都拍下来了，拍着拍着，这个追踪拍摄的过程中，尤其到把素材拿来的编辑过程中，主题和要表达的思想慢慢地清晰起来，最后变成一个作品，这叫纪录片。

当然也有可能是没有结果的，只是一个过程。

专题片不是这样，凭良心说，用我们传统的、一贯的说法，绝对是主题、思想在先，有一个概念、有一个理念、有一个主题，有话要说。事先明确地有话要告诉人们，告诉社会，然后把主要想说的话以文字的形式先把它写出来，其中他要等待着别人要说的那些话，他空在那里，留出空当，希望是有什么人来说话，说的是什么意思，于是基本上形成了类似电视剧和故事片的一个剧本。

按照这个去寻找资料，拍摄素材，统统完成以后，基本上按照这个提纲编辑。当然，也是充满着反反复复的修改过程，最后形成了作品。

所以纪录片和我们所说的专题片，它确实在创作的过程上是不一样的。一个是主题思想在先，一个是主题思想在后。

成功的、成熟的纪录片工作者，有话要说，他的话还真的不是靠解说词说出来的，它是靠作品的所有元素组合在一起表达心里的一种感觉，一种意念，一种愿望，一种向往，一种主张，等等。是让观众自己去感受，得出每人自己不同的结论，或者是感慨。

专题片基本上是比较明火执仗，一上来就得亮出自己的观点、想法、目的、动机，明说自己想干什么。

所以有好多片子是为纪念抗战多少周年而做，一般的纪录片不大会是这样。

纪录片和专题片在创作过程上是不一样的。

石屹：从选题到拍摄，直至播出，这个程序是怎样走的？

陈汉元：专题片在我们国家都是政府投资的，不会有段锦川、吴文光个人去筹资去掏钱拍摄。因为它不一定是作者本人的兴趣和意念，它多半是命题作文。

石屹：那纪录片有没有这样的呢？比如在中央电视台拍摄的纪录片。

陈汉元：纪录片是命题，但这个命题给的是一个大范围。具体纪录片的成功除了和作者的责任心有关，和作者的兴趣也有极大的关系。

石屹：创作的自由度比较高？

陈汉元：那是肯定的。

石屹：而且是国家投资。

陈汉元：对。我就没有听说有所谓的独立制片人去拍专题片。但是有相当多的独立制片人自己去拍纪录片。因为是他对社会当中的某一个方面或者自然界的某一个现象，特别感兴趣，他倾家荡产、倾其所有，乃至生命，都愿意去完成这个选题。这两种作品的开发和结果是不一样的，投资在我们国家也是不一样的。

石屹：陈老师，电视台拍摄纪录片和独立制片人拍摄所走的程序有何不同？哪一个更具有挑战性？一般而言，电视台拍片基本上就是电视台给钱，独立制片人就要自己去募集或者去说服某些方面的人来赢得资金是这样的吧？

陈汉元：是这样的。独立制片人和主渠道、主流意识形态大概不是都那么同步和吻合，他们个人的状态、生活状态都处在比较边缘的地带，所以他们在创作理念上往往不是官方特别需要的。这些人不但有思想，而且很有思想，但他们不愿意像官方的纪录片那样拍摄，用那种思路去寓意表达，总希望自己有比较另类的观点、另类的表现。

我觉得应该允许他们这种创作存在，对于其中有独到之处的也应该给予充分的肯定，也应该让他们加入到评比活动当中来，好的就应该被表扬、表彰，当然他们也不一定都愿意参加，他们中有不少人急于把作品拿到国外去评奖。

从我这个经历过来的人来看，你如果只想拿这部片子出出中国人的洋相，我不表示欣赏，包括我个人在内，对党的一些干部、一些人再有意见，但是到了国外，我不会回过头来说这个国家、这个党怎么怎么不好，那样是很没有人格、没有国格的。有话在家里说，拍桌子面对面地说都不怕，但是冲到国外去回过头来骂自己的娘，这连外国人也不会欣赏。

关于“新纪录运动”之说

1992 年北京几位搞创作的人曾聚集在一起想发起一个“新纪录运动”，但过后就没人再提此事了。

2002 年 5 月下旬，在由中央电视台和北京广播学院主办的纪录片学术研讨会上，吕新雨教授提出：“我理解的纪录片运动，最早也要到 80 年代后期了。”她认为在此之前我国没有纪录片，只有专题片。她说，《让历史告诉未来》《话说长江》《话说运河》《雕塑家刘焕章》《深山养路工》等作品都不能称为纪录片，是专题片[①]。

吕新雨强调：“首先要对纪录片和专题片有明确地划分，就是说中国的专题片和纪录片实际上是两种不同的理念、不同的话语体系。对于体制来说，当然愿意这么混为一谈，这样它的光荣榜可以更扩大一些；但是从学术的立场上，我坚决抵制这种权力话语。”

吕新雨的这个提法和当时参加研讨会的学者及纪录片工作者的观点产生了很大的分歧。

---

① 《纪录中国：当代中国新纪录运动》一书中《什么是新纪录运动——吕新雨访谈》部分，吕新雨著，生活·读书·新知三联书店 2003 年版。

纪录片与专题片的争论在我国一直存在，1992 年 11 月、1993 年 4 月和 11 月中央电视台研究室邀请全国电视界和学术界的专家一百多人次分别在北京、浙江舟山和湖北宜昌举行了三次中国电视专题节目分类与界定研讨活动，并将研究的结果结集出版①。三次界定会采用了三种不同的方法，在理论与实践相结合、充分讨论的基础上，还注重兼顾遵循电视创作规律、有中国特色等几个方面。

尽管三次界定都还存在一些分歧，但是国内从未有过按照时间一刀切的方法来划分纪录片和专题片。

在我国对于纪录片和专题片的划分和探讨一直以来只限于学术范畴，目的是为了探讨电视作品创作的内在规律和特性。

石屹：您对“新纪录运动”的提法怎样看？

陈汉元：对吕教授的说法，我没多想。只觉得尽管“小荷才露尖尖角，早有蜻蜓立上头”，那也不能说已是满塘荷色，太夸张了吧！但是，我理解并支持时间的思路和她对当时实际情形的叙述和诠释。真的，这是一个科班出身又有丰富实践经历者的实话实说。

至于说《话说长江》之类是专题片还是纪录片，这倒是无所谓的事。反正，白人是人，黑人是人，黄种人是人，而且是数量最多的人。

我不是搞研究的人，但也注意到一个事实：在国外好像只有“专题节目”而没有“专题片”之说。

同时，我还认为不论做什么片，花了那么多钱，结果没人看，那才是不光荣的事呢！

这个说起来也是一个比较苦恼的事，比较心平气和地说，按照国际上的惯例、通行的做法和状况，应该说在我们中国还没有形成纪录片整个创作的土壤、环境、体制，这些都还没有形成。

还没有出现像美国、法国，像伊文思这样兴风作浪的人，就是国内一些个别的人，也是小打小闹，没有大的财团和什么基金作为后盾，花几年工夫去拍一个他们想拍的东西。

---

① 《中国电视专题节目界定》，杨伟光主编，东方出版社 1996 年版。

照理一个真正有影响、有实力的独立制片人，他们不应该只拍边缘的一点生活，而应该用这种能力、实力、智慧、勇气和气派去拍社会的主流生活，那样的丰富多彩，那样的冲击力，不废江河万古流的那种气势，而不只是拍拍边上支流上一些拐弯抹角的泡沫。

我们这个国土，这样的体制，还没有出现这样的人和这样的事，而且拍纪录片还存在着其他严格的管理。

当然，要求他们那样去拍规模宏大的主流生活，也是不可能的和没道理的，他们没钱、没权、没有平台，能首先保证自己的生存就已经不错了。

像吴文光、段锦川、蒋樾等人不只是在形式上的突破，更多的是对人性的挖掘，对个体生命的真诚的尊重。他们的作品没有一个是命题作文，都是自己对客观世界的感悟，很不容易，至今我还怀着敬意。

石屹：外国有大师。现在中国好像还没有大师，在搞学术研讨时，有人建议中国应该出一批纪录片评论家，进行点评，这样会好一点，不知道这个观点现实不现实？

陈汉元：这不是组织行政命令能做到的，这是自然形成的。

石屹：还要有一定的形成评论家出现的氛围。

陈汉元：像吕新雨那样子的评论家，电视界搞纪录片的绝大多数人和她说不大来，她不够平民化。在她心目中，在中国的纪录片工作者就那么几个人，他们拍出的片子就叫纪录片，有了他们才有“新纪录运动”。我对新雨的这种做法、说法不以为然，她一方面要重视那些人；另一方面要以更大的力气重视主流方面的这帮人才对。

由吕新雨等人的行动，我想写篇文章，或者说在别的文章里面说一段，就是搞评论、搞理论研究的人没有必要挤到第一线亲自去拍纪录片，要多多地去参加纪录片界的学术研讨活动。

石屹：搞评论也需要熟悉纪录片拍摄过程。

陈汉元：可以去跟拍一些片子的一段。

搞纪录片的高手们也没有必要放弃创作去搞理论。除非你老了，退休了。

搞评论就是搞评论，不一样的。

搞学术研究的人，能够看出纪录片的很多妙处和致命的不足，经他一点、一评论，让纪录片制作者吓一跳，哦，我做的纪录片原来还有这么一层深的意思和问题在里面啊。

嘿，连自己都不知道。

我不知道什么原因，这种意念特别强烈。

研究细菌的研究者，你就好好地研究细菌。他们最知道细菌，往往也是最怕细菌。有趣。

石屹：于丹也搞理论，她谈电视节目挺到位，不但和实践比较贴近，而且高于实践。

陈汉元：于丹吧，对这些栏目都很熟悉，但是没有亲自去做。

石屹：她认真看，认真研究。

陈汉元：嗯，去寻找里面的奥秘、规律、逻辑。

吕新雨有一点自以为是，这是她的要害。

我想说，搞纪录片的人，就老老实实地搞纪录片，不要想到去写一些理论文章，纯粹地去讲理论，讲不好；反过来搞理论研究的人，你就好好地去搞理论研究，去提出一些新的说法和看法，你不要参与去搞纪录片，尤其不要挑头去搞，你去搞是搞不好的，真的！

有几个小说家能够成为评论家、理论家？像车尔尼雪夫斯基[①]那样的不多啊！现在就有一些搞理论研究的人，就跳出来要搞纪录片，结果评奖的时候连入围都入不了。

---

① 车尔尼雪夫斯基（1828—1889），俄国革命家、哲学家、作家和批评家。主要文艺、文学论著有《艺术对现实的审美关系》（1855）、《俄国文学果戈理时期概观》（1855），1856 年主持《现代人》工作，并在该刊上发表了论述莱辛、普希金、列夫·托尔斯泰、谢德林和屠格涅夫等的许多文章。他的文学理论和文学批评继承和发展了别林斯基的现实主义传统，他的“美是生活”的著名论断对俄国美学思想的发展有深远的影响。同时还完成了不少哲学、经济方面的重要论著，如《哲学中的人本主义原理》《资本与劳动》等。文学代表作品有长篇小说《怎么办？》（1862—1863）和《序幕》（1867—1869）。列宁称他是“俄国社会民主党的先驱”，是“唯一真正伟大的俄国著作家”。

时间对历史的记述

一个偶然的机会，笔者从纪实频道《大师》栏目负责人王韧那里看到了2001年中央电视台时间[①]写的《我的语言》书稿中的一个章节。征得时间本人的同意，将此文转载，这样，关于当初“新纪录运动”是怎样一回事，通过时间这位当事人的讲述，人们大致就清楚了。时间在文章中阐述了个人的艺术创作观念和为之进行的探索实践。这些早期带有实验性的探索，对中国纪录片创作风格的多元化发展起到了促进作用。下面是时间书稿的原文。

这段历史，要不是有人打听，有人瞎写，我轻易不说，中年的宋江，不爱说梁山那段事儿。

80年代的先锋与探索——用纪实语言说话

从个人创作的角度而言，我是科班出身。所谓科班出身，就是有历史承传，“上有老下有小”。我站在前人的肩膀上，而不是石头缝里蹦出的“齐天大圣”。这是科班环境培养出来的情结，算“自恋”吧。后来大学毕业到了国家电视台，又在另外一种氛围中熏陶，环境给予我的是丰富的。我如果再作探索的话，跟传统的关系应该说是非常复杂了。我还能够从中走出来，那肯定是觉得对过去的表述方式烂熟于胸而又无法忍受，才会有这样的一种不满。

但是那个时候，在单位里是没有这样的交流伙伴的。于是，我跟社会上的一些独立制片人有了很深的交往，其中一个是吴文光。吴文光做《流浪北京》的时候，是在中央电视台另外一个摄制组工作，那期间我们认识了。还有我的两个同学陈杰和王子军。在80年代末，尤其是1988年，都在使用纪实的语言去认识生活。大家互相接触对方的作品是在相互认识之后，我们对纪录片的看法都有着不约而同的一种共识。

① 原中央电视台专题部副主任，《东方时空》创办人之一，创办了《东方之子》《实话实说》等名牌栏目。

我住单身宿舍的时候，还有个编导陈真。我、陈真、吴文光、王子军、陈杰是我们那个时候交往比较密切的搞纪录片创作的几个朋友。我们觉得当时搞纪录片创作非常孤单，那是有很多想说的话，但又没有适合的场合。也希望听到一种更有启发的见解，看到更多的作品。然后我们听说北京还有几个这样的“散兵游勇”，就说把他们召集起来吧，其中有何建军、付红星、蒋樾、段锦川，还有一个温普林。就在这个时候，一个叫“结构、浪潮、青春、电影”的实验小组宣告成立。这个名称分别由我、王子军、邝阳、陈杰四个人姓名中的拼音字母构成的英文单词（STRUCTURE、WAVE、YOUTH、CINEMA）[①]翻译而来。这是新中国成立后第一个非主流的民间电影团体，也是中国纪录片最早的一批独立制片人。社科院的学者邝阳，是我在编辑《天安门》时结识的，我请他做撰稿。邝阳酷爱研究电影，后来又帮我策划《实话实说》《真实再现》等栏目。他是真正的知识分子。中国电影的文化品位是由这些人的参与才得以体现的。

1991 年夏我们小组开了好几次会，会场就是马路沿儿，还有另外两个同学张浩、郭林雄，我们商量开个更大的会，要让搞纪录片的朋友和他们的作品集体亮相，怎样把我们看到的真理介绍给大家——我们要影响整个的电视屏幕，“新纪录片”的提法也就是这时候提出来的。然而困难的是场面大了，到哪儿去找会场呢？我们想到了母校北京广播学院，于是又为怎么跟王纪言副院长说，商量来商量去，我们怎么说，王纪言才能答应，才能允许我们在广院办这个活动，我们上哪些片子才能让王纪言他们感觉到，这不是一小撮的人，而是一大撮的人。去之前商量怎么说，从王纪言家出来以后，又讨论下一步该怎么做，是真像地下活动一样。为了不那么“地下”，我们特地邀请了带有官方色彩的《望长城》和《押运兵》的作者，因为它们都在中央电视台播过。并给这次会议起名“新纪录片运动研讨会”。就在会议的前一天，王纪言副院长打来电话，要把“运动”两个字去掉，说“六四”刚过，叫“运动”太扎眼。

① 这四个单词分别代表的意思是：结构、浪潮、青春、电影。

1991年的11月，作为中国新纪录片运动标志的“新纪录片研讨会”在北京广播学院召开。大会由我们的SWYC小组发起，由我主持大会并代表SWYC小组宣读倡议书：要把“新纪录片”当作一个运动，并旗帜鲜明地称之为“新纪录片运动”。

会上放映了8部作品：《押运兵》、《望长城》、我的《天安门》、吴文光的《流浪北京》、何建军的《自画像》、付红星的《五十年代西藏社会纪实》、王子军的《京城散记》、张海芳的《哈那斯湖》。参加会的大概有一两百人，很大的阶梯教室都坐满了，应该说引起了师生们的轰动和争执。我敢说他们从来没见过这样的纪录片，他们从来也没想过电视台不能放的片子也能做，所以一些老师难以接受。会后不欢而散。在老师和朋友之间我选择了朋友。我的这些朋友都是无家可归的那种人。广院在他们看来是深宅大院，但对我是很熟悉的环境，我在这里度过了4年，得到过很多老师的爱护，在这儿得罪一下老师，也能够得到原谅，但你要不管朋友饭，那就太不够义气了。

活动结束后，王纪言、任金洲老师他们出了本纪要，但根本没提《天安门》和《流浪北京》这两部片子和我们这些作者的名字，我们当时都很生气，竟然连这样一个搞纪录片教学和研究的学术圈子都不敢承认最起码的事实，我们到哪里再去讲真话呀。以后也就理解了他们的做法，毕竟有一部分人反对嘛，何必把人都卷进去呢。我们也得到了我们想要的：这些片子都留给了学校，继续在学校放映，至少我们影响了一批又一批广院的学生，对纪录片后继有人做了一些工作；广院电视系也建立了纪录片的研究中心，对新纪录片的发展予以关注。

后来也聚了几次。有一次张海芳谈到了她对纪录片的意见，让我印象很深，她说她一直欣赏这样一种语言方式：航拍，大雁在天上飞，镜头一直在天上跟着，然后大雁俯冲下来，镜头跟着它移动，只见草地上躺着个人在仰望天空，镜头推上去，一滴眼泪从这个人的眼里流出。她说这是她最欣赏的、最冲动的一种电影语言境界。那时我觉得她的那种理解太概念化了，太抽象了。那个时候我们还沉浸在现实生活的喜怒哀乐当中，对她的这种对电影语言浪漫化理解不以为然，就连对伊文思的《风》也不“感冒”。

再后来，在某种时候却老想起她的这种想象，觉得电影就应该给人这种展现方式，因为电影有这种能力。三维制作效果的出现，更是匪夷所思。但话又得说回来，这套毕竟是纯技术的一种东西。这样好像离人又远了。这变成对机器的纯粹依赖。我觉得又是把艺术简单化了——没有你做不到的，只有你想不到的。如果说世界变成这样了，什么都可以虚拟出来，那还有什么可追求的呢？就是在想到而做不到的时候，可能那样还有些艺术价值。到了没有你做不到的地步，那艺术创作也挺可怕，也就很尴尬。我希望我的影片如果有一滴眼泪所获得的抽象感觉，那也就有眼泪是从谁那里出现的物质的表现。

我们像俱乐部似的搞了一些活动，大家进行交流探讨。每次聚会都是我结账，因为那时我在电视台有工作。他们都是独立制片人，得省下钱来拍片子。当时还有电影学院的两位老师给了我们巨大的鼓励，让我们觉得并不孤单，而且值得坚持下去，他们欣赏我们的作品，也向我们介绍国外的纪录片，他们是司徒兆敦和周传基。

吴文光的《流浪北京》给我的震动非常大。当时我们讲究对人物命运的关注，不光是对生活的关注，对生存状态的关注，更重要的是片子完全表现了一种将心比心的方式。当时吴文光本人也在北京流浪，所以他本人的特殊感受使他能够拍出这样特别个人化的东西，给我的印象非常深刻。放完片子，我对吴文光说没想到这个片子这么好。

谁都会觉得自己的孩子好，因为你把心血都花到了自己做的东西上了。但那时候，我看完吴文光的片子，确实觉得人家的孩子比自己的好。

在我与我的拍摄对象之间，始终是有摄像机存在的，我就是要这样冷眼旁观，与被拍摄对象所产生的这种距离，可以说是纯艺术的、唯美的。我还是羡慕吴文光那样的创作者，能够拥有融为一体的情境。吴文光给我最大的触动就如同当事人在跟他说话一样，不是在跟观众说话。应该说，早期的纪录片作品中，以吴文光的《流浪北京》最为成熟。

吴文光那个人非常执着，他用他的作品来影响同行，同时用他固执的态度来动员别人，他在独立制作这条路上走得相对来说比较成功。

我至今还很怀念那段生活。

一次吴文光给我寄了一封信，他说，我们虽然越住越近了，但是见面的机会却越来越少了……我怀念那个时候的聚会，觉得好像别人说一句什么话，你就能产生出一种艺术创作的冲动，你看到一个片子后，就马上想再拍一个片子，来印证你一些什么想法。人在有冲动的时候做出来的东西，虽然会有很多遗憾，但多有鲜活的东西，而且你的作品确实是在不断地出现。我现在虽然考虑问题非常全面、慎重、周到，知道了作品的价值；但是另外一方面各种障碍也被我不断发现出来，我发现了这些障碍，就觉得自己解不开这个结，我就没有办法动手去做这个片子。

当时那个冲动是不考虑后面的这些困难环节的。我不评说前后两者孰优孰劣，但总觉得应永葆最初的创作活力。

我们这个电影小组还拍了其他的片子，有《京城散记》《工读生》《我们的地球》，等等。其中一个片子是《我毕业了》。它所用资金是我拍广告挣来的钱，大概三五万，机器是租的。

《我毕业了》是对88级的大学生们离校前的一段生活的描述，包括他们面临分手的时候所相互表达出来的情谊。有人评价《我毕业了》作为一个独立的片子在形式上更成熟，已经是独立完整的个人作品，说我对纪录片的艺术主张和艺术追求都淋漓尽致地体现在这个作品中。而《天安门》还带有很多从专题片形式脱胎而来的痕迹，从解说到结构，可以看出努力摆脱但没有摆脱的阴影。如果要谈我的个人创作经历，《我毕业了》同样是一个无法回避的作品。

我有个拍故事片的好朋友叫张元，他经常和我们在一起交流。他的故事片也有很深的纪录片痕迹。在看完我的片子之后他说，从来没有任何一个纪录片能那么感动他，让他痛哭流涕。我记录的这一批学生在经历了很大的风浪之后，世界观确实发生了变化，也因为有这样的成长经历之后，都有了自己的表达方式。当时做这个片子就是想让人哭。这个片子我用了一个夏天就把它做完了，不是为了参加电影节，只当是了却了自己的一个心愿。同时也是我对纪录片在纪实语言基础之上如何来渗透一些主观的表现方法的一种尝试。在此之前我的纪录片几乎都是纪实性的，而这个纪录片带有抒情色彩，也让我由此产生了一系列利用现实客观表述主观思想存在的思考。

在那么一个需要大家团结的时候，新纪录片主要是起到了一个推动作用，使北京搞纪录片的人聚拢在一起，彼此相互勉励。在纪录片的力量需要光大的时候，它起到了自己的作用。现在再也不会有人说纪录片“灰”了。在它“灰”的时候，好像“地下”感更强、民间色彩更浓。在官方媒体开放了以后，纪录片登上了大雅之堂，这种组织性的工作实际上就没有必要存在了。后来大家的发展也不太一致，各忙各的，各有各的忙，我也干上了《东方时空》，走上了为媒体服务的道路。当时真是恋恋不舍，没办法，纪录片虽是我的最爱，但电视节目我也有浓厚的兴趣，想法一大堆，也想实现，也想有属于自己的阵地，也不能老做制作了没法播的纪录片。但当我在《生活空间》看到蒋樾的时候，我还想笑话他，你又不是电视台的，犯得上吗？后来我发现，要不是蒋樾，那《讲述老百姓的故事》故事在哪儿，怎么个讲法，还（且）折腾呢。后来又有一些自己搞纪录片的人加入了《东方时空》，可以说少数人追求的新纪录片理念已经渗入到公共媒体，成为大众的，掀起了席卷90年代电视屏幕的纪实浪潮。在这场新纪录片运动中，起到先锋作用的，除了那些独立制片人，还有《望长城》（中央电视台）、《纪录片编辑室》（上海电视台）、《沙与海》（宁夏台、辽宁台）的作者们。

二、人生感悟

人生如甘蔗

石屹： 我最近看了一篇文章，上面说一个人真正辉煌的时候占他人生的5%，这话您认为对吗？

陈汉元：真正辉煌占5%？这怎么算出来的我不知道，我只知道人的一生犹如甘蔗。

石屹：人生如甘蔗，没有两头甜；有甜，就有平淡，是这样吗？

陈汉元：是这样的。最早长出的根部，那段结实得不得了，它是为了支撑整个主干的根基，它是咬不动的，也没有水出来，没法吃。顶部看上去挺鲜嫩，但是淡的，已经不甜了。只有当中这几节是最宝贵的，是真正甜的部分，但是就整个长度来讲，有糖分的、甜的，还是占主要部分。

石屹：能做个比较吗？和人比，您说它头上嫩是脆弱呢，还是有新鲜的东西出来了？

陈汉元：就是它的糖分越来越少了。

石屹：有营养的东西越来越少了？

陈汉元：几乎是没有营养了。

石屹：但是我不这样认为，我认为人年纪越大就越有经验，经验就是宝。您是从哪方面理解的呢？是从创作上，还是从经验上？

陈汉元：我是从实际贡献上和能量上来讲的，因为没有办法，脑细胞越来越少了嘛，大量地死亡。

石屹：但是不能要求自己一直都处于创作状态，年纪大了以后人积累的经验有时可能比创作更有价值。

陈汉元：就经验来讲，是这样子的。经验越来越成熟。就创造性来讲，肯定像甘蔗一样。

石屹：既然知道人生有不同的阶段，进行设计就能发挥出他最大的能量。让人在盛年的时候去创作，在经

陈汉元（后排左一）和黄继光的母亲、张思德的母亲合影

验最足的时候去管理、去指导创作，在年轻的时候去学习。

陈汉元：也可以。学习在青少年时期进行，因为那时候他像海绵一样吸收得快，理解力、记忆力都好。学习最重要的是要有几个力：

第一，要有注意力，在课堂上听课，注意听课和不注意听课的学生学习的效果是不一样的，注意力是第一位的。这和聪明、勤奋都没有关系。

第二，在学的过程中要有联系学过的知识的能力。

第三，要有想象力。联系和想象是不一样的。联系是和已知的东西、熟悉的东西联系起来。想象力就是比较新的了，可能是充满着胡思乱想，是对更多的未知东西的联想，在想的过程中会不由自主地插上联想的翅膀。

第四，经过前面三个阶段进入理解阶段，去理解正在学习的内容、实质和方方面面。结果最终落实在记忆上。我最恨自己的是记忆，其实我的理解力、想象力都不差，就是记不住。

石屹：您的记性够好的了，您对自己喜欢的都记得住。像歌词您不是都记得吗？

陈汉元：噢，这句说得特别对，对自己特别喜欢的我就强记。

我怕记不住，这里发挥一下。

我觉得一个人活得很短，短就短呗，还人生苦短。你脑子容量再大也是有限的，当然还有大部分没有开发出来。现在再回过头去讲刚才说的问题。

石屹：人生最重要的时间或转折点。

陈汉元：我年轻的时候学习、工作都很卖力，努力的方向有点抽象，目标不清晰，对自己长大了要干什么很糊涂，在那个氛围下，听党组织的安排就是了。

到了中年，工作“大显身手”的时候，真的是缺乏管理经验，怎么做？没有经验，很一般，比较平庸，没有创意，没有创新，更没有创业。这不是谦虚。

到了退休了，才想起来，哟，当初怎么不这样做呢？现在回过头来想，如果让我还去当权，还去管事的话，我肯定比那个时候管得好，招数更多，但是一切都过去了。

但是，就我自己目前来讲还没有糊涂，回过头来看看，对以前走过的路、做过的事，觉得相当大的部分是很可笑的，也不能重来了，就带着一种遗憾，化作一缕青烟，随风飘散。

石屹：您是艺术家的气质更浓一点，在谈话中表现出来更多的也是艺术家的气质，骨子里更像是艺术家。您刚才说甘蔗一个是糖分，一个是水分，糖分是指创造力，水分是指创作经验和管理经验是吧？

陈汉元：对。

艺术创作

石屹：您说过很多艺术家在创作的时候心中都有一个异性，我看到一些艺术家，像雕塑家罗丹、画家毕加索，他们在创作特别辉煌的时候也都属于这样的一个状态，包括我前一段时间看中央电视台第十套节目《人物》栏目中介绍和校院歌曲有关的人物宋柯、高晓松、老狼等人，当时他们为什么开始弹吉他、唱校园歌曲？就是为了吸引异性的注意，您的说法在这些人身上得到了印证，您自己其实就有艺术家的气质。

陈汉元：应该说我更感性一点。如果从文科和理科来讲，我可能更文科一点，如果说艺术和管理，我可能对艺术更喜欢、更靠拢一点，这是真的。因此我讲话理论色彩很淡，那种真正讲的艺术色彩比较浓，往往通过比喻去说明道理，有时候可能比喻得不恰当，有时候是一个比较深的道理，比较浅显地就和人家沟通了。

至于讲到弗洛伊德的学说，我挺信的，我不知道女性是怎么样，男的肯定是这样，除傻子以外。另一边的感觉就是一面镜子，可能还不只是镜子，她就会变成一种反弹的动力，也会成为一种能源，当然不能说就是她，只有她。就是她是很重要的一个组成部分，在诸个动力、美的元素当中她是占第一位的，占有巨大的比例。

石屹：在您的作品当中不一样的地方是您还挺大气的，好多地方还有祖国在我心中的感觉。这就是您不一样的地方。

陈汉元：20世纪70年代我去德国，在宾馆里面看到了冰箱是日本的，彩电是 SONY 的，等等，中国那时还没有这些。我当时在想：哎呀，有朝一日中国的这类产品也能在德国、法国、英国、美国的家庭里头出现，而且家庭主妇们要买彩电，就买中国的，那有多好啊！

过了若干年在德国举行的一次电子产品的评奖会上，海尔的冰箱被评为最佳，我当时就落泪了，我一个人在家里眼泪就止不住掉下来了，这就如同刚刚参加奥运会，国旗在那儿升起时，我在看电视，我要掉眼泪一样。并不是每次升旗都掉眼泪，比如田径类第一次在奥运会上拿金牌，这个成绩的取得是实实在在让中国人民感到扬眉吐气的。

也不是说我有多么爱国，但这几乎是接近本能的反应了。

就如同我上次给你唱的刀郎的歌一样，不知道这个世界到底有多大，但这里是我们永远的家。尽管这里还有点贫瘠，甚至有点肮脏，但是这里是我的家啊。

我这种情结还可以联系到 70 年代华国锋访问西欧，我走在马路上采访，那些老人就问：你们是日本人吗？我当时就特生气，说：中国人。我想中国那么大，人那么多，日本那么小，人那么少，跟中国比，怎么在遥远的地方只知道日本人，怎么不问问日本人，你们是中国人吗？我心里就很别扭，心里想迟早会出一个新词叫“华籍美人”，现在吃香的都是“美籍华人”，以后会涌现出大量的“华籍美人”。

有些人可能对我不太了解，以为我嘻嘻哈哈，心里那种政治的东西比较淡，但是国家、民族甚至于党这种大的概念，在我心里根是扎得特别的深。

至于对我们党里的一些领导干部的思路、做法、作风有意见，看不惯，那是另外一件事。

石屹：我是从您的作品中能看出您特别爱国。

陈汉元：写下来，写到那儿流露出来可能也是比较自然的一件事。

石屹：是内心情感的一种自然流露。

陈汉元：是情结。

石屹：您的作品有气魄，这也是您与众不同之处。您的眼界及文笔都很大气。一个人取得的成就首先要和他的心胸、眼界挂钩，然后才和他的才气相结合。光有才气、没有眼界和心胸也成不了大家。

陈汉元：你说的理论上是对的。具体到我，有你说的这个成分在里面。我在很多问题上不太计较，这也是真的。比如说升职了，受处分了，受歧视了，这些好多的东西，就像刘晓庆说的合适不合适，就像自己穿鞋子，好多东西别人体会不到，只有自己心里明白，只是这样的意思只能意会，不能言传，干脆不言传，传它干吗？然后又变成习惯不说这些，让人家看到我总是乐呵呵的，爱说笑话。我们是不是又跑题了？

人生是个过程

陈汉元：我越来越觉得人生是个过程，这个过程有长有短，各式各样，虽然不能说这个过程是恨你的人、讨厌你的人越来越多，但是可以肯定地讲，爱你的人越来越少。

因此简单概括地说，人的一生是个过程，也就是爱你的人越来越少的过程。不管是伟人，还是一般人，一般的平民百姓，概莫能外，我算是幸运的，这种感觉来得比较晚，我相信有很多人比我早得多就有这种感觉，我是指年龄。

关于这一点，活着的大多数人可能还没有意识到，但都有意无意为争得更多数量的爱、更高质量的爱、更长时间的爱而辛苦经营，这种行为可能是无意识的，有些人就很有意识，做得很出色，因此获取了很多很多。

这种爱不只是指爱情的爱，包括对你的重视，想起你，且还不说喜欢你，邀请你参加活动，直到经常会看护你，等等。不但不讨厌你，而且还时常惦记着你，就是我说的这样一个范围的爱，广泛的爱是越来越少。

所以，作为个体生命就不甘心这样，因此采取了多式多样的、丰富多彩的活动来延长被爱的时间，这个问题这两年不时地困扰着我，我对此有所顿悟，以这个心态看待自己、看待别人、看待这个世界。看好人做好事，看坏人做坏事，看野心家的心到底有多野，看损人利己的人为了延长、拥有更多的爱怎样不择手段，在分配上尽量争取更大的份额，我想以后就以此看待我周围各色人等，无所怨、无所恨，只能看着笑笑。但尚未到达“看天下万事但付一笑”的境界。

对于那些无意识地在做着保护自己、避免那个份额的减少、流失或者被剥夺的人而言，我以为，他这么做是人格的多样性和人的性格的多元化最终都落实在行为上，更加丰富多彩。

石屹：好的人更加丰富多彩，坏的人更加丑陋。

陈汉元：那也是多元，也属于丰富多彩。那个彩，就是脏的、黑的。

因此我就想到了社会、单位、工厂、企业、公司，好像都是同类有意无意为争夺份额展开各式各样的活动，这就叫竞争。社会、人与人之间之所以不太平，可能就是这个份额分配的不均、不公平、不公正、反差太大，所以就出现风浪，乃至有口水战、武力斗和战争。其中包括情感生活，于是出现仇杀、情杀。

我想到这些，实际上还是我的习惯造成的，看节目、评比，老在想这事，你可以完全不同意我的观点，将来从你的文章中大家可以看到一个比较真实的陈汉元。

还有他的小聪明之处，有他善良的基本的一面，基本的是善良，说话比较算数，比较诚恳；但是也有另一面，虽然他嘴上说不要浮躁，其实有时对学术问题也会显得浮躁。

比如写东西，写完了自己看看不太满足，还是有比较大的改善、改进的余地，如果让另外的人看一眼，觉得不错，我就过去了，不是对所有的作品都精益求精。

还有一个对并不懂的事情不求甚解，现在老了坐在这儿反省，这辈子吃亏就吃在不求甚解。那个例子太多太多，就不用举了。

石屹：您说爱越来越少，那留在最后的是质量最高的吧？

陈汉元：那是。

石屹：在当中的很多爱，可能不是真爱吧？

陈汉元：也可能不是真的，也可能是即兴的。

石屹：有些爱是受到一些您外在的东西，或者是环境上的东西，或者是利益方面上的爱，然而，最终的这种爱才是本质上的爱，是吧？

陈汉元：对，没错。

石屹：如果认识到这一点的话，也挺好。也不会有失落感了。

陈汉元：自己应该主动认识到最后你被这个世界所抛弃，这是应当的，不用悲观。

石屹：您说的这个问题对我是一个启发。

陈汉元：初听起来这个观点不太好接受。

石屹：其实想想也是这么回事，只是没有人去这样想。

陈汉元：所以我说个体生命，包括其他机构、社会、国家展开的一切活动，不是无意识的，都是为了去争得那份更大的或者说更高质量的、更长时间的、更多数量的被爱，有意无意地进行着。

但是这种来自四面八方的爱真实性有多少？含金量有多高？这另说。咱们今天的讨论已不是纪录片问题了。

石屹：是人性问题了。

陈汉元：哲学上没人说这个事。

石屹：这是人生感悟。

我还想插入一句，您说艺术家创作的时候心中都有一个异性，《话说长江》《话说运河》创作时是受到谁的鼓舞？

陈汉元：那是长期所受的文化熏陶、政治理念，等等，潜移默化的影响，与这些有关系。

所以说世间的万物啊，就是这样矛盾。

一个人活着，一辈子你甭想只有欢乐，没有悲哀，不可能，肯定是悲哀像影子一样跟随着你，陪伴着你，是欢乐在前，悲哀在后，不可能只有欢乐没有悲哀。

因此，我写过一首歌，歌词是：

> 生命是一首歌，
> 一首什么也挡不住的歌，
> 好比太阳升起，
> 好比星辰坠落。
> 大海升向天空，（经过蒸发）

雨水落入江河。（变成雨雪，这是轮回的）
它不属于悲哀，
也不属于欢乐，
悲哀永远陪伴欢乐……

然而，肯定有一点，好死不如赖活着。

因此那么多的人，尽管吃透了苦头，尤其到老了，还不愿意马上死去，活着一定是乐趣占了百分之五十点几。

石屹：只有那么一点点？几乎是对半分。

陈汉元：那也得活着。

石屹：这段人生感悟，您谈得挺投入的。

陈汉元：我也觉得我今天谈得挺放得开的。不是纯粹的业务就完了。

读书与人生

陈汉元：我昨天想到，这次采访统统说完，我再谈个总的感悟。

我怕忘了，我把要点跟你说一下。

1986年，陈汉元（左四）应美国新闻总署之邀访美

石屹：谈总的人生感悟？

陈汉元：是。

第一，由于小时候家里穷，没有很好地读书。再加上后来进了城，上学、当学生干部，也没有工夫。于是，我深深地感到，读书太少，这是实话，很多地方在讨论的时候，我往往不发言，原因就是跟不上趟儿。这是一个；另外一个没有好好学外语，因此不能直接地、更多地分享人类的精神文明成果。

这两个加在一起，就觉得今天来谈很多问题的时候，显得很浅、很薄。这和谦虚不谦虚没关系，是实事求是地来说自己，不要吹牛。

有时候开会不发言，沉默。说沉默是金，其实因为插不上话，说不上话，挂不上钩。不是“金”，而是不得已，是犯晕。因为这些，在阳光卫视开高层管理人员会议时，大家都用英语发言，我只能像傻子似的坐着，留下了太多的遗憾。

我现在回过头来说，我还是比较勤于观察、勤于思考，靠这个勤于观察、思考，来弥补自己读书不足的缺憾。

三、转折点

石屹：《望长城》开播的时候您写了一段话[①]。是吧？

陈汉元：对，宣传品。《望长城》的调是我定的。里程碑实际上是技术上的两大突破。一个是长镜头的运用；一个就是同期声的运用。所谓出现的“跟腚派”就是从这里开始的。你走到哪儿，我就拍到哪儿，然后剪辑有用的。

石屹：为什么您会写这样一段话？我感觉这段文字内容非常多，涵盖面也非常广，看了以后，一两句话不能直接说清楚它要表达的意思，但是知道您是在抒怀，表达一种抱负，而且还感慨万千。其中，涵盖的信息跨越上下几千年，而这段文字只有五百多字。

① 指本书第二章第三节中提到的陈汉元为《望长城》写下的精彩文字。

陈汉元：说到这个问题，扯开了，就要讲到城墙了。讲到城墙，首先会想到长城。长城也不是秦始皇一人下了一道命令就造的。那也是几代帝王断断续续、一段一段造起来的。

特别反映造长城的心理是为了什么？最有代表性、最生动、最能具体说明问题的是西安的城墙。它有五层，有内廓，有外廓，就像中国帝王的棺材。造城墙就是防止人家打进来。这是最核心的问题——防止人家侵略。是不是？

石屹：嗯。

陈汉元：把敌人、强盗、来犯者堵在外面。做墙的目的主要是这个。反过来也是这些主人们内心虚弱的证明，更没有想打出去的诉求了。

石屹：造城墙光是想不要人家进来，没有想着自己出去？

陈汉元：哎，没有这种雄心壮志，绝没有那种要走向世界的想法。

西方的那些列强打到中国来，要把中国瓜分了。而我们炎黄后代就没有这种想法。有一个祖先，闹得很凶猛，那不是汉人，他是蒙古人。

石屹：成吉思汗。

陈汉元：对，汉人就没有这么干过。他的思路就是造一层城墙不够，就再造一层，一层一层地造五层。不仅是不想让别人进来，也是不想出去。

石屹：您这段写得挺好的，我给您念念。（见本书第二章第三节）

陈汉元：这一段，听你这么一念，一提醒，还真觉得当时写得不错。现在可能都写不出来了。

石屹：我认为这是一个特别有创造力的大手笔，真的。

国外见闻

陈汉元：接到了你的问题（采访提纲）以后，我就在想，不仅想到了长安，还想到了白宫。

石屹：想到了白宫？

陈汉元：嗯。白宫尽管它有围墙，有铁栏杆，人们是看得见的。那里经常开新闻发布会。这可不是故宫的围墙。

我也想到了唐宁街 10 号，我去过。美国的白宫也去过。

1979 年，陈汉元（左一）为华国锋主席访问欧洲打前站。图为在法国巴黎埃菲尔铁塔下合影。中为凌云，右为李壮

唐宁街，你从电视上看，它只是小街里、胡同里的一个门，是吧？里面怎么样不知道，但是它起码不是城墙，就是普通街道的墙壁。

后来我又想到了我在 1975 年去南斯拉夫，让我特别震撼。一幢大楼，像香港的维多利亚港边上的一幢楼，是像啤酒瓶一样倒过来，是上面大，底下小。

它的周围是一片草坪。

草坪上有几辆婴儿车，婴儿在草坪上爬，妈妈坐在草坪边上看，和煦的阳光下，多宁静，多祥和啊！

哎呀，怎么那么好看！

这个楼那么怪，这是什么楼？人家说这是他们的党中央大楼。

哎呀，当时心里头就翻江倒海地想问题，想什么？咱们就不说了，就觉得党中央的大楼怎么就没有围墙？连普通的栏杆也没有，更不用说铁丝网了。

哎呀，感慨万千！

石屹：这个感慨是在 1988 年前发的吧？

陈汉元：对。1975 年就发了。

1986年11月8日，陈汉元（左二）在布鲁塞尔

采访意大利总统

1980年9月19日，陈汉元对来我国访问的意大利总统佩尔蒂尼进行了电视采访，同年10月17日，对来我国访问的法国总统吉斯卡尔·德斯坦进行了采访。对意大利总统的采访对我国年轻的电视工作者影响很大，为后来中央电视台《东方时空》栏目主持人风格的确立打下了基础。

这两次采访，陈汉元事先做了充分准备，在此基础上拟定了采访提纲。

陈汉元在1994年北京广播学院出版社出版的《水淋淋的太阳》一书中谈及了这两次采访他所做的准备，大致涉及五个大的方面：

1.外交部提供的与此次来访有关的各种背景材料，得知两国的冷热程度，彼国的基本国情和历史，包括各政党的状况，奉行的国内外政策的变迁，与我国各方面往来的发展情况（经济、文化、军事），与我国对国际事务的异同点，此次会谈的中心问题，总统个人的经历及其突出成就和特点……

2.翻阅原先本人（陈汉元）访问这两个国家时所见所闻的笔记，以便在脑子里再次浮现许许多多有用的感性知识和印象。

3. 看世界史书，记住对象国历史上著名的重大事件，并且着重翻阅《拿破仑传》的某些章节。

4. 看对象国的地图，牢记其重要城市的名称和毗邻国的名称和方位。

5. 熟悉对象国的国旗、国歌。

在了解了上述相关问题之后，陈汉元事先写出了要提出问题的提纲，他从观众的角度，提出人们普遍关心的问题，问题的设置尽可能具体，避免提笼统、不着边际的问题。

他认为成败在于事先的准备。

我们从陈汉元的现场提问可以看出，他根据不同的采访对象，拟出了完全不同的采访方案和发问方式，这些对今天从事新闻和纪录片创作的人员及高校的学生而言，都是实务操作方面学习的好范本。

在正式采访时，陈汉元对意大利总统佩尔蒂尼提出了以下八个问题①：

1. 你是意大利著名的反法西斯斗争的老战士；1946 年意大利共和国诞生后，您当过议长；现在又是意大利共和国的总统。

在历史的长河里，五六十年只是一刹那，可是对一个人来说，五六十年是一个漫长的里程了。您奋斗了五六十年了，是什么力量促使您坚持不懈地奋斗呢？换句话说，您的理想是什么？

2. 我们知道，在您当议长期间，以及担任总统之后，您深受意大利民众的尊敬，在您和记者讨论这个问题的时候，您曾说："因为是他们当中的一员。"我想请您稍微详细地解释一下这句话。

3. 在世界古代史上，以及在现代生活中，往往有这样的事：一个人，当他还是一名普通战士以及后来还只是一个小官的时候，他和民众的关系不错；但是，当他一旦成了要人，他同老百姓的关系就不如从前了。我不是说人人如此，也不是要求这些身居要职的人天天与老百姓一起吃饭、一同干活。老百姓也不是这样要求。在您看来，应该怎样做才能使身居要职的人与老百姓保持比较密切的关系？

4. 您从事政治斗争和国务活动五六十年，您夫人对您的活动抱什么态度？

---

①　《水淋淋的太阳》，陈汉元著，北京广播学院出版社 1994 年版。

她在这些活动中起什么作用？

5. 据报道，您于 1978 年 7 月 29 日曾经回故乡探望乡亲和老战友，作为一位总统，这样的活动也是一种视察。但是据说，是您自己掏钱买来回飞机票，而且没有带警卫人员，您这样做，是出于什么样的考虑呢？

6. 一个人活着，总是有人和他友好，也有人和他不太好，这是常事。一般来讲，倒也没有什么危险可言。可是，对于一个政治家或者领导人来说，他总是面对三种人：拥护他的，反对他的，甚至还有要杀害他的。您有不少时间在总统府之外进行活动，有时还不带警卫人员，您对自己的安全感是怎样考虑的？

7. 刚才，您多次提到，您的夫人和您本人都不愿意您出任总统。这是一个很有意思的问题，因为众所周知，在有些国家，有些人不知要花多少财力来竞选总统，甚至为了这个至高无上的宝座而在背后相互打得你死我活，而您却不是这样，您能否就此谈谈您本人和您夫人的想法呢？

8. 最后一个问题是：据说，您的夫人是从来不以总统夫人的身份陪同您出访的，但这是一次例外。她到中国来了，和您一起来了，到底是为了什么呢？

访问奥地利萨尔茨堡

在正式采访时，陈汉元对法国总统德斯坦提出了以下几个问题：

1. 总统阁下：您是 10 月 15 日到达北京的，今天是第三天了。您是否可以对第一阶段的访问做一个评价，尤其对中法友好关系的前景发表您的见解？假如时间允许，我要问其他几个问题。

2. 总统阁下：1962 年，在您三十六岁那一年，您就担任法国的财政部部长，长达 10 年之久，在您任职期间，解决了连续 36 年的财政赤字，被誉为法国最有声望的财经专家。在那些年里，您采取的主要方法和措施是什么？

3. 总统阁下：法国青年一代最关心的是什么问题？您打算创造怎样的条件来实现他们的愿望？

在刚经历了“四人帮”时期的“假、大、空”后不久，陈汉元在代表中央电视台的专访中，提出了这样务实的问题，他的观念是超前于时代的。

陈汉元：到了 1980 年，意大利总统访华，上面决定我去采访他。我给他提了八九个问题，其中第六个问题是这样问的：我们都知道，在意大利有一个红色旅，恐怖活动很多，您作为意大利的总统，肯定是恐怖活动的主要对象，但是您常常不带保镖，自己上街，甚至还到广场上散步，那您就不考虑个人的安危吗？

底下还有一句。我说在另外一方，有些人、有些官员，不但不敢这么做，而且坐了防弹车，还要把窗帘拉上，不让人家看见里面坐的是什么人。您为什么不坐车，弃车而步行呢？难道您就不怕人家杀您吗？

他回答我的问题都很精彩，他说：我已经八十多岁了，我的保镖肯定都只有二十多岁，怎么能保证恐怖分子的枪法就那么准，打的就是我这个老头，而不是二十多岁的保镖？作为个体生命是同样宝贵的，甚至于说，他比我年轻，他的生命比我更宝贵，怎能忍心让他死去？更何况我还有这样一个心理，我不希望自己安安稳稳地死在床上，而应该像战士一样离去。

你看，人家的回答。

石屹：有一种境界。

思　考

陈汉元：我刚才讲长城、城墙，回过头来讲意大利总统。这里头你琢磨琢磨，思想体系里面有一个东西在那儿作怪，是通的、一贯的。

只是呢，我这个老头本身还是比较软弱，没有胆量那么明火执仗地喊出来。

很多理想、抱负都在自己写的东西里面，很隐晦地把它掩埋在字里行间。

我到现在也没有想明白，我们的祖先最公开的心理，我就是堵了你们，不让你们进来，就是为了设置最大的障碍，你们甭想进来。这是最简单最公开的心理，这也不是当时一下子，是摆在那儿几千年了。

我的心里挺矛盾、挺苦恼的，长城费了那么大的牛劲，死了那么多的人，没有因为长城而使国力增强，肯定是因为造长城国力大大削弱。因为要花那么大的资金、劳力、物力，但是它的结果又带来了多大的作用呢？

石屹：它有一个地方是起到作用了。最近听清朝史，袁崇焕在山海关造的长城就堵住了清军的进攻。这是崇祯那个朝代的事。

1976年，陈汉元（左一）在南斯拉夫访问农户

陈汉元：这个我知道。但是，从总体上来讲，永远堵不住。到现在就更堵不住了，长城就没用了。

我到现在也没有搞清楚，其实长城现在成为我们友谊、交流的平台，确实是我们宣传的结果，也有大家想来看看这个工程的因素。太了不起了，在那种科学技术不发达的情况下，怎么会垒出了那么高的长城？

它必须高出来，运河必须往低处挖，对不对？多么艰难，把那些石头搬上去。

石屹：现在是世界第七大奇迹。

陈汉元：所以大家是抱着这种崇敬心情看这个工程，看这个技术。但是，如果他们有思想的话，肯定会诅咒出主意的人。

石屹：现在我也能感觉到您当时内心很复杂，难以言表。

陈汉元：嗯。我自己心里又很痛苦、很矛盾。就是说长城也罢，十三陵也罢，秦始皇墓也罢，包括兵马俑，如果不是极端的专制，帝王比狼还狠的心，下的命令，把他的意志转化为行动。如果不是这样，那后人，几千年后的后人，外国人的后人，怎么能够欣赏到几千年以前的文化成果呢？那种物质文明、物质文化的结晶，让几千年后的人去分享几千年前帝王的那种享受呢？去分享他们的成果。

哎，从这方面讲，这些暴君，一方面要受到鞭笞；另外一方面还要对他们带着几分感激之情。

你说复杂不复杂？

石屹：没有这样的残酷，也就没有了这样的建筑。

难以言表的心情

石屹：《望长城》开播时您写的这段话是您人生的一个阶段性的感悟吗？

陈汉元：是。

石屹：也是您情绪的一种爆发，是吧？

陈汉元：是这样。在这之前没少出国，访问了不少国家，从天空看到了外国的地理、地貌，从地面上看到了他们的风土人情。在他们的办公室里、

沉思

车间里感觉到了他们那种智慧和纪律。

回来肯定要产生一种对比，思前想后，就把个人的东西升华为对民族、对国家、对人类的一种思考、一种感叹和感慨，也对电视这个团队应该做出特别像样东西的一种期盼吧。

又充满着信心，又很难说，带着几分苦闷，内心很复杂。

石屹：您当时写这段文字时，还是制片人吗？制片人给您拿掉没有？

陈汉元：拿掉了，管理权已经没有了。但是，最后又安上了。后来，外地有些单位制作电视剧，打出“总策划：陈汉元”的字幕，其实，我压根儿没参与。

时代变了。我肯定绝对不计较。我是懵懵懂懂的，现在走在大街上，连电话也不会打，银行取钱的卡也不会刷，都不会。看人家的纪录片或电视片，有时候还看不懂。

然后就反思，是它没说清楚，还是自己没跟上趟儿。多半归结为自己跟不上。

石屹：刚才您说到国外看了很多，从而阐发了联想。

陈汉元：其中也包含对民族，对国民性，一种讲不清楚的愤慨和期盼。

石屹：您写这段文字时，看了《望长城》吗？

陈汉元：看了一部分了。

石屹：有没有把作品里反映的内容表达在这段文字里？这段文字有没有受到《望长城》的影响？

陈汉元：也有。

石屹：是哪方面的影响？

陈汉元：《望长城》拍得还真是镜头对着老百姓的，这一带，凭良心说还是比较贫瘠、落后，生活在这片土地上的人啊，我觉得他们的精神也比较荒凉。就像侯德健他们写的那首歌，叫《信天游》，里面有一句是：过去的岁月，一切都没有改变，一切都没有改变。

石屹：您看了一切都没有改变，是什么心情？

陈汉元：心里挺难过的。

石屹：所以，这里面有很多东西都是借古人抒怀，没有正面地去述说，是吧？

陈汉元：这段文字挺漂亮，挺有内涵，内心应该说是挺苦闷的。

石屹：我没听您这段解释之前，看这段文字时，更多的是和《望长城》联系在一起，我得到的是阳光的多一点，可是听了您的解释，感觉您感伤的成分多一些。

陈汉元：正是有了这种感慨，你就感觉出来了，我欣赏、希望、期盼“海洋文明”，希望中国早日走向世界。

第四章

风流才俊

一梦做了五千年

电视剧《海瑞》（1999）片头曲

作词：陈汉元

作曲：李海鹰

演唱：韦唯

一梦做了五千年，
呼你唤你，栏杆拍遍。
感觉到你的气息，
不见你的脸，
总是风雨天。
莫笑我痴情执迷，
有道是，
爱到深处好恨好可怜。
但愿梦醒时，
你在我身边。

一、人生际遇

20 世纪 90 年代以后，陈汉元的文风和创作《话说运河》时相比已有了很大的不同。在经过多年的思考与探寻之后，2000 年他又为纪录片《拯救黄河》《雁荡山》写了解说词，从本书附录中的文字可以看出，他的解说词依然激情荡漾，文采飞扬，充满感情，但是多了一些深沉和思考。

苦涩的心情

石屹：1991 年《望长城》开播了，在这时候您去做了纪学会会长，当时是怎样的一种情况？为什么在这时候做了会长？

1986 年，做客日本电视东京（即 12 频道）。前排中为中央电视台副台长陈汉元

陈汉元：我记得很清楚，1989 年 9 月，我被送到中央党校学习，去学习了一个学期，四五个月吧。算是高级干部学习班，学党史、哲学、政治经济学，等等，挺有趣的。我还学得特别卖力，自己还扩大了学习的领域，专门进修美学及管理学。我想回来要好好地干，尽量使管理有现代化的色彩。

应该说这是在提高觉悟吧，按照常规、按照过去的惯例进党校都是要提拔的，唯独我是提高了觉悟，免去了职务。

石屹：去的时候不知道，回来以后才知道？

陈汉元：党校回来以后，过春节。春节过后上班第五天我正在感冒发高烧，就开会，发了一个文件，这个文件听说还发到了全国广电系统，内容是：因工作需要免去陈汉元同志副台长的职务，保留分党组成员资格。同时任命我为中日合资的梅地亚中心副总经理。

当时，中宣部有一个小组在搞形势教育，做一些录像带，有一个编辑部，我就去做了这些教育材料的总编导。《云下边的山》那些不多的歌曲都是这些教育材料的主题歌。

石屹：《云下边的山》是什么片子，是专题片还是纪录片？

陈汉元：挺好的专题片。是为纪念辛亥革命80周年而做的。片长90分钟。

还有一个《莫忘八·二九》。讲鸦片战争后的《南京条约》。莫忘国耻，就是那一类。第三个专题片名叫《九·一八》，为纪念“九·一八事变”60周年而作。以上三个片子的稿子都是我写的，我是总撰稿。

梅地亚中心副总经理

石屹：后来您怎么去做了纪学会主席的呢？

陈汉元：1990年、1991年，一年半的时间，我名片上的头衔是：梅地亚中心副总经理。

可是，我没去当。

石屹：那您在做什么？

陈汉元：就在制作以上说的那几部专题片呀！

我不吹牛，我有个道理，就是说要我干，我想干，放我在那个位置上，我一定会干好。如果分配我打扫厕所，我一定打扫得让人家闻着没有臭味；叫我打扫房间，不管是地板还是桌面，我一定把它搞得干干净净。尽量不要让比较刁的人把手伸到桌子的后面去，一摸一片黑，我一定让他后面摸了也摸不出灰尘。

我的性格当中，有那么一种较劲的东西。所以，如果我真的上任了，我也相信我会是中外合资饭店的一个不错的老板。

石屹：那您的人生就是另外一种样子了。

陈汉元：对，那我就穿着西服，打着领带。

石屹：也没有纪录片会长了。

陈汉元：这都不会当了。偶尔可能写点关于饭店管理的小文章登在报上。

我当时就住在中央电视台大楼后面的宿舍，梅地亚也在中央电视台大楼的后面。当时梅地亚生意很不好。

看看梅地亚要叫我去当副总经理，我自己也发了几番感慨。

梅地亚的董事长是个日本人，也住在这个院里，我就比较夸张地写道：

梅地亚啊，
白天看没有一个人，
晚上看不见一盏灯，
礼拜天我仔仔细细地看，
终于发现了两个人，
一个是日方的董事长，
一个是他的老夫人。

石屹：这是一首打油诗。

陈汉元：当时，让我去这样的单位当头儿，你说那心里是多么的凄凉。

但现在很红火。每天都爆满，而且由三星级变成四星级。而这时候呢，不要说中央电视台，全国各地都要拍专题片、纪录片，还风起云涌。是什么原因？我没有去想它。这个时间好多片子都在酝酿，准备拍摄。包括《望长城》也是这期间拍的。

当纪学会会长

陈汉元：当时夏骏等人联络了几个老同志，像广院的老师矫广礼，等等，说咱们能否联合起来搞一个民间的组织，为纪录片的发展开展活动？

这事跟电视台的副台长阮若琳等人商量，他们也很赞成，于是他们就开了一个预备会，几个人凑在一起，把我叫上。我记得当时在场有十几个人，大家说，总得有个组织形式吧，叫什么名字好呢？最后说我们旗帜鲜明地、也避免麻烦，就叫纪录片学术委员会，专门研究学术问题，使热爱纪录片创作的人可以有一个地方说说话，有一个联络的枢纽，于是就推选了几个人当理事，推选我当会长。

我说我不做，我已经被调走了，已被任命为中国电视剧制作中心的副主任。

石屹：夏骏以后做什么去了？他还从事纪录片创作吗？

陈汉元：现在他自己成立了两个公司在当老板，经常还搞一些纪录片创作。

石屹：没有看到他的作品啊。

陈汉元：对，也没有公开发行。有些也没有搞成。比如说他去国务院扶贫办拍了全国的被扶贫的贫困县，哎呀，这对他来说早晚是一笔巨大的财富。

石屹：我去过全国最穷的木垒县。我能够想象出他应该能拍出很多东西。

陈汉元：全国所有的扶贫县他都去了。

石屹：那有二百多个。

陈汉元：当然有些多点，有些少点，他都拍了。这些材料我相信他一定会拥有。这是国务院扶贫办出钱让他拍的，还不是中央电视台的节目。

石屹：他当时是用什么材料拍的？如果是磁带就失效了。

陈汉元：不知道。他肯定要高度注意这个问题去加以保管呗。

他后来又拍了一个专门讲上海的。是受上海市委委托拍的。当时好像还是黄菊在上海当领导。也是一个大系列的片子。

第三个作品播出了，但是没有产生很大影响。叫《居住改变中国》，这是一部思想性非常强的作品。有十多集，我也是顾问或者是策划，忘了，中国房产界的巨头都是编委，它讲的是住房问题，涉及了许多问题。实际上，深层次地去想现在的干部、党员，好多人都拥有了房子，那他们就已经不是无产阶级了，是有产阶级了，不能说还是无产阶级的政党，政党中的很多成员、要员都是有产阶级。

它有很多正面的东西阐述，本来是一个不太讲诚信的社会，由于房子要贷款、按揭，你就必须讲诚信是吧。到时候还得还款。

还有这个社会是熟人社会，由于有居住的改变，那么多的小区成立，就成为陌生人的社会。那就涉及社会的管理问题，这里又涉及原来是家委会、居委会，现在是产业业主委员会，等等。它探讨的不只是住房问题，是挖掘由住房引起的一切社会经济、政治、人际、道德，等等，挺有意思的一个片子。

人生的另一种选择

陈汉元：那段时间，我到电视剧制作中心做电视剧去了。我一搞电视剧，马上来了精神，兴奋不已。这里涉及当年提拔我的一个老台长，叫王枫。他挺替我着想的，说，你一直搞业务，并且在业务上也有建树、有经验，一下子离开电视去搞经营，对你来说也是勉为其难，最好还是发挥你的作用，不要离开这个“电”字，不要离开电视。

因此就安排我到电视剧制作中心给张天民同志当助手。

石屹：张天民当时是——

陈汉元：他是主任。他就是电影《创业》的编剧。

但是，他病很重，我在那儿干了五六年，他头半年偶尔来一次，后来不来了，他身体不行，挂着名，他和我都是中央电视台分党组成员，都是最高决策组的成员。

陈汉元（右二）在中国电视剧制作中心与导演杨阳（左二）、演员在一起说戏

但是他这一摊就基本上交给了我。我在那儿经营了，在那儿管理了，我就成那一摊的法人了。

什么都得管，因为有五百来号人嘛。

就在那种情况下，不要离开电视，大家发起成立纪录片学术委员会。

然后就到民政部去申请成立这个组织，这个组织后来就并入到中国电视艺术家协会，成为它的一个分支。它有很多委员会，理论研究委员会、广告委员会等，我们这个叫纪录片学术委员会，叫学术委员会的就我们一家。就是这么一个过程。

石屹：等于是从无到有，您是创始人了。

陈汉元：之一。

石屹：纪录片发展到现在，组织机构已经很健全了。有理事、秘书长、副秘书长，还开始评奖，开学术研讨会、开网站、出书、出刊物。这都是您在的时候发展起来的。这给中国电视纪录片开展学术交流活动建立了一个好的平台，为纪录片事业的发展打下了好的基础。很多业内人士可以依托这个组织切磋交流，发展业务。

陈汉元：它起码的作用也是一个联谊会，还可以互相交流，不只是创作经验方面的交流，因为有了委员会，展开了一些评比，还开年会，开年会的时候有时能来好几百人，大家都云集到一个地方，就在那儿宣读评比结果，观看主要获奖作品，对此展开讨论，与此同时，纪录片同仁还借此机会互相认识，平时你在山东，我在云南，我还要跑你那儿去，你还要

1999 年，陈汉元（左三）在电视纪录片研讨会上

跑我这儿来，不可能的。

有了这样一个聚会的机会，大家增进了相互的了解，进行业务交流，成了一个综合交流的平台。

大家有时对它也不满意，有这个机构吧，也确实带来了一些好处。

石屹：带来了很多好处，我第一次去是在华东大酒店，那是 1995 年，应该是第三届吧。当时我并不知道学会成立不久，我感觉已经很成熟了，来自全国的学者、纪录片人都来参加这个会，像钟大年、任远、王海兵、高峰等学者、编导，来的人很多。

您当会长时拿工资吗？

陈汉元：没有。

石屹：这个学会是民间组织，任何人为它工作都不拿薪水是吧？现在也还都是义务做吗？

陈汉元：现在有一点补贴在里面。

因为从四面八方来开会不是挺远的嘛。

石屹：每天都在那儿的工作人员是专职的吧？

陈汉元：专职的。那也是叫补贴不叫工资。

石屹：工作人员专门做这项工作，能养活自己吗？

陈汉元：比较艰难地在运作着，他们都是兼职的，或者是退下来的。

“老爷子”的称谓

石屹：我看资料好像很早就有人叫您“老爷子”了，是谁第一个叫的呢？多大年纪开始叫“老爷子”了？

陈汉元：好像是 1986 年，后来就传开了。其实当时我年纪并不大，五十多岁吧。当时人们是当作一种爱称来叫的。后来有一点黑老大的味道，再到后来就有一点一个大家族里的真正老年人了。

石屹：您觉得哪一个阶段是“黑社会”老大呢？

陈汉元：那是比较疯狂的年代，作品比较多，经常开会、聚集，经常有不少人簇拥着。如果穿个风衣，戴个墨镜，啊……

二、歌词创作

陈汉元从 20 世纪 90 年代初开始歌词写作，目前面世的歌词有 48 首。陈汉元对歌词创作的认识是：歌词首先要让人一听就懂；其次要朗朗上口。他说，歌词不能太抽象，越形象，画面感越好，这也是他在歌词创作方面的美学追求。

陈汉元写的歌词，追求、向往的是一种对人生的感悟。

陈汉元为电视剧写过的主题歌代表作品有：《唐明皇》2 首、《武则天》1 首、《浦江叙事》3 首、《梦醒五棵柳》2 首、《都市亲情》1 首、《昨夜长风》1 首、《香港的故事》1 首、《潘汉年》1 首、《青春之歌》1 首、《雷雨》1 首、《嫂子》1 首、《海瑞》2 首。

这些电视剧不仅是由国内当红导演执导，而且由陈汉元创作的电视剧主题歌也大都是由一线红歌星演唱，他们比较好地传达了词作者想要表达的内涵。

除电视剧外，陈汉元还为纪录片配写过多首歌词。

为 2008 年奥运会写的歌《爱是圆的心》还获了奖。

最初的歌写给专题片

石屹：您写的第一首歌是什么？您开始接触写歌是什么时候？

陈汉元：这个问题问得好。是《莫忘八·二九》。

石屹：它是第一首？是 1990 年开始写歌的？

陈汉元：嗯，1990 年写的。

石屹：您开始编辑专题的时候就开始写歌词？是您主动写的，还是安排您写的？

陈汉元：安排我写的。希望作品里有一首歌。

石屹：然后就开始写歌了。这反而开发了您这方面的能量。

陈汉元：嗯，我这个小煤窑也被开发了。

《一生都给你》的台前幕后

陈汉元： 我写的那首歌《一生都给你》说过吧？

石屹： 没有。

陈汉元： 是电视剧《雷雨》的主题歌，李少红叫我写的，是台湾的蔡琴唱的。我当时是以蘩漪的心情和她所代表的女性对爱情、对婚姻的渴望来写的。她的终极目标是很传统的，希望能嫁到这么一个人，然后和他白头到老。可是她没找到，你看这个戏，不但没找到，她被父子两代人都给耍了。我是从正面去写的，歌名就叫《一生都给你》（见本书的引子部分）。

这个电视剧播了以后，有不少观众来信，其中还提到了这首歌，有人问：作者是不是一个很不幸的女人？当然没想到是个老头，要不然怎么会写出这样的一首歌词。但是有一天我碰到一个女人，她说，陈老师，蔡琴唱的那首歌总的观点我不同意，她说，凭什么一个女人的一生就给一个男人？

我愣了一下，这真像是崔健说的，我不是不明白，是这个世界变化太快了。

我没有解释，就说你说得挺有意思。

石屹： 这是您内心的独白，是对情感的一种表达。

陈汉元： 这是对情感最高归宿的一种追求。

我给《雷雨》写的《一生都给你》，当时戏拍完了，歌也录完了，就一起吃了一次饭。蔡琴特地从台湾过来，给她留的位子正好在我边上，她一走进来就指着我说，这位老先生大概就是歌词的作者吧？

经过介绍以后，她说：陈先生我太感谢你了，我觉得这首歌就是为我而写的，写的就是我。

有一年在北京首体举行了一场蔡琴演唱会，可能是前年（2004）吧，我也去了，在结束的时候，观众鼓掌让她再唱，蔡琴说观众朋友，我再唱最后一首，这歌我没有带伴奏带，伴奏的乐队也没有谱，我只能清唱，叫《一生都给你》。她说，这个电视剧有两首歌，我更喜欢这一首，现在我就清唱。

唱得全场鸦雀无声，一个字一个字都听得很清楚，一方面展示了她的演唱技巧，同时就感觉到她太投入了，唱得特别感人，听起来好像有一点封建时代封建女人的追求，表达了那个时代女人对婚姻的期盼。

我再说另一首也是讲情感的电视剧的歌《漏雨的小屋》。

漏雨的小屋

电视剧《都市亲情》主题歌

词：陈汉元

在这都市的深处，

有一座漏雨的小屋。

不知尝了多少苦，

你我不弃这小屋。

如今你已悄悄离我而去，

望着你的背影我没有哭，

不是我不在乎，

不是你太糊涂，

是人生有太多太多三岔路。

我知道我不能永远把你留住，

因为我就是一座漏雨的小屋。

小屋还在漏雨，

不知你在何处？！

陈汉元：这是一种淡淡的、淡淡的情感，是给都市言情剧《都市亲情》写的主题歌。可能是那英唱的，我忘记了。

为《海瑞》写的主题歌，海青天所期盼的是一种非常理想的清明的社会，今天来讲就是一种理想的体制吧。

在中国社会这种理想的体制好多个阶段都有可能出现，但是后来都被摧毁了，我就是为了表达这种心情，写了不长的一首主题歌词，叫《一梦做了五千年》（见本章开篇）。我写得不少了。

石屹：这些歌词 1994 年出版的《水淋淋的太阳》书里没有吗？

陈汉元：书里没有，书里都是我初期的作品。

我写的都没有收集起来，觉得可以的就背下来，有些就糊里糊涂不知哪儿去了。

刚才这一首，我自己觉得写得还是可以的，它不是流行歌曲。

石屹：很有内涵。

陈汉元：有想法的人就会觉得这个歌有想法。我又跑题了。

《自有人评说》歌词的由来

陈汉元为 30 集电视剧《武则天》写的主题歌歌词《自有人评说》，摒弃了对武则天的直接评论，而以“做人”这一人生基点为视角，引出一番看似浅显却又深刻的人生哲理。

武则天这个人物，有人说她糟透了，有人说她伟大。她到底是怎样的一个人？武则天自己也没有回答，她在西安立了一块无字碑，让后人去评说。

在《自有人评说》歌词中，陈汉元想表达的意思远不止这些，其中还融入了他许多的人生感悟。他写的这首歌之所以给人留下深刻印象，并且似乎在几种场合都适用，主要是他写出了人生的哲理与感悟，写出了人性中真的一面。

1994 年，陈汉元（右一）与电视剧《武则天》导演陈家林在一起

陈汉元：电视剧《武则天》，刘晓庆主演、陈家林导演，主题歌是我写的，毛阿敏唱的。

自有人评说

电视剧《武则天》主题歌

词：陈汉元

曲：陈受谦

演唱：毛阿敏

且莫说，人之初，
是善还是恶。
千年万年过去，
有谁落地笑呵呵？
别说人难做，
别说人好做，
好做难做都得做。
做得人上人，
滋味又如何？
回头看，是善是恶，
还是千古迷惑?!
自有人评说。

陈汉元（前排左一）为电视剧《武则天》写主题歌，图为与主演刘晓庆在一起

陈汉元：这首歌写于 1993 年，当时电视剧《唐明皇》[①] 正在拍摄中，制片人靳雨生要我为这个剧写一首尾歌。这就是《是否依旧》。

① 中国内地第一部描写古代皇帝的大型电视剧，40 集。1993 年中央电视台一套黄金档播出，在大陆、港台都获得了较好的收视率，为中国古装电视剧创下了极好的口碑。自此以后，《雍正王朝》《康熙王朝》《汉武大帝》等皇家大戏陆续亮相。

是否依旧

电视剧《唐明皇》歌词之一

词：陈汉元

风满楼，何需愁，
自有一腔热血，
识得天高地厚，
任凭山雨横竖路悠悠。
只是，今夜皓月当空；
谁知，明日艳阳是否依旧，
是否依旧?!

陈汉元：我交稿后，老靳和导演陈家林都认为不错，要我再为全剧写一首尾歌，我写了，也被采用了，叫《谁料想》。

谁料想

电视剧《唐明皇》歌词之二

词：陈汉元

忆当初——
日正中，花满地，
八面来风，任凭百鸟啼。
谁料想——
杜鹃吐血血东流，
桃李树下不成蹊。
到头来——
泪眼朦胧，残烛摇曳，日已西。
唉，风流人物，风流人物，
风流人物，数你不数你?!

陈汉元：于是，兴之所至，又写了这首《自有人评说》。当时心情很激动，但是没有被录用。后来陈家林筹拍另一部大戏，想拿去用，但因为题材问题没拍成，这首歌也就被搁在了一边。等到陈家林拍《武则天》时，又想到它，拿去与刘晓庆一道琢磨，越来越觉得贴切，就敲定为主题歌。

经陈受谦谱曲和毛阿敏演唱后就成了大家听到的样子。

创作《青春之歌》

青春之歌

电视剧《青春之歌》主题歌

词：陈汉元

这是一个追梦的季节，
紫红的玫瑰正含着泪水吐艳。
梦里的地是多么的宁静；
梦里的天好像是孩子的笑脸；
梦里的人都没有历史；
梦里的歌正唱着智慧的明天。
明天能让我们回到童年，
我愿为明天献出一切到永远！

这是1998年4月11日推出的22集电视剧《青春之歌》的主题歌。歌词由这部电视剧总策划陈汉元撰写，他写出了青春的美好，希望青年人唱好自己的青春之歌。

陈汉元做《青春之歌》总策划是源于这部电视剧制片人张光北的邀请。在此之前，因编剧陈建功受杨沫先生的委托，要把小说《青春之歌》改编成电视剧，搬上屏幕，他希望大家一道操作，陈汉元不假思索地就答应了。

陈汉元说，他之所以这样痛快地答应的原因有三：

一是小说《青春之歌》本身至今仍在他的潜意识里有着巨大的吸引力；

二是陈建功、李功达的文学功底给他留下了深刻的印象；

三是张光北作为制片人的热情和真诚深深地感动了他。

这样，曾经影响了几代年轻人、改编自著名女作家杨沫[①]的同名代表作——《青春之歌》的电视剧，最终由王进执导，并于1998年与观众见面了。

小说《青春之歌》展现了从"九·一八"到"一二·九"这个历史时期，北京的一批青年大学生为了反对封建统治，抗击日本帝国主义的侵略，拯救危难中的祖国而进行顽强、不屈不挠的斗争，真实、生动地揭示了一代知识分子走向革命的必由之路。

1959年，这部小说《青春之歌》也曾被拍成电影搬上银幕，随即成为人们心中的经典。

事隔将近40年，这部小说又被拍摄成了电视剧，对于今天的人们来说它的意义何在？担任总策划的陈汉元谈到创作初衷时给予了这样的解释：青春属于世世代代每一个活着的人，看着我们爷爷奶奶那辈人有什么样的理想，对理想抱什么态度，是很重要的，希望每一个人都能唱好自己的"青春之歌"。

他说，针对小说已经有很大影响，电影使更多的人知道《青春之歌》这部作品，但为什么杨沫先生还想把它改编成电视连续剧呢？陈汉元说，他猜想杨沫先生想通过重新改编，进一步扩大影响，并且希望这种影响比电影给人们的思想导向更科学、更真实、更符合当时的历史实际，对今天更有说服力。

以这样的心态来对待这次改编，他与编剧陈建功和李功达多次讨论的一个核心问题就是要不要完全忠实于原著。结论是忠于原著的主题思想和精神基调，但对人物性格及人物命运的刻画，则尽可能地更贴近那个时代的青年的实际生存状态。

杨沫先生写《青春之歌》，她那种激情是永恒的，但是由于小说《青春之歌》的创作受当时时代潮流的影响，塑造的人物性格比较单一，如天气不晴就下雨，但实际上是不对的。因此改编既要忠于原著，又要有所不同，

---

① 杨沫（1914—1996），中国当代女作家，著有长篇小说《青春之歌》《东方欲晓》《芳菲之歌》等，出版于1958年的《青春之歌》是她的代表作，在国内外有广泛影响。

比原著对人的解释更完善。

陈汉元说，他们花这么大气力来实现杨沫先生的愿望，是基于这部小说发挥过很大的社会作用，对青年人世界观的形成产生过强烈的影响。虽然写的是过去的事，但对今天的人也有启迪，当时的青年人有怎样的理想、抱着怎样的态度，让我们进行各种思考。

我们今天处在经济发展的过程中，需要吸收人类各种文明的优良养分。我们的前辈把他们的青春之歌唱得很嘹亮，很动人，我们今天就不能唱得平庸，应该按照今天的实际状况，唱出非常美好的旋律；让今天的年轻人好好想一想，共产党领导的革命与过去的历代农民革命有什么不同。

为纪录片《楠溪江》写主题歌

陈汉元为纪录片《楠溪江》主题歌写的歌词唯美动情。

这是他对家乡自然环境和文化的无限赞美，表达了在外的游子对故乡的眷恋之情。短短的几行歌词能让人联想到陶渊明、伯牙、仲叔、李清照等历史上的人物和故事，词作者才思敏锐，才情万丈的风采也随着歌词为人们所认识。

石屹：我翻看了您的书《水淋淋的太阳》，1991 年的歌词特别多，可以看出里面的一些东西。

陈汉元：我也是随便翻到了《楠溪江》那首歌，那种心情啊……

星光一般的雨滴

纪录片《楠溪江》主题歌

词：陈汉元

清风吹落了星光般的雨滴，
花瓣上找不到有谁的叹息。
高山流水总会遇知音，
知音未必是那打鱼人。

不用说尖尖的船儿载不动许多愁，
那水淋淋的太阳正从牛背上升起。
楠溪江江上蓝蓝的天，
楠溪江江边青青的地。

陈汉元：你说那是种什么心情？

石屹：“水淋淋的太阳”这个词特别地挑。

陈汉元：是吧，我也觉得“水淋淋的太阳”有点意思。

石屹：对，说说您这首歌词想表达的意境？

陈汉元：从表面上看这是一种唯美的歌。我心里赞扬的是一种绝对没有污染的环境。从物质与非物质的观点出发，都应该是这样不受污染的纯净环境。

我拍《楠溪江》时，在这条江的上游看不到任何现代文明，都是古老的农业文明，我就感到特别陶醉。

我一上来就写了“清风吹落了星光般的雨滴，花瓣上找不到有谁的叹息。”花瓣上绝对没有脏东西。在这个环境中，心情是非常惬意的，心里不会有任何怨恨、悲叹，是人与自然在天性的和谐中。在这个环境中，人也变得没有邪念了。

接下来的两句中流水的画面是一个瀑布，我是对着画面写的歌词，瀑布下面是一个水潭。渔翁赶着鱼鹰，正站在竹筏上打鱼。当时的画面很美，我想渔翁并不知道这一点，就借用了高山流水的典故，说人在那个环境中，并不识庐山真面目，只因他生长在此山中。

“不用说尖尖的船儿载不动许多愁”也是对着画面写的，我们那儿的船形是两头尖尖的，篷是用粽子皮做的，我也在那种船上待过。看到这些船，我就想起李清照的词句“尖尖的船儿载不动许多愁”，就用了“不用说尖尖的船儿载不动许多愁”。李清照当时的心情是在丈夫死后来到这里的心情，我是在李清照之后来到这儿，我和她不一样，我有积极的意义，并没有那么多的愁。

再下边是开阔的河滩，河床是由鹅卵石铺成的，一个牧童骑着牛走过来，这时太阳正好在牛前面升起，就组合成“那水淋淋的太阳正从牛背上升起”，是很唯美的意境，我自己也很喜欢。

第一次去楠溪江，那天是蓝蓝的，炊烟和别的地方不一样，是白的、不拐弯的，衬底是一片绿：“楠溪江江上蓝蓝的天，楠溪江江边青青的地。”

看到这些就觉得值得往上走，后来赶上下雨天了，掉下来的雨像一颗颗的星星一样，一滴滴地降落，比风吹落的雨滴还要高雅。

花瓣特别纯洁，感到特别亲切，一切那么自然，置身其中会产生一种非常自然的依恋，离开之后，又总也忘不了，真是无尽地眷恋。

高山流水讲哲理、人际关系，讲机遇，讲主体与客体的沟通。

在瀑布底下的打鱼人对优美的环境已习以为常，根本没有什么感觉，只有我们文化人来到这儿，才会生发出许多感触。

石屹：您讲得非常好，我在想您为什么会把书名起做《水淋淋的太阳》？

陈汉元：希望自己的作品都给人新鲜感，充满活力、充满朝气，因为落日的辉煌与暗淡同时呈现，但是朝阳只有鲜亮不存在暗淡，而且我多次在海边看过日出，它特别像一个帅哥，从水里一下冒出来，带着水淋淋的活力脱水而出，但是还带着水……

我怎能知道

——《随想》

词：陈汉元

在那高高的篱笆上，
开着一朵白里透红的花。
阳光下，它是那样的艳丽，
月色中，它还在闪闪发亮。
多少人走过都要流连张望，
我却久久不敢走近它。

有一天下了一场好大的雨，
雨打花落篱笆下。
我终于跑了过去，
双手轻轻地捧起它。
我哭了，哭得好开心，
我笑了，笑得好辛酸。
啊——
我怎能知道，怎能知道——
它原来是一朵没有生命的塑料花。

石屹：搞了那么多铺垫原来是塑料花。

陈汉元：是啊，我哭是因为受骗上当。

石屹：这是借物抒情，表达心中的想法。

陈汉元：这肯定不是指生活上的小事。

石屹：我觉得您那个阶段的歌词是您心境的表达。

陈汉元：对，那段是非常压抑的。

石屹：那时候的词作品，质量是很高的。

陈汉元：有一首叫《云下边的山》你看到了吧？

石屹：看到了。昨天您说了，今天我就去翻了。

陈汉元：你去琢磨琢磨。

石屹：您那时候的作品都有表达心境的特点。人们说悲愤出诗人，可能是那段经历造就了您，要不然也写不出这么精彩的作品。当然，我这样打比方不大合适。

陈汉元：包括我们祖先最公开的心理也都是那段时间写的。

《抗战》片首歌

陈汉元不仅自己写歌，也非常善于观察、欣赏他人之作的美妙之处。不仅如此，他还把喜欢的歌词、旋律记住，情绪来的时候就吟唱出来。

下面是陈汉元2005年看了纪录片《抗战》之后，对其中的片首歌阐发的议论[①]：

不论国内还是国外，纪录片不论长短，一般不设片首歌、片尾歌，什么原因？我没有深入地想过，大概是因为纪录片都比较短，用不着“戏不够，歌来凑”；也因为可能是习惯吧。

最近，看到中央电视台等单位联合制作的题为《抗战》的文献纪录片，每集都有片首歌。这歌不错。听完歌，看“正片”，觉得很解气，越听越想听，越看越想看。

这首歌是这样的：

纪录片《抗战》主题歌

十四年来没有家，
高山树林里把鬼子打啊，
妈妈白发多，
爸爸埋在荒山下。
十四年来没有家，
高山树林里把鬼子打啊，
如今恩仇分明，
尝够了辛酸苦辣。
血泪里挣扎长大，
救了咱的永远跟着他；
坑了咱的永远记着他；
欺辱了咱们的死也不饶他，
死也不饶他，
不饶他！

据说，这歌词原来是一首北方民谣，后经中央电视台程嵗配曲，成就了

① 作于2005年10月3日。

这首歌。歌词虽不长，但其内涵非常丰富。它以第一人称“咱”述说家的不幸开始，一直发展成为“咱们”的民族仇恨，最后表达永生永世、世世代代不能忘却的全民的记忆、决心和意志：欺辱了咱们的死也不饶他！

这歌是由蒙古族歌唱家腾格尔演唱的。公正地说，这歌歌词好，歌曲好，而腾格尔演唱得更好。他的情绪先是缓缓地述说身世和家世，后来变成了血泪的控诉，直到最后是捶胸顿足地呐喊和怒吼：“死也不饶他，不饶他！”情绪递进自然而然，极富感染力，贴切地表达了中华民族亿万同胞的心声。

这首片首歌是成功的。它作为大型文献纪录片《抗战》的主题歌是生动的、贴切的。它从总体上表达了全片的基调和情绪，在相当大的程度上吸引着观众观看《抗战》全片。

看来，纪录片、专题片也是可以有主题歌的。诚然，要量体裁衣，切莫泛滥。

三、电视剧策划

1992年5月，陈汉元到中国电视剧制作中心当副主任，在行政上全面管理中心的工作。在此期间，他的兴趣和激情依然停留在创作方面。他认为人们买电视不是为了听报告，而是为了获得信息和娱乐，因此要求中心的人在创作上时刻不忘“寓教于乐”，让所有的观众在收看节目的时候忘记自己在受教育，而是高高兴兴地按照作品提供的思路和观点在思索。提出作品在思想倾向健康的前提下，首先要做到好看，如果作品不好看，作品的思想再深刻也只能是一句空话，没有意义。

陈汉元告诫中心的同仁，拍电视剧不像写小说，它是用人民币“堆砌”起来的高楼大厦，用的是人民的血汗钱，如果把电视剧拍砸了，就是对人民的犯罪。作为“国家队”的电视剧制作中心，它所拍摄出的电视剧应该既能得大奖，又要打得特别响，只有做到让“二老”——老同志和老百姓都满意的作品，才谈得上是真的精品。

他还把拍摄主旋律作为中心任务，要求主旋律作品是深层次反映“大感情”的作品，即是与人民疾苦、民族尊严、国家利益，以及人类基本属性紧密相关的情感的作品。

按照这样的思路，陈汉元在电视剧制作中心工作期间先后参与了《北京人在纽约》《九·一八大案纪实》《梦醒五棵柳》《浦江叙事》《新大陆》《只要你过得比我好》《苍天在上》《香港的故事》《雷雨》《胡雪岩》《风雪夜归人》《青春之歌》等电视剧的创作与摄制。这些作品有的是电视剧制作中心拍摄的，有的是外单位摄制的；有的得了飞天奖、金鹰奖和“五个一工程”奖；其中不乏在社会上取得轰动效应的作品，如《苍天在上》《北京人在纽约》，多数作品收视率都比较高，影响比较大。

策划《北京人在纽约》

1992年中央电视台播出的《北京人在纽约》是我国第一部在国外拍摄的电视连续剧，也是中国首部全程在美国拍摄的电视剧。荣获中国广播电影电视部第十四届飞天奖，第十二届大众电视金鹰奖。

这是我国第一部全面描写赴美移民浪潮中北京人故事的电视剧。北京音乐家王起明与妻子郭燕，怀着对美好生活的渴望，终于来到了神往已久的美国。然而，一切并不像他们想象的那样美好。通过奋斗，王起明成为一位富翁，但却付出了巨大代价。妻子郭燕成为外国商人大卫的妻子，而大卫却是王起明最大的竞争对手，情感与未来在复杂而微妙的冲突中发展。

《北京人在纽约》剧照（1992）。图为剧中的主要扮演者王姬和姜文

后来王起明也找到了聪慧的红颜知己阿春，但是矛盾并不能得以很好地解决，女儿宁宁的到来，又在几个人的生活中掀起轩然大波。宁宁不能理解父亲王起明与母亲郭燕，更不能接受阿春。处身于美国的社会环境，她变得任性和反叛，以放纵自己的方式表达对父母的怨恨。

由郑晓龙、冯小刚导演，姜文、王姬、严晓频主演的21集电视剧《北京人在纽约》中折射出东西文化的差异，全景式展现了北京人在纽约的生存状态，在1992年播出时引起全国轰动，至此这部电视剧也成为反映第一批赴美淘金的中国人事业与情感历程的经典之作。

石屹：《北京人在纽约》是您策划的吧？

陈汉元：我是总策划。总策划是两个人，一个是我，一个是张永经，就是当时的北京广播局的局长。

在电视剧方面我的贡献有，但是不大，就是我在电视剧制作中心的管理上有激情，而且相当民主，我会带动大家去创新，你如果有机会去问问电视剧制作中心的一些业务骨干，他们会说陈汉元管的那一阶段是电视剧制作中心相当活跃的一段，大家非常开心，创作的热情特别高，是不是出来了很经典的作品？那是另外一回事。

陈汉元（左一）与《北京人在纽约》导演郑晓龙（右一）、冯小刚（中）在一起

石屹：您接触的第一部电视剧是哪一个？

陈汉元：刚接手电视剧制作中心工作时有一个电视剧，我不熟悉，就发动大家讨论，大家都说不好，于是就放弃了。

石屹：《北京人在纽约》是真正开始接触的第一个吗？

陈汉元：那也不是。

现在就讲不上第一个是哪个，因为我一去电视剧制作中心，肯定有一批东西都在生产。

石屹：从比较多地开始介入的，从实质上进入的第一部电视剧作品是哪一个？

《北京人在纽约》是我国第一部在国外拍摄的电视连续剧，我记得它播出的时候，我正在复旦大学复习考研究生，当时是大冬天，就看见一群人围在那儿看，那个房间的门我都进不去。

陈汉元：好看。

石屹：嗯，我因为在复习考试，没有时间提前去，每次去时人已经围满了，那个电视剧当时影响比较大。

陈汉元：这个电视剧起源于冯小刚。在此之前有一个叫曹桂林的人，他原来是广播文工团的，后来到美国去了。在美国他写了一个小说，是个中篇小说，不长，就叫作《北京人在纽约》。后来冯小刚所在的单位，是北京电视艺术中心还是什么，我忘了，他们要把这个小说改编成电视剧，冯小刚执笔写，把原来的材料用够了，也只写了8集。再往下弄，就必须收集新的材料，于是就要向美国进军，调查新的材料，这就遇到了一个很大的问题，没钱。不只是没有人民币，也没有外汇。于是就找到了中央电视台，找到了电视剧制作中心。

我一听，特别兴奋，就和广告部的领导商量，能不能帮忙拨出一点资金，我们就和冯小刚联合制作这个节目。我是常务副主任，主任是张天民，是一位电影剧本作家，他的代表作是电影《创业》。但是他不能来上班，他病得很重，长期没有上班，我过去以后，就成为实质上的负责人、管家。全面领导这个中心，不只是创作，人事、财政、行政都管，变成法人了，在这种情况下，我也去请示了他，向他做了汇报，他也表示同意。

于是就开始和冯小刚合作，拍这部戏，这是基本过程。然后就进入到具体操作。

既然说是联合拍，就不能光出钱了，我们就要参与剧本的讨论，主题、主题思想，人物、人物性格，情节、结构、节奏，各种创作问题都参加，同时也派了制片主任，真正是共同拍摄、共同创作、共同署名，我们还署在前面，就是这样一个过程。

里面也遇到了许多困难和麻烦。我们投入人民币，需要把它转换成外汇没那么容易的；也不可能把钱直接给他，有相当一部分要厂家来投入，就是说，我中央电视台播出几分钟的广告给你，你去拉广告把它填满，这就变成钱了。他们是靠这个——中央电视台的广告时间去换取需要的资金，进行联合制作。

正视出国热

石屹：这个片子播出以后，在社会上产生了轰动性的影响，因为是现实题材的作品，让人们多少了解了一些外面的世界；它还有另外一个好的作用，就是那会儿正好是一个出国热，它让人们看到出国未必都能淘到黄金，从而清醒地重新思考盲目出国这个比较现实的问题。

我还觉得这件事可能对冯小刚的影响很大。他作品中的广告意识很强。《大腕》干脆把做广告的内容表现出来，用死人为活人做广告，连牙齿缝中都塞上广告，达到了登峰造极的程度。

陈汉元：当时我看了《北京人在纽约》这个戏，就觉得这个创意特别好。因为当时是出国热、出国潮，人们疯了一样到国外去，好像美国遍地是黄金，不只是有本事的去挖一桶金，没本事的也得去捡两块金，都疯了一样。

在曹桂林写的小说里，实际情况并不是这样，我们就觉得如果把它拍成电视剧播出，肯定会造成很大的影响，会影响到人们对出国潮、对外部世界的认识，会获取到一些比较真实的信息。可能会改变自己的一种初衷、想法和走向。

就是出于这样的考虑，觉得这部戏不但会有好的收视率，而且会有比较深远的社会影响和意义。

“形右实左”

石屹：这是一部现实题材的作品。您一上手，就是现实题材。

陈汉元：到中心就有很多话可说。

大家都觉得陈汉元是个政治上不强的人，不大考虑政治，只是考虑艺术。实际上，好多人误解了我。我是“形右实左”，我的包装是比较“右”，不那么讲政治；但本质上，在那个年代是革命性比较强的人，是一个理想主义者。

所以我在中心干部群众会议上提出来说，我们拍电视剧许可证号码是000001号，就是天字第一号。我们的人在全国电视剧制作当中是人数最多的一支队伍，我们是中央电视台的一个部门，资金有保证，这也是在全国得天独厚的。上面要我们的单位存在，每年要拨出那么多的钱来，那时每年是论亿拨款的，要我们干吗呢？拍电视剧！什么电视剧？肯定是要反映社会主流生活的电视剧。

用当时已经比较时髦的话来说，就是要拍主旋律电视剧。

我说这个不是你愿意不愿意，是这个机构的性质决定了它不能去把重点放在拍非主流的生活上，机构性质决定了它就得拍主流社会、主流人群，所思所想，所作所为，要塑造那些具有英雄本色的典型。

我说的这些话，凭良心说，都是挺“左”的，挺革命的，但也是我比较实在的想法，我觉得我这一阶段是比较务实的，就是说你这个单位的性质决定了你要拍这些东西。不是我陈汉元，也不是你某某导演想干不想干，喜欢不喜欢，你在这个单位就得这么干。就是换了别的国家，它的老板怎么可能给了你那么多钱，叫你去拍和老板的政治理念完全相反的作品来？这不是笑话，怎么可能！世界上找不出第二个，有这种例子？没有的。

我说，我现在给大家打开天窗说亮话，叫我来，就是领导大家，和大家一起干这件事。这是一个看法。

第二个看法，我认为拍戏说，拍嘻嘻哈哈，拍热闹、拍阴暗是给大家带来感官刺激，包括拍三级片、四级片，都容易，把它拍出来，好多人喜欢看，不稀奇。不稀奇是因为它不可能看了一遍又一遍，不可能百看不厌，因为这里面没有任何一部片子能够称得上是经典，因为它没有思想，更没有思想浓度，谈不上深刻。像《红楼梦》这样的作品就百看不厌，流芳百世，因为它不只是艺术上有魅力，吸引你，同时它的内涵或者我们称它为思想，让一代又一代的人产生共鸣，认为它写的是永恒的人性。《红楼梦》表面上它写得好像是男女之情的故事，但是，它里面通盘展示的是那个社会的状态和生活，从这个意义上来说，它也是属于主旋律范畴，是那个时代的主旋律。

我当时提出一个别人可能忘了而我至今还记住的一句话："最有本事的人，就是把主旋律的电视剧拍成在播出时万人空巷，大家都抢着要看，那是最有本事的剧作家、最有本事的导演、最有本事的演员。"我说如果各位有这种极高的革命热情和能耐，你就来拍主旋律，就把主旋律拍好证明你是最有本事的。

我在想一个问题，前两天也给你说了，社会的各个朝代、各个时期，人们都希望有许多的好人好事，但是好人们，全社会大都是好人，不大喜欢观看好人好事的作品。

这究竟是什么道理？什么原因？是作品的问题、作者的问题，还是受众的问题？这是一个学术问题，我百思不得其解，为什么都希望有好人好事，但是把它搬上屏幕，写成文章登在报纸上，就不能产生那种长远的轰动影响。

石屹：有一个特例，"文革"时期好像大家都爱看，我们小的时候英雄人物很多，蔡永祥、刘英俊的事迹大家都看。

陈汉元：我说得是长久的。

石屹：特定的情况下是怎么维持住的？

陈汉元：它就是靠当时的那种氛围，总体环境，变成一种时尚。因为当时社会的风气也比较单一，平台也少，媒体也少。现在各种平台都风起云涌。

石屹：当人们可以自由选择了，就不去选择这些了。

陈汉元：你写坏人坏事，真的有好多人抢着看，你写好人好事，上座率就不高啊，这是什么道理，到现在我还没有想透。但是我还是呼唤、呼喊我所领导的那个团队来拍主旋律，主旋律不只是好人好事，它要讲矛盾、讲斗争、讲冲突。

《苍天在上》横空出世

1995 年中国电视剧制作中心拍摄、中央电视台播出的 17 集电视剧《苍天在上》，被媒体称为“放胆”的作为。这是中国第一部重量级的反腐电视剧，作品直面现实，针砭时弊，反映了时代的精神，它以空前的尖锐性和胆略，深刻震撼了亿万观众的心弦。

《苍天在上》用深沉的思想主题，豪放苍劲的艺术表现方式，撞响了反腐肃贪的警世洪钟。

2002 年电视剧制作中心的编剧、作家陆天明[①]出版了他的作品《苍天在上》[②]，在文集的介绍中他写道：《苍天在上》是我五年前的一部作品，也是一部曾让我备尝艰辛、又倍感欣慰的一部作品。它当初得以“出笼”，得以“存活”，实在不易。那些让我至今难忘的日日夜夜在我心坎儿上所烙下的创痛，甚至让我一度再拿不出相似的勇气去重新接触同类的题材。但它又让我第一次真切地体验了这样一种人生感受；当一个作家把自我关注的目光真诚地转投向了人民大众所关注的那个方向时，你能从“人民”那儿得到什么样的鼓舞和支持。由此在自己心的深处所

电视剧《苍天在上》剧照

① 陆天明，国家一级编剧、中国作家协会主席团成员、中国电视艺术家协会会员、中国戏剧家协会会员。中国电视剧制作中心专职编剧。主要作品有：中篇小说集《啊，野麻花》；电影《走出地平线》；电视剧《华罗庚》（6 集，与人合作）、《不散的军魂》（10 集）、《冻土带》（3 集）、《苍天在上》（17 集）、《大雪无痕》（20 集）、《省委书记》（18 集）等多部。1999 年，创作多幕话剧《第十七棵黑杨》。

② 春风文艺出版社 2002 年 10 月出版。

能激发的生命活力和思想飞扬，的确无异于一次“火中凤凰”的经历。

《苍天在上》在全国播放，引起了强烈的社会反响，收视率达到39%。

当时有些省还专门下文件，要求官员们都看这部电视剧。

电视剧《苍天在上》编剧陆天明。在《苍天在上》之后，他还创作了《大雪无痕》《省委书记》

电视剧总策划：陈汉元；编剧：陆天明；导演：周寰；制片人：周寰；主演：李鸣、廖学秋、高明、廖京生。

陈汉元：电视剧制作中心也不是一个时期只拍一部戏，要拍好几部戏，我现在想起来，真正是我提出来的、希望拍摄的是《苍天在上》。

石屹：我看了一些资料，说当时您是给人下了命令，要他多长时间拿出剧本来。好像有这么一个过程吧？

陈汉元：呵呵。也不是说多长时间拿出来。

这个作家叫陆天明。

有一天我找到他说，老陆啊，你得帮帮我忙，我是搞纪录片的，没有搞过电视剧，现在叫我来管这一摊很不容易，我相信你能帮忙搞出几个比较大的电视连续剧来。

他说，陈主任让我想一想，我过两天告诉你。我说，你想吧。

我说我还要明确地告诉你要写的是主旋律，用概括的语言叫“纯主”。

什么意思？就是纯粹的主旋律。还不能让人家看完了好半天才想起来这是个主旋律。要一看就知道这是主旋律，是社会主流生活，叫“纯主”。

他说，明白了，我回去想一想。

过了几天他找我了，他说陈主任，我想了两个方面的题材，一个是关于教育方面的题材，另一个是讲反腐败的。我说，你先把第一个放一放，先不要想它。你要全力以赴，以最快的速度、最短的时间拿出一个提纲，就讲反腐败。

就这个社会的发展趋势看，腐败已成为一个很可怕的现象，我希望我们能有这样的作品呈现给社会。

他说好，让我回去想想。

想了几天，他又来找我，把故事的梗概给我说了，我听了很高兴。

于是，在中心的领导干部会议上我就说了这件事，有这么一个故事，我让天明去写。

当时在场的有七八个人，没有一个人赞成，都沉默。

也有人说谨慎一点吧，是不是非要写这个不可？

我说写这个，一是有很深的社会意义，二是会有很好的收视率。

我在想，他们替我捏把汗，希望我谨慎。

这个会没开多久，就有举报信来了，举报信送到上级广电部，广电部送到中央电视台，中央电视台送到我这儿来，上面一层层批下来要查，结果举报信就传到我这儿了。

我就放在我办公室的抽屉里的表面处，每打开抽屉都要看到它。就是这个，退休以后不知道放哪儿去了，这是一份对我个人来讲还是挺宝贵的东西。

这个问题挺吓人的。

我当时还真不知道哪儿来的一股傻劲，绝对不受这个影响，要跟陆天明在一起，往前走，莫回头。你继续写。

我跟陆天明也讨论过，拍成什么风格。我们早就有了共识，就是情景剧风格的包装，但是它绝对是一个正剧。

开头就有很大的悬念，吸引大家的注意力。于是，开头就设计一个女市长，在一个雷电大作、暴雨倾盆的夜晚死了，那戏里头就很紧张了，要组织破案。没想到啊，公安局局长也死了。

这连环的死亡，究竟有什么背景？是他杀还是自杀？到底是怎么回事儿？

一上来几分钟，让观众都会瞪着眼睛、竖着耳朵想往下看，就想要知道发生了什么事。其实这是一个噱头。

重塑海瑞

陈汉元称自己有反腐情结。在策划了现实题材的反腐力作《苍天在上》之后，又在 2001 年 1 月 24 日策划推出了 18 集历史题材电视剧《海瑞》。

海瑞是人们非常熟悉的一个历史人物，不仅因为他是一位刚正不阿、耿直廉洁的清官，更因为他是人们记忆中曾经挥抹不去的人物。

多少年来，海瑞这个敏感的人物以及他为民请命、惩治贪官却最终饱受朝廷冷落、郁郁寡欢的传奇经历始终未被搬上荧屏。

2001 年，中央电视台播出的 18 集电视剧《海瑞》，最初拍摄想法源自于陈汉元一次去书店的经历。

1997 年，陈汉元从美国回来途经香港，在逛书店的时候，看到一本由美籍华人黄仁宇教授写的书——《万历十五年》。

这本书中写了很多人物，其中有一个独立的篇章是写海瑞的，他站着看完了整篇文章之后，很激动，第一次意识到历史人物还可以这样写。

回到大陆，他就立即实施了拍摄《海瑞》电视剧的计划。

陈汉元说，他在广播电视界工作多年，深知海瑞是一个热点人物。1958 年毛泽东主席曾批示要提倡海瑞精神，才有了吴晗的话剧《海瑞罢官》、周信芳的京剧《海瑞上疏》等。后来围绕这个人物又发生了许多曲折的事。所以他认为当时再次推出《海瑞》肯定会引起广大观众浓厚的兴趣。

海瑞（1514—1587）是明朝广东琼山（今属海南）人，明嘉靖举人，是中国历史上著名的清官。

电视剧以明朝这一中国历史上朝政最混乱的时期为背景，以海瑞坎坷的一生为主线，突出刻画了海瑞虽廉洁自律、秉公执法，但因“不识时务”而几次被罢官，直到七十四岁重回官场，不久郁郁而终的痛苦遭遇。

海瑞原是淳安县的一个七品县令，官阶不高，但他却能坚持原则，既不阿谀奉承又能秉公执法。后海瑞任职户部云南司主事，已经接触到政权中心的他，仍然坚持着自己清正廉洁的为官准则。海瑞看出朝政混乱，国库空虚，冒死向嘉靖皇帝进谏却被下狱。隆庆登基后，任命海瑞为钦差，巡抚应天八府。海瑞所到之处，贪官均闻风丧胆，百姓欢迎，他“敲山震虎”，处置了盘剥官银的贪官，其中包括宰相之子。海瑞一心只为百姓申冤，却得罪了众多高官显贵，被调往南京“搁置”起来，最终在愤怒、郁闷、无奈中悄悄死于南京任上。

海瑞出殡之日，扶柩之人在船舱中听到隆隆响声，像打雷一样，走出船舱，两岸像突然下了一场大雪，一片白，原来是百姓自发地披麻戴孝，祭奠海公，那雷声正是百姓的哭声。

电视剧《海瑞》海报

18集电视剧《海瑞》和当年的话剧《海瑞罢官》有共同点，也有不同之处。突出表现了海瑞的刚直不阿精神，这一点电视剧的做法和当年吴晗先生是相同的，但故事脉络发展却又完全不同。剧作参照了《明史》和香港黄仁宇教授的《万历十五年》一书，表现了海瑞一生的奋斗。

对海瑞这个历史人物作品做了人性化的处理，刻画出了一个真实、可敬而不可爱的海瑞人物形象，打破了以往中国电视剧塑造正面历史人物“英雄化”的思维模式，是历史题材电视剧的一个大胆尝试，其目的是为了还历史的本来面目。

这种不同于以往正面人物形象的处理，陈汉元的解释是：推进反腐倡廉需要行动，《海瑞》能给人们带来深刻的思考，拍摄这样一部电视剧，不仅要还原一个历史上真实的海瑞，同时也是在电视荧屏上树立一个新形象。

编剧王培公认为，海瑞是“一面镜子”。他为官多年，从一个县教谕，相当于今天的县中学校长，奋斗成为二品大员，中间几起几落，从不阿谀奉承，对三个皇上批评，对自己的老师如徐阶、张居正等人的不良行为也坚决予以约束，这是很值得今人学习的。海瑞身居高位，死后却只留有20两白银，甚至无法下葬，可见其廉洁至何种程度。

陈汉元最后还执笔为《海瑞》写了主题歌《一梦做了五千年》（见本章开头），他把对海瑞这个历史人物的理解都倾注到歌词的创作中，淋漓尽致地展现出主人公内心深处复杂而矛盾的心理状态，期盼着一种理想的清明社会的到来。

此外陈汉元还为《海瑞》写了另一首寓意深刻的主题歌，即《做人做事》：

做人做事

电视剧《海瑞》主题歌

词：陈汉元

天下有许多许多许多许多事，
世上有许多许多许多许多人，
有人做人不做事，
有人做事不做人。
做事啊做事一心为做事，
顾不得生前死后知己有多少，
做人啊做人一生为做人，
做来做去不像人，
做来做去不像人。

该剧由陈汉元任总策划，刘信义任制片人，余秋雨任文学顾问，王培公任编剧，由曾执导过《孙中山》《周恩来》《相伴永远》等影视剧的著名导演丁荫南执导，由曾主演过《半边楼》《我爱我家》《中国餐馆》等剧的著名演员杨立新饰演海瑞，胡庆树出演宰相徐阶，著名歌手蔡国庆出演新科状元戴凤祥。

创作农村改革题材的电视剧

继《苍天在上》之后，1996 年 2 月 12 日中国电视剧制作中心又推出了反映现实题材的17集电视剧《梦醒五棵柳》。编剧为杨廷玉，导演为陈力，主演有原华、冯国庆、于小雪、孙冉、郑泽凡等人。

这是我国为数不多的几部反映农村改革题材的电视剧之一。陈汉元担任该剧的总策划和制片人。

该剧鲜活地刻画了一组改革中的农村新女性形象，在她们身上有中国传统女性温良、恭让、孝顺、贤惠的一面，又有农村新女性自强不息、勇于进取，努力改变家乡农村面貌的个性特征与风采。它借一个村里女人的觉醒、男人的觉悟，生动展现了中国农村经历的改革变化。虽然经历改革觉醒的过程曲折而有代价，就如同陈汉元为这个电视剧主题歌写的歌词那样“管它公鸡叫不叫，太阳总要升起来”。

电视剧原名叫《五棵柳》，既是一个村的名字，也隐喻了五个不甘寂寞的村姑，但是感觉上总觉得有点“土”，于是陈汉元就想给它换一换，考虑到电视剧是展示五个村姑的梦，而她们的梦也是全村人的梦，就在原名前面加了两个字，于是就有了《梦醒五棵柳》的名字。

整个故事风格轻松、清新，贴近生活。陈汉元为片头片尾写的两首歌，用完整的MTV形式表现，赏心悦目，是MTV用于电视剧片头片尾曲中的一个成功尝试。

片头片尾两首歌词是：

心中有个梦

词：陈汉元

心中有个梦，
隔三差五做，
尽管开花不结果，
还是日升盼日落。
请你别问这是为什么，
因为这梦你也没少做，

活着怎能不做梦?
梦醒还要偷着乐。

太阳总要升起来

词：陈汉元

唱歌哪能只凭一张嘴，
闯路哪能光靠两条腿?
别说“没劲”，
别说“真累”。
好梦谁也留不住，
有心到处都精彩。
管它公鸡叫不叫，
太阳总要升起来。

“清水出芙蓉，天然去雕饰。”从平凡中揭示崇高，在自然中显出潇洒。在这两首歌词中，陈汉元把他对人生的感悟和寄托都融入其中了。

个人悲剧观

中国国际电视总公司将曹禺的话剧《雷雨》改编成电视剧时，在结尾处做了修改：只让蘩漪一个人死去，而其他人都活着，老爷子则处理为病死，很多人不理解，提出异议，为此陈汉元谈了他个人的看法[①]：

他认为，改编就是要和原作有所区别。电视剧《雷雨》悲剧不悲，这里有一个对悲剧的理解问题。一个人被枪毙了，被砍头了，这是悲剧，他的一切痛苦都结束了；还有一种悲剧，更深刻、更痛苦，让他慢慢地死去。

这两种死法哪一个更痛苦？哪一个更是悲剧？肯定是后一种。《雷雨》现在结尾的选择就是让这些不幸的年轻人一辈子都承受痛苦，有种想死不成、

① 摘编自《羊城晚报》，1998 年 5 月 20 日第 9 版。

心如刀绞般的痛。

名著改编

名著改编是人们关注的一个话题，对名著改编应持一种什么态度？我国学界的看法也不尽相同。中央电视台八套、四套多次重播《红楼梦》《西游记》《三国演义》《水浒传》，收视率依然居高不下，让人们看到了这些由名著改编而来的影视作品的魅力。

《艺术人生》主持人朱军在其主持的特别节目《红楼梦后再聚首》时还让人们听到了一个统计数字：经过统计，全国各个电视台播《红楼梦》一共播了七百多遍。

这个数字几乎在全世界都是少有的。很多发达国家像日本、美国一般的电视台不超过 10 个，以 7 个电视台为例，就是每年播 5 遍，20 年才能播七百多遍。

为什么这几部剧有这样的魅力？制片人任大惠的看法有一定的参考价值：“拍《红楼梦》的时候，最初是一个月拍一集，后面是一个月拍一集半，快结束的时候差不多一个月拍两集，我们已经高兴坏了。《三国演义》是 16 天半拍一集，《水浒传》是 11 天拍一集，现在这些戏是多少天拍一集？有两天拍一集、三天拍一集，等等，当然不能说拍得快就不如拍得慢。《孙中山》是我用时间最少的一部电视剧，6 天拍一集。所以我觉得艺术创作除了效率，可能还有一个很重要的因素，就是要多下功夫，加大成本，而不是拍摄经费越来越少，是应该拍摄经费越来越多。”

任大惠的话说出了拍摄电视剧成功的两个重要原因：一个是要下功夫；一个是要加大资金的投入。很多电视剧之所以两天拍一集，要么是资金投入不够，要么是为了省钱。这样拍出来的电视剧质量就难以保障。

石屹：电视剧《水浒》播出的时候您已经到了电视剧制作中心了？

陈汉元：是，这是个名著改编的电视剧，不是一个中心的问题，全电视台的领导都扑上去做了，是由中央电视台直接投资，中央电视台的台长、副台长都挂名参与策划、参与讨论，跟我反而关系不是很大。

石屹：名著改编电视剧，是一种媒介的转换，从原来的文字文本转换成视觉影像的电视剧。我认为四大名著改编拍得都很成功，不像前几年“红色经典”那样拍得“滥情”，它拍得还是比较严谨，您对此怎样看？

陈汉元：我有一个总的回答，可能会让你惊讶，我基本上不太赞成把名著改编成电视剧或者是电影。

为什么？让人们去看书面的文字，就会有特别多元的想象空间，一万个人心中有一万个林黛玉，但是一旦变成电视剧，就一个林黛玉了，林黛玉就是这样了，那么曹雪芹心中的林黛玉是不是就是这样的呢？

这就使我联想到开掘的陵墓，古代的陵墓我也不同意现在开掘。

石屹：这个我也赞成，因为技术水平还没有达到。

陈汉元：对，科学技术水平都达不到，结果会造成很大的破坏。

我这个想法可能很荒唐，但是原始的想法就是这个。

当然要回归到现实来，把名著改编成电视剧搬上屏幕，这应该说是对文化发展的延伸、普及，也是一种贡献，这四部戏应该说都还拍摄得不错，如果《西游记》现在来拍，肯定会用很多三维，从技术上讲，比原有的《西游记》要高级得多。就现在的《西游记》很多人也还是爱看，就连我两个外甥，中国话不懂，我在日本看他们时，正好电视上在播出中国的《西游记》，他们好像都看懂了似的，看得津津有味，小小孩，一个四岁，一个十岁。

一部好片子：27 个兴奋点

在担任中国电视剧制作中心负责人期间，陈汉元对电视剧创作上考虑比较多的一个问题是：电视剧如何反对平庸，多出精品。

他认为[①]，任何电视剧制作单位，均希望生产出来的电视剧，既轰动又得奖。可现实常常告诉人们：好多电视剧得奖未必打响，打响不一定得奖。中国电视剧制作中心追求的目标是三种：拍出既打响又得奖的作品；得奖并不一定打得很响；打响不一定得大奖。竭力防止产生第四种情况：既不得奖又打不响。好像烧红了的香烟头丢进了昆明湖里，毫无反响，那就特悲惨！

---

① 摘编自《现代人报》，1994 年 8 月 5 日第 8 版。

针对产生第四种情况的主要原因，陈汉元分析主要有这样几点：

1. 缺乏独特的视角。

凡打响的电视剧如《渴望》[①]《编辑部的故事》[②]《北京人在纽约》《红楼梦》《西游记》《唐明皇》，等等，在一定时期内与观众的审美心理、要求相吻合，产生共鸣。

2. 故事不精彩、不勾人。换句话说，就是兴奋点多不多，信息量大不大。

据有人统计，一部 90 分钟的好电影，应该有 27 个兴奋点，一集 50 分钟的电视剧应该有多少个兴奋点呢？而那些既不好看又打不响的电视剧，50 分钟内只有两三个兴奋点，甚至一个兴奋点都没有。

3. 节奏太慢，一点小事没完没了。

4. 语言不到位、不精彩，少哲理，缺幽默。

5. 多数演员的文化素质和艺术修养差，虽然一些女演员似美女，男演员似帅哥，但真正有戏的演员太少，浑身是戏的“大腕”演员更是凤毛麟角。

6. 制景道具太真，费时费工钱，影响电视剧制作周期。

目前，不管是不是重点电视剧，在制景、道具上花钱太多，都追求特别真实。在确保故事情节强、信息量大、兴奋点多的前提下，应尽量做到以假乱真，既节约资金，又缩短拍摄周期，当然重点电视剧例外。

如果以上这几点都注意到了，怎么也不会拍出平庸之作。

四、文学创作

陈汉元虽然从事电视台的工作，而且很长时间还做领导工作，但是他一

---

① 我国第一部在室内拍摄的电视剧，也是我国第一部用电视化手段拍摄的大型电视连续剧。制片人：郑晓龙，策划：郑晓龙、王朔、李晓明等，导演：鲁晓威，编剧：李晓明，主要演员：李雪健、张凯丽、黄梅莹、孙松等。1990 年 12 月，50 集电视剧《渴望》播出，轰动全国，感动千万人，它创下的巅峰效应成为一个时代的神话，被称为中国电视剧发展具有历史性转折的里程碑。

② 《编辑部的故事》（25 集）是中国第一部电视系列喜剧，1990 年播出。编剧：王朔、冯小刚，导演：赵宝刚、金炎，主演：侯耀华、吕丽萍、葛优、童正维、张瞳、吕齐。故事取材于社会生活中的种种热门话题，独立成章，诙谐幽默，而且不乏引人深省之处。

直笔耕不辍，辛勤耕耘。除了众所周知的纪录片解说词创作外，陈汉元从 20 世纪 80 年代开始也像《哥德巴赫猜想》的作者徐迟一样，写起了报告文学，其中一篇写雕塑家刘焕章的题为《从蒺藜地上走过来》的报告文学发表在《文汇月刊》1983 年第 11 期上。进入 20 世纪 90 年代，他开始为作者的书写序，先后写了有二十余篇序，他写的序简洁、朴实，尽可能生动、形象地勾勒出他所熟识作者的主要风采和风貌。他的这些序言常常被人们津津乐道。他还写了多篇形似散文又像小说的杂文，逗得读者哭笑不得，勾起或多或少的思考，如《翘起尾巴，前进》《摊主》《神厥》《你才是小姐呢》，等等。他多次为厂家写广告词，他写的广告词充满了人情味，如出自他手的广告“喝了娃哈哈，吃饭就是香”“孔府家酒，叫人想家”“威力洗衣机，献给母亲的爱”……成为流行的广告语之一。

陈汉元的小说也写得妙趣横生，这里撷取一篇带有他真实人生经历色彩的写实作品。

房东秦大爷[①]

不知为什么，刚才在门外说的事进门就忘记，可是回想往事，越往从前越清晰。

1964 年，又搞运动了，这回运动的名称是农村“社会主义教育运动”，具体内容是“清政治、清经济、清组织、清思想”，简称“四清运动”。为此，不知其数的工作组被派往农村。我就是在这个运动中作为工作组员来到河南黄泛区的一个村庄，住进了一户姓秦的农民家里。

生产大队开大会了，会场就设在大队部办公室门口的场院上。

这是一个极严肃、极重要的大会，头天晚上已经反复通知过了。可是明明白白说好了八点开会，为什么到九点半了，还没多少人呢？老秦说：“农村不能跟城里比，俺们这里是七点开会八点到，九点误不了听报告，当中睡了一大觉，主要的道道照旧听得到。”

① 发表在中央电视台《岁月拾贝》一书中，王晞建主编，中国广播电视出版社 2002 年版。

我问："这话咋讲？"

秦大爷说："嘿，就是那几句话，车轱辘转呗！"

大队书记做检查了。他的大棉袄不是穿在身上而是披在肩上，讲话语气很诚恳，尽量使自己显得很有文化，用字比较节约。他说："我犯了很多很大错误，比如1958年大跃进，都搞深根密植，挑灯夜战，干劲冲天，我让大姑娘们也光着膀子干活拉架子车……"

底下哄堂大笑，一片哗然，好像没有人生气，我很纳闷，"这是真的吗？"

秦大爷点点头。

"大家怎么乐了？"

"嗨，那年头，大家都有点疯。吃饭不要钱，都是千斤田，共产主义在眼前，怎么不乐呢？"

大队书记姓什么，记不起来了，他还在自我解剖："细想起来，我这是忘本了，是好了伤疤忘了疼，是列宁说的，叫忘记过去就是背叛。我犯浑，不学习，好忘记，把本都忘光了。因此资本思想萌芽，披着马克外衣走资本道路……眼下，我依实求实，既不扩大也不扩小，竹筒子倒豆子，全倒出来了。"

会场上没人笑，没人叫，只有小孩们在乱跑。可我在肚里真的憋不住地想笑，资产阶级思想怎么就简化为"资本思想"了呢？这马克思主义外衣怎么变成"马克外衣"了？还有什么叫"既不扩大也不扩小"呀？

我对这个书记怎么也恨不起来，反而觉得很好玩，因为村民们并没有揭发出什么了不起的"四不清"问题。

当天晚上，我组织村民们讨论，动员举报，就在生产队堆柴火的大屋里。大家围成一圈，就地坐在麦秸上。好久了，只听见煤气灯吱吱响，就是没人开口讲。

秦大爷坐在我的右边，我说："大家都不发言，就这么坐着，不是瞎耽误工夫吗？我建议就从秦大爷开始，而后依次挨个说，谁也甭想跳过去。秦大爷你就说吧！"

在场的人都拍了巴掌。秦大爷开腔了："我说就我说，反正这个'四清'一定要搞，不搞'四清'不得了，不搞就要变天了，变天还得了！全国八九成人口在农村，农村'四不清'了，全国就不清了，这可是不得了的大事。不发言不好，很不好，这么大的事怎么能不发言呢？其实发言并不难。就像老母鸡生蛋，脸一红就出来了。大伙儿说吧，我就说这些。"

有人问："那你咋就不脸红呢？"

"嘿，老了，皮厚了呗！"

在无人响应的冷场中，老秦的发言很让我感动，好像是在伸手不见五指的荒郊终于有了一盏小灯笼。那时，我毕竟只是一个大学毕业不久的青年人，没有能力驾驭这样一个要在陌生的地方发动一群陌生人进行阶级斗争的会议。后来想起来，秦大爷讲的虽然很好听，其实什么也没有说。几十年过去了，我对他还是很感激的，他的话时不时地响在我的耳边，有时我还当作段子说给朋友听。

我在秦大爷家住了半年光景，与村民们也都混得很熟的。当时我穿最破的棉袄，而且还在腰里系一条绳子，头上戴一顶帽檐窝下来的棉帽子。以为这样一来也就成了贫下中农了。

有一天，社员们在地头工间歇息，记得是秦大爷的大儿媳妇说："陈同志，听说你就一个孩子，还是一个妞儿？"

"是。"

于是村民们就议论开了。

"你看人家，有文化就是有文化，觉悟就是高。"

"高什么呀，恐怕是养不起吧！"

……

我实事求是地告诉他们，一是工资低，二是没有老人照看，三是身体不大好，所以也就只生一个了，这与觉悟高低毫不相干。

大老爷们儿不言语，光憨乐，女社员们就嚷嚷开了，而且几乎一致地劝我："一定要有个儿子，要不，你就绝户头了。"

“可不，反正养一个养一窝都是养。”

秦大爷没掺和，他用绳子拴着一把瓷茶壶，打了井水，先递给我喝。我说自己不敢喝凉水，他说他一辈子就喝井里的水，说这井水是地底下的水，接地气，是过滤了又过滤的水。还说，甭信什么“不干不净吃了没病”，井水是最干净的水。

喝足了井水，他很不经意地问我一个问题：“一头牛在路上拉了一泡屎，热气腾腾的。农民见着了，你说，他会怎么做？”

“那还用说，赶紧铲走呗！”

“对了。我再问你，一个挺有钱、挺有权的人死在路上，你说，路上的人会怎么着？”

“赶紧报告派出所。”

“对，更多的人呢，是不是不敢靠近？是不是捂着鼻子绕着走？你说是不是？”

我眯着眼睛，听着。

他又问：“你依实说，一个人死了，是不是不如牛粪？”

我不再眯着眼睛，几乎是睁圆了双眼，看着这个好像看透了一切的农民，一时绝对语塞。

歇了一会儿，他心平气和地说：“你甭听她们瞎嚷嚷，生那么多的孩子有什么用？”

又是一个晚上，工作组要给贫下中农的积极分子上党课。课堂就是村里的小学堂，只有一间房子，没桌子，没板凳，只有七八排半尺高的土坯。

讲课的老师姓郭，原是大学的教员，后来到电视台当科长。她的声音很高很亮：“同志们，我们今天就开始上党课了，第一个单元先讲《共产党宣言》。我先念几段，而后慢慢给大家解释：‘一个幽灵在欧洲飘荡……’”

屋里灯光很暗，累了一天的农民们还没等老师开讲，就有不少人闭目养神，东倒西歪了。

但是一听到什么“幽灵在飘荡”的时候，一个个都睁大了眼睛，正襟危坐，不知老师要讲什么惊险的故事。

后来的发展是令大家失望的，老师越讲越像说天书，有好几位都打起呼噜来了。我们的组长姓王，他是位老革命，一看这形势有点急了，他一会儿去拍拍这个，一会儿去拍拍那个，大多数人的肩膀都被他拍过了。

“喂，你怎么睡着了？”

“没有呀！”

“那怎么打呼噜了？”

“哎，王组长同志，俺们站着干活啥事也没有，天黑了一坐下来，这儿就气不顺……”

我注意到，老秦的身子快倾斜得要倒地了。王组长凑过去捏了捏他的腮帮子：“喂，你怎么不好好听课光睡觉呢？”

“王组长，你言重了，我保证没睡。”

“那你复述一下，郭老师在说什么？”

“不是说，有一个鬼魂在天上飘着吗？”

“这是开头，后头说些什么？”

“王组长，俺庄稼人跟你们文化人不一样，俺是全听进去了，一句也不会掉，就是半句也说不出来……”

鼾声有大有小，此起彼伏，任凭王组长和我不停地做提醒工作，还是按下去了葫芦起了瓢。在情急之下，王组长实在无奈，哇哇地吹起了铜哨子。

在没有电视的农村，这哨声如警笛响彻夜空，课还在上着。

又吃午饭了，男女老少都捧着蓝边大海碗蹲在墙根下，一边喝棒子面粥（河南人叫“糊涂”），一边啃着窝窝头，咬着生大葱，一边聊着山南海北，天天如此，涛声依旧。

我挨着秦大爷，与他一样，喝着、啃着、嚼着，很有味儿。秦大爷完成了任务，就地靠着墙歪着头，又打起了呼噜，花白的胡子一起一伏，很均匀。一只苍蝇落到了他的胡子上，大概胡子上还沾着“糊涂”呢。冬天的太阳暖烘烘的，非常公平地晒着我，晒着他……

第五章

睿智人生

一、做客中央电视台《朋友》栏目

1999年9月初，中央电视台向全国隆重推出一档文艺栏目《朋友》。这档长达70分钟的栏目，每次是在隔周的周日晚7:35由CCTV-3首播，并在CCTV-1重播。

《朋友》栏目由全国青联委员、著名歌词作家张俊以任策划人；中央电视台资深导演袁德旺担任制片人；青年电视文艺编导新秀陈岚担任导演；请当时刚获得“金话筒奖”的主持人王刚担任主持人。

20世纪80年代中期访日

20世纪80年代，王刚在电台播讲《夜幕下的哈尔滨》一举成名，1985年主持首届教师节晚会，正式踏入主持人行列；他在北京电视台主持的《东芝动物乐园》栏目吸引了众多的小朋友观赏；从1994年开始，在电视剧里共演了168集的和珅形象，为大家所熟识。

1994年，陈汉元（左二）担任上海电视节“白玉兰”奖国际评委

《朋友》栏目在王刚的主持下，办得小巧、精致、温馨、亲切，总是吸引着一批相对固定的收视群体观赏。

《朋友》栏目在创意上有这样的考虑：每个有一番成就的人从青年时代开始走上社会，不可避免地会结交各式各样的“朋友”，而其中一定会有对自己一生产生过极

1993年，陈汉元（右）在台北与蒋纬国合影

大影响的朋友，他（她）在你人生的某一关键时期对你产生决定性影响，这样的朋友是令人难以忘怀的。

《朋友》栏目在邀请嘉宾做访谈时，通过这个“中心朋友”请上来几组他（她）的朋友，从这些朋友间亲切而随意的对话中，既回忆了深厚的友谊，同时又展示了许多鲜为人知的有趣的幕后故事。

而来到这里做客的朋友也都会摘掉以往的“名人”光环，随着栏目的进行，分三组将他（她）成名前后他（她）所认为的最值得请来的朋友请到现场，并当着观众的面介绍、回忆当年那些难忘的趣事。

《大地日子》中日记者见面会。前排右起为朱旭、吕中、陈汉元、山崎丰子、蒋雯丽

文化含量高是《朋友》的一大特点。“轻松、幽默、平易、感人”是《朋友》的风格。

陈汉元作为文化名人多次出访、参加各种文化交流活动，既代表单位，又代表个人。而他交往的圈子中也不乏名人。

《朋友》栏目是一个名人聚集的地方，在特殊的情况下，陈汉元就成了这个栏目的嘉宾。陈汉元的阅历，以及对人生的观察与思考，使得他在参加的节目中每次都有精彩的表现，他的真诚、敢于仗义执言的品性也由此可见一斑。

两次做客《朋友》栏目以后，台湾著名主持人凌峰对陈汉元做了一个评价，他说，如果给你说杨澜的话打60分，那么你为余秋雨说的话可以打80分。

杨澜做《朋友》栏目的中心朋友

杨澜作为一个成功的女性，曾被《朋友》栏目请去做一期节目。在做《朋友》这档节目时，她邀请陈汉元作为她的嘉宾一同参与，同时受到她邀请的还有台湾主持人凌峰。

作为惯例，每个朋友上来都要为中心朋友说几句话，王刚很自然地请陈汉元讲话。

陈汉元一开口就让人倒吸一口凉气。他说，无论做什么，或许在很多时候，非专业的人员会比专业的人员做得好，孩子会比成人做得好，动物会比孩子做得好，而杨澜比动物做得好。

陈汉元的话说得大家一愣。

他接着解释道，杨澜有扎实的文化积累，所以她在台上的表现比动物还

陈汉元（右一）与电视剧《只要你过得比我好》小演员合影

要自然、聪慧，浑然天成。

听了这句话，人们松了一口气，露出会心的微笑。

2003 年，陈汉元（右二）与杨澜等人在国家图书馆

余秋雨做《朋友》栏目的中心朋友

余秋雨作为文化名人，也被《朋友》栏目请来做了一期节目。在做《朋友》这档节目时，他也邀请陈汉元作为嘉宾参与。十分巧合的是，同时受到邀请的还有台湾主持人凌峰。

在谈到这次做嘉宾的经历之前，陈汉元还谈了他与余秋雨的一次有趣的交往。

陈汉元：不知道是什么原因，有一次，余秋雨从深圳给我打了一个长途电话，说咱们能不能搞一个公司，结果就成立公司了。

哪几个人呢？有杨澜和她的丈夫吴征、余秋雨、我和四川电视台的潘小扬导演，后来潘小扬调到中国电视剧制作中心来了，他拍了一部当时打得挺响的电视剧《南行记》[①]。

① 6 集电视剧，艾芜先生的名作，特邀艾芜先生出演。导演：潘小扬，演员：王志文、许晴、赵军，发行时间：1991 年。

陈汉元（左一）做客《朋友》，左二为凌峰、右一为杨澜，右二为主持人王刚

我们在上海开了一次董事会，以后也没怎么经营。没多久，我提议：大家有的在上海、有的在深圳、有的在四川、有的在北京，没法管理，我就说算了吧。

这个特别短命的公司就散伙了。这挺有趣吧，几个文人办公司。

石屹：你们这叫儒商。

陈汉元：儒商，从当时的可笑程度上来讲，就我和余秋雨等人的这个“儒”，应该改成吃奶的“乳”。特幼稚，什么也不懂，就想办公司？那就成了一帮“乳商”了。

和余秋雨，我们俩没有任何共同的业务，当他遭到围剿，我就想，就算“文革”的时候他不地道，是“写作班子”的人，我别的不管，就像你刚才提到的年轻，可以算年龄嘛，往前数，他那时也就是二十多岁，假如他是你们的儿子，你可能离开社会背景，那样鞭笞他吗？

中央电视台有个栏目叫《朋友》，其中有一期是讲余秋雨的，余秋雨就邀请了我和台湾的凌峰当他的朋友。

石屹：是王刚主持的吗？

陈汉元：是王刚主持的。在45分钟的时间中，余秋雨是主角，我是他的朋友。王刚就说社会上还是有不少人提到余秋雨“文革”当中的问题，这个问题应该怎么看呢？当然他不会去问凌峰了，就问我。

我说，有人说余秋雨写了文章，应该怎样看？我认为应该这样看。比如一辆挤满了人的公共汽车，往前开，越开越快，然后不知是一个怎样的情形，司机来了一个急刹车，全车凡是站着的人都摔倒了，后面的人扑在了前面人的身上，甚至踩在前面人的身上。这时候，被踩的、被扑的是一个女的，她一转身就骂那个男的。

这不是那个男的原因，那个男的就直喊真对不起，真对不起，真对不起。

你还掉过头来说，你流氓！我说这个意思就不大了，因为不是他的险恶用心造成的这样一个后果。当时是一种不可抗拒的惯性造成了这种局面。我说他已经说了对不起的话了，你应该以谅解的态度来对待，不然的话就没有意思了。

二、应对中央电视台主持人

说到主持人，陈汉元有很多要说的话，他不仅提倡了在电视节目中设主持人，还参与到一些活动中与主持人对话。

在这些活动中，陈汉元也有不俗的表现，成为他人生中的精彩篇章。

在2007年8月上旬哈尔滨的颁奖活动中，陈汉元留给人们的印象被书写成了文字，这就是仲呈祥[①]写的《纪录片务求“化”人“养”心》。

在文章中，仲呈祥对陈汉元做了这样的评价：在市场经济背景下，纪录片创作坚持“化”人“养”心，确非易事。著名纪录片专家陈汉元先生不久前答记者问就自谦地说也许我的子孙将来会笑话我的作品幼稚，但我干一辈子纪录片却无怨无悔。窃以为，随着时光的流逝，纪录片的史学价值、美学价值和文化价值将愈益彰显。记者也以为后人会将像今人尊崇孔子、孟子一样尊崇汉元先生的作品。汉元先生深情幽默道：“我哪里配当什么‘子’，我

---

① 著名评论家、中国文联副主席。

永远是中国人民的孙子！”语中之意，不正是当代纪录片人共同坚守的一种可贵的文化自觉吗？

1983年，中央电视台《为您服务》特别节目，陈汉元（左二）与沈力主持

陈汉元： 说到主持人，我还得了一个主持人特别贡献奖，一共6个人得奖。我为什么得奖？一个是我首先倡导在纪录片中设主持人。第二个，我有言论，我说主持人是一个电视台的门面，他（她）的好坏会直接影响到电视台的形象；主持人的功底素养代表了这个电视台的文化品位，主持人在一个节目里面会起到很大亮点的作用，尤其能够弥补节目的不足，不只是起到上下衔接的作用，还能够弥补节目不可能展示的材料；主持人起到了一个泥瓦匠的作用，就是齐不齐，一把泥。

本来要上天搞航拍吧，那要花多少钱；靠解说吧，也说不清楚；因为要俯瞰，这时候主持人在那里描绘，带领着观众从空中俯瞰大地，这为电视台节约了多少经费。所以，我说齐不齐，一把泥，那就是主持人的作用了。

主持人的活动还会拉近电视节目和观众的距离，电视节目就变得很亲切，与人们很亲近，所以，主持人的设置太重要了，他们的地位、作用也是太重要了，他们的工资如果比台长高出几倍都是应该的。台长就如同编剧，他在后面，观众是看不到的，观众看到的是演员；同样主持人是站在前台，站在台口的，屏幕上出现的是主持人，不是台长。所以对这个台、这一档节目有好感的不是台长，而是这个主持人，因此，最后节目的完成是由这个主持人来完成的。所以主持人在一些国家比总统的工资都高，道理就在这儿。我就把这套东西用到我们国家，用到中央电视台。中央电视台这样做，别的地方台也跟着这样搞，后来就一点点、一点点搞起来了，后来又出现了主持人大赛，选拔主持人。大家也都越来越重视主持人。这是历史，所以我就得到了这个贡献奖。

我自己还杀出来当主持人，和沈力一起主持节目。

石屹：您是多方面地参与了。

做客《实话实说》第二期

1996年4月28日，《东方时空》推出“周末特别奉献”节目《实话实说》，这是演播室谈话节目，国外叫 Talk Show。

《实话实说》通过“提出问题（现象）——不同观点的展示和辩论——达到意见统一”的节目形式，通过让有代表性的意见充分表达和碰撞，最终达到发挥舆论导向的社会功能。

《实话实说》推出了一种新型的主持人，他游动在现场观众中间，在嘉宾和观众中穿针引线，推波助澜；在倾听、询问、交谈中揭示主题、概括观点、显示矛盾，点到为止，机智幽默地营造心领神会的交流氛围。

《实话实说》主持人崔永元的形象丰富了中国电视屏幕，也使中国观众改变了对电视主持人的固有观念。

陈汉元：《实话实说》做第二期节目，我和侯耀文、周孝正等人做客《实话实说》，崔永元主持，讲戒烟问题。

侯耀文主张抽烟，周孝正反对抽烟，我坐在正中。我原来抽烟，后来戒掉了。

崔永元就问我，你是戒掉的，真有毅力。

我回答，光靠毅力是解决不了问题的，是会生病的。

他说，那靠什么？

我说，这代表了我一种思想，靠想通。

他问，怎么想通呢？

我说，因为我们的祖宗不抽烟嘛，为什么他的子孙一定要抽烟呢？

他说，谁啊，从哪一代算起？

我说，从树上算起，人是从猴子变过来的，猴子就不抽烟，为什么人要抽烟？我们变成人以后的祖宗，很长一段时间是不抽烟的，就是现在也有很多活人是不抽烟的，凭什么我们非要抽烟不可呢？何况抽烟对自己那么有害，要得病，而且 X 光照片照得那个肺很脏很黑，起码早晨起来嘴巴很臭，而且弄得家庭很不和睦，人家被动吸烟非常痛苦。

在讨论戒烟之前，让我们一人说一个段子，先是让侯耀文说，他说我年纪大请我先说，我就说了。

有三个老头一起喝茶、聊天，都哀叹自己岁数大了，记忆力一天不如一天。

第一个老头说，你看，我刚才那么急急忙忙跑回家，现在我回来了，你们帮我想一想我刚才到底干吗去了？我刚才觉得有一个特别重要的事要办，但是跑到家里，转了好几圈，就想不起来我要办什么事。

大家都笑了，这谁知道你刚才干吗要回去？

第二个老头一听，说，你这有什么稀奇的？我家住在四楼，每天上楼下楼不知要走多少回，每回到二楼我都要休息一会儿，这一休息，就坏了，就死活也想不起来自己是要上楼呢，还是要下楼，就这样每天瞎耽误了很多时间。

第三个老头一边听，一边拍桌子，一边说，至于吗？我就比你们小 3 岁，也不至于记性那么差，然后，他还在拍桌子，突然他停下来问大家："哎，哥们儿，谁在敲门啊？"

那两个人就发愣了，谁敲门？是你自己在那里敲桌子。

这个段子是我创作的，即兴创作，后来被人偷去了，登在《北京晚报》的一个小角落里。结构完全一样，第二段改成我把东西放在冰箱里，结果想不起东西放在哪里了。

石屹：*这段话是什么时候让你们说的呢？*

陈汉元：是一上来。

石屹：*然后才介入戒烟的谈话是吗？*

陈汉元：嗯。是作为节目内容。

说各位观众，我们这个节目就要开始了，现在先请这几位嘉宾每人来个段子怎么样？大家鼓掌。

主持人对着侯耀文说你是说相声的，当然由你先来。侯耀文说，不不不，谁岁数大谁先来。望着我：你岁数大，你先来吧。我急眼了，说了这么一个段子。

我既不是第一个老头，也不是第三个老头，我就是第二个老头，因此就搬到第二层去住了，现在一直住在二楼。

陈汉元

哈尔滨颁奖

2007 年 8 月全国文献纪录片研讨会在哈尔滨举行，并进行了颁奖活动，陈汉元作为颁奖嘉宾和获奖者在会上讲了话，中央电视台主持人张泽群问陈汉元如何评价纪录片。陈汉元说，每一部纪录片都是一段有声有色的历史。有人说历史是胜利者对往事的纪录。今天这些作品也是胜利者对往事的纪录，它们既充满了感情色彩，又带有理性的光辉。虽然我们的子孙看了我们的作品可能会感到可笑，但是他们会感谢我们的，他们会感谢我们把这段生活记录下来，从中他们会了解到我们这一代人是怎样生活、怎样思考、怎样解决问题的。这些片子会价值连城。

张泽群问，你有很多很经典的话，如果五百年以后会有一个人像于丹评《论语》那样评价你，你有何感慨呢?

在此之前刚放了一段纪录片《邓小平》，这个片子中正好有邓小平说“我是中国人民的儿子”的镜头。

听了张泽群的问话，陈汉元大声地说：“我永远是中国人民的孙子！”

全场鼓掌，一时间这句话成为此次大会出现频率最高的口头禅。

陈汉元认为，这是他最恰如其分的回答，因为他的前辈人已经说出了是中国人民的儿子，他称自己是中国人民的孙子是再自然不过的事。

三、人性化管理

长期在管理岗位的陈汉元有时也会遇到棘手的事。但是作为管理者，有时虽然心中有想法，但又不便明说出来，还要解决问题，于是他就用了自己的方式来解决问题，大家因此也没有伤和气，而且又保住了当事人的尊严。

虽然，事情已过去了很多年，但是在今天看来陈汉元解决问题的方式依然有借鉴作用。他处理问题时，把对方的利益也考虑进来，用现在时髦的话讲，在那样的年代陈汉元采用了人性化的管理方式。

报销车票

陈汉元：在外边有一个引为经典的笑话，是对上下级关系的处理事情。讲的是在那个特殊的年代报销车票的事。

那时我是中央电视台一个编辑部主任，报销需要我签字。大家报销路费要填一张表格，还要贴上出行的火车票、汽车票、长途汽车票，一大叠，会计要查的。有个人报销的车票不少是脏的，上面还有胶鞋的印，一看就是捡来的。那时很困难，几毛钱一张票。

我知道他是捡来的，又觉得他这个行为不好，但同时又很同情，觉得可以理解。那时工资才几十块嘛，我就写了个条子，贴在他的报销单上。

我说请你以后拿干净的车票来报销，然后装在信封里退回去了。

他一看就明白了，又重新填，把那几张脏的拿掉了。

再送来的时候，我就签字，同意报销。不再提这件事。

石屹：这件事的处理，讲究方式方法。

陈汉元：有技巧，也有人性。

石屹：应该说是人性大于技巧，体现出处理问题的水平。

陈汉元：不要让人家为了这么一件事下不了台。同时也坚持了原则。给了他一个面子，我也相信他以后不会犯类似的错误。

石屹：以后其他人也不会这样做了。

制片人请缨做导演

陈汉元：我在电视剧制作中心当领导的时候，有一个人不是当导演的，是搞制片的，可是他想导演一台晚会，我说：你怎么想搞一台晚会？电视剧制作中心不搞晚会，你也不是导演晚会的，电视剧你也半集没导过，怎么要去当导演？

这人平时在外面是当制片人的，可能也是因为心虚，到办公室里来给我送了个报告，我看了半天，看不出个所以然来。

我对他说，你的报告我看不太明白，你能不能用几句话把这个晚会的主题思想说清楚。先不要说结构，什么是主题思想？就是小学课本里讲的，通过什么，说明什么，你能不能用几句话给我讲明白？

他讲了十来分钟，一头大汗，都还没有讲清楚。

我说你出去转一圈，重新整理一下思路，我给你三分钟时间讲，不是三句话。

时间到了，他进来了，说，陈主任，我现在开始讲。我说，我洗耳恭听，你请说。

他又是说得满头大汗，他说，陈主任我讲不清楚。

我说，你怎么了？

他说，我慌，我讲不了，你饶了我吧。

我说，这事不能饶。你讲不清楚，是因为你没有想清楚，想清楚了，一定会讲清楚。你没有想清楚，就想领取经费搞节目，那我不是糊涂官判糊涂案吗？那不行啊。我坐在这里差不多也是一个县太爷吧，不能乱用惊堂木，说行，你还是回去好好想想吧。

我建议，你为了弄清楚思路，回家去写，写出来以后自己念一遍，会发现很多错误，这也不通，那也没讲清楚。

他说，那好，我回去写。

后来他再来讲，我说这就不错了，清楚了。

他还特感激，说这样一来就迫使我想问题，以免走弯路。

我说，哥们儿，就这个意思。我也不是在这儿耍威风，你说说，我这样做是不是刁难你?

他说，不是，不是，这是对我的一个帮助。

石屹：后来他晚会办了吗?

陈汉元：他发动有经验的编导和他一起办。

石屹：还真的动了一番脑子。

陈汉元：我有一个经验，凡事动笔写一写，那会大不一样，那就叫过脑了。

石屹：想当然不如落在纸上实在，那就有一种沉淀了。

枪毙不理想的作品

这是摘自中央电视台博客上的一段文字，虽然陈汉元本人对此事不以为然，但是他的处理方式还是给人留下了深刻的印象。他采用了反其道而行之的策略，轻松地解决了一个不容易解决的问题。

下面就是这位编导的记述，行文使用了调侃的语气，语言生动有趣，笔下的人物形象跃然纸上：

你聪明，你毙片子让人心服口服，你毙得人心花怒放眉飞色舞。

一般来说，你枪毙片子前，先是安抚人心，说编导的优点、长处、强项及前途，还说看这些画面就知道你受了多少累，不容易，不容易。就凭这样的精神，中国电视的希望在你们身上。

说着，你毫不客气地把温暖的瘦长有力的手拍在编导肩膀上。有80%的编导被你一下子就拍得潸然泪下。有这样懂编导甘苦的领导关心着再苦也值。

有一个爱写诗的编导当你古训把手拍在他身上时，他脱口而出："老古，我这一百来斤就算卖给您啦！"你这时眼圈子也红了，你特仗义地喊："哥们儿，没得说哇！"多么地和群众打成一片的言辞啊。整个儿一个鱼水关系血浓于水啊。

我费了好大功夫抓拍、偷拍、抢拍、速拍了一个纪录片，表现当代改革家的酸甜苦辣。里面有一句解说词：80年代是改革者的天下。我与之相对应地配了一个男女相亲相爱，敢亲、敢爱，相互搂抱在一起的镜头。那是我在上海外滩等了三天才拍到的镜头。

白天拍，人家不抱在一起；晚上拍，光线又不够，只能在夕阳中拍那些如饥似渴、烈火干柴的等不到天黑便大胆举动的男女。

老古你骨子里认为这有伤风化，不能登大雅之堂，但你不这么说。你怕这么说，我会骂你老封建、假正经、伪君子；你怕这么说会降低你的水平。

那一次你毙了我这个搂抱画面，可毙得水平高哇，令我终生难忘。

你说，不错。这是你的第一句话。

处女作能搞成这样，真不赖。这是你的第二句话。

然后，你说那个男女拥抱的镜头失败了。男女接吻看不见嘴在动，有什么意义？

你说好莱坞女明星玛丽莲·梦露的嘴在接吻时多么动人，你说接吻只有看见嘴在乱动才有魅力。否则就不是电影，也不是电视，而是静止的照片。

你当时像在训一个没用功的学生：应该让他们抬起头来让你拍。我大声叫屈，就是纪录片大师伊文思去拍，也完不成啊。你说，既然拍不着成功的，就干脆放弃，没有金刚钻就别揽瓷器活儿。

你开始分析道：80年代是改革者的天下配上这画面好，给人以联想，是啊，敢在大庭广众之下接吻，连这玩意儿都改革，还有什么不敢改不该改的呢？意味很深长，但是画面不成功，丢了你的人。

你问我，是你拍的吗？我说是。你开始鄙夷地看我："专业摄影记者拍出这等镜头，不怕我老古说你？"你说得诚恳。我惭愧了。我当即表示要换上一个工农业生产蒸蒸日上的镜头。

你肯定地说，那效果一定比现在好。

瞧你，你枪毙片子多么有艺术啊。你这艺术的刽子手！

你用调侃把关，你用幽默办事。当时毙了我那个镜头，我心中恨透了你。你跟我胡侃，你声东击西指南打北歪打正着。你抡开了侃。我便云山雾罩地听。你把我侃晕，然后再表达你的意思。……

四、圈内人眼中的陈汉元

在纪录片行业中，陈汉元是一位领军人物。但是私下里人们眼中的陈汉元又是怎样的呢？在这个篇章里，特请业内著名纪录片编导与同事，写下了他们眼中的陈汉元。朱景和、梁碧波、陈晓卿三人分别从与陈汉元的个人交往中提取了他人生的片段来描写，在他们苍劲、生动、鲜活的笔调中，我们看到了一个睿智、有趣而又不同于以往的陈汉元。中国传媒大学电影学博士研究生宋素丽也讲述了她对陈汉元的了解。

一代中国纪录片领军人

——近看汉元

朱景和

作者介绍：中央电视台高级记者，中国视协纪录片学术委员会副会长。主持创办了中央电视台纪实名牌栏目《兄弟民族》《九州方圆》《神州风采》等；除了早期创作的多部纪录片代表作外，还主持过大型系列纪录片《唐蕃古道》《蜀道》《共和国之恋》《力的聚合》等的创作；著作有《纪录片创作》《电视纪实艺术论》《我当记者30年》《电视节目大世界》等；并有电视剧、长篇历史小说作品问世，涉足的创作领域十分广泛，是业内的一位长老级的“全才”人物。

尽管他小我好几岁，踏入电视门槛却早于我。1962年9月至今，除因工作和上“五七干校”两度分别几年，从同组同部同台相处，变化仅是从“同事”到“同休”。

石屹教授嘱我写点“近看汉元”。我看她的“专访”书目，既全面又系统，“近看”似乎多余。但我仍愿写一点有关汉元的虚虚实实——我记忆中想到的，同行们知道的不知道的。借“专访”与读者交流“汉元话题”，也是一快。

一、从模仿到举旗——“论定”焉需“盖棺”后

“盖棺论定”是全面评价一个人功过品行的成规，很科学。好人晚年成罪犯，恶人立地成佛者都不罕见。不盖棺何能论定？评价某人某件事，却不必待盖棺。汉元七十有余，在当代人中不属古稀，仍在演绎有趣人生，全面评价尚需时日。但他在中国纪录片艺术方面的作为、影响，却已公论私论多多。见诸报端的也不少。中青年同行直呼“老爷子”，充满敬仰之情；“纪录片大师”“领军人”是专业性荣誉称呼。如果以某个范畴冠之其人其事或可有助于解读中国纪录片发展轨迹，至少对谈论艺术发展无害。

实际情况是，从他的成名作《收租院》到代表作《雕塑家刘焕章》，再到《话说长江》，等等，是中国电视纪录片“初创”和“初步繁荣”两个阶段的创新佳作代表，既非传统的新闻报道风格，也非后来的写实形态。中国式文学纪录片，他是最具代表性的举旗人。

一部16毫米电视纪录片被国家破例列入全国影院放映，两题解说稿入选中学语文课本，影响一代人。其实际影响、价值与某种奖牌比较又多几道光彩——作者的、电视纪录片艺术的光彩。

有人说90年代以前的中国纪录片是“画面加解说的格里尔逊式”，此论只有部分道理。

同是解说词，重要差别在于新创一种不供阅读只供“配片”的“残缺文体”：口语、文言不拘一格，甚至只言片语东一榔头西一棒子的行文，看似与影片无关（“声画分离”形态），读来莫名其妙。然而，正是这种独特文体与出自高手的拍摄、剪辑相配合，却能虚实相济珠联璧合——一种特有的写意写实美。而虚实一体正是水墨画和舞台戏曲为代表的中国艺术传统精华。影像写实的外来艺术与本土艺术传统结合的新形态——

以新型文体为特征的文学纪录片风格的形成和良性影响，是中国电视纪录片初创时期和初步繁荣时期的最重要成果，至今生命力茁壮。

《望长城》则是90年代以后中国纪录片发展新时期的里程碑。

作为制片人，汉元与摄制组主创们共谋吸收西方多个写实学派多种艺术手段，以长画面和视听并重开创新风格的探索。为了强化新型艺术个性，他与总编导刘效礼两位解说词高手，断然收起手中的笔，放弃已经写好的拍摄提纲，放手地用两个摄制组进行视听并重的写实纪录。这是何等的胆识与决心！

天不负人，第二个中国气派的新形态——写实纪录片一鸣惊人。在中国纪录片发展进程中，这是新形态的开创；对作者而言，则是艺术主张和追求的大转变，“领军人”的胸怀，举旗人的视野。一些国际纪录片大师不正是由这种转变（如由先锋派到现实主义转变的伊文思）而常褒艺术青春吗？

中国人以谦虚为美德，重实干，少张扬，是否也有不利不美的一面呢？西方一些人动辄行动伴着宣言，“主义”“流派”常更新，似乎有失稳健，却是一种勇气与活力。那些影响大、生命力强的艺术主张的形成不正是喊叫加实干的结晶吗？中国人自己创造的两大风格（形态、流派），实践热度不减，对其独特主张、经验、规律多给一些关注、剖析，不是有益有趣的吗？

或曰上述作品尚有某种缺憾和不同评价。然而，哪部经典名著没有褒褒贬贬，不同评价？

二、领军人和他所在的团队

天才加勤奋等于成功，这是真理。

他的才能表现为佳作成批，众人称赞。可是，一个人的勤奋却不是那么直观，也不简单表现为常言的“努力”“刻苦”，至少在他身上还表现为自觉适应环境与真情融入集体的品格。

当年的电视台新闻部只有一个文教组和一个工农业组，各有“七八条枪”。直到第一个十年的后期，人马扩大了几倍，来自四面八方的既拍新闻又拍纪录片的记者们（以来自“新影”和“八一”两家电影厂的摄影师为主），绝大部分是夫妻千里分居的假光棍（他自己也是妻子女儿远在上海，两地苦撑多年的假光棍）。这帮真假光棍们白天各忙东西，一到晚上便返回新闻部办公室，以特别的方式消磨特有的业余时光：有的在剪片机上逐格推敲影片接点，有的在琢磨解说稿，还有三三两两为推敲一部影片结构“斗牌”——把待编作品的内容一一写到纸签上，反复排列、比较，等等。一道独特风景，俨然影片“沙龙”。反正宿舍里既无电视也无“天伦”，用这种方式对付白天留下的难题倒是一种快乐。

这种业余活动虽然聚无准时、散无定点，今天少了张三明天多了李四，却能四时不断。

于是，一些奇招、妙法、好点子，就在不拘形式的商量、争论中产生了。

于是，非科班出身的电视编辑记者们就这样从入门到上路，从外行变内行了。

无文凭的“专业研修”，不挂牌的“沙龙”，央视纪录片团队成长的特殊摇篮！

更可贵的是，“沙龙”里所形成的特殊关系——亲和无间，情同手足，集体创作最可珍惜的哥们儿姐们儿关系。

在这个“沙龙”里，多数的人是他的兄长，受他尊重；兄长们也无私地对待这个初露锋芒的年轻秀才。《收租院》的摄影高手朱宏和王元洪当时是两位真光棍兄长，《雕塑家刘焕章》的摄影编辑李绍武是科班高手，《话说长江》的总编导戴维宇是一位专业功力出众的大哥。《丝绸之路》和《黄河》的总编导屠国壁和《望长城》的总编导刘效礼两个假光棍，以及优质高产的李华（组长）、庞业龙、冀峰、孔令铎（组长）、叶惠（组长）、化民、田亨九、于广华、李锡明、刘天湘、刘申、童国平、吕逢欣、林钰、左耀东、金德显（朝鲜族）、臧树清、王娴、强巴（藏族）、朱继峰、马靖华、魏中涛、高昌龄、吕斌、穆中里、蔡慎穆、拉白（蒙古族）、贾廷安（傣族）、王光龙（彝族）、赵化勇、张长明、张茂西、董石才、李海明、吴明训、李芳庭，等等，都是这个团队的基本成员。

“沙龙”里还包括一些地方电视台抱着胶片来加工的记者们。青海台的王怀信，江西台的王燕祥，山东台的孙玉平，等等，都是视纪录片如生命，一聚就是几个月的伙伴。

众人的经验教训堪为滋养，被他自觉吸取；他的创新意识和大小招数、点子融入集体创作，为作品增光添彩，铸成佳作。

那时的“沙龙”成员们不讲竞争，只知共进。作品不署名，也认真（今天看，也存在管理粗放落后的一面）。

学中文的他居然不会写八股，被人视为个性怪异。他发誓“不吃别人嚼过的馍”，孜孜追求自己的语言个性。于是，“一撇一捺”“哪壶不开提哪壶”“跋山涉水”等妇孺皆知的词语，到他笔下便换了意，变了味，赋予视像奇特意境，为作品爆火花，闪亮点。而第三次春节联欢晚会在工人体育场举行，出了些纰漏，他奉命代笔替台长写检查报告，格式文章难倒了文章秀才，竟数易其稿难过关。

至于《收租院》里那几个令一代中学生难忘的诗化批判妙段，被人赞为“妙笔”“绝笔”。其实呢，那首先是一个贫家子弟特殊感情的真实倾泻；对压迫剥削的本能憎恨才是绝唱珠玑的培养基。真情佳句之产生千古同理，经典绝唱罕见单凭文字功力所能为者。

一种真实感情，纪录片人、电视人最可宝贵的真实感情。

三、纪录情结——电视情结

一个文学青年进大学便有了作家梦，出校门偏偏做了电视人，爱上纪录片，以至于爱上电视艺术的多种门类。这是他的职业情结。

不讲条件干一行爱一行成一行，是那个年代读书人的最佳表现；专业有成，便当领导——自己会干就应当会管理、会带人——是那个年代人的用人成规。

他经历了编辑、主任、副台长；分管过专题（社教）、经营、外事、广告和电视剧等部门。多年官职之内的业绩呈另一类灿烂。

他的特别在于：当官不停创作，当官没有官架子，同事们愿意与他合作。成批歌词、广告词、解说词佳作是一个领导干部的“业余成果”。作家梦已圆（且是中国作协兼职负责人），是曲径通幽，殊途同归。

他的人生之路，为中国电视事业添一奠基干员、举旗人物。

人在自然注定的生活轨道上滑行，主观控制力是有限的。何况一个与电视事业打成“死结”的人，足以冷静应对意料中和意料之外的波折——也是一份真情。

同事们所见的他，对中国电视的方方面面始终充满真情。后期的火热劲（和成果）不曾稍减，倒添了许多冲劲。

同样，业内业外对他的真情也久不降温。“下岗”以后的忙碌便是说明。

在中国电视五十年前夕的一次干部会上，他说：

“现在中央电视台好比是一架战略轰炸机，它之所以能够执行任务顺利，不能忘记是前人修了相应的跑道。当然，现在飞得好不好就看机组的水平了。”

这是最新的真情表达，自然获得真情回响。

2008 年 4 月 1 日愚人节

名士风流陈汉元

梁碧波

作者介绍：原成都电视台纪录片编导，现为中央电视台中央新影集团梁碧波工作室总监。主要作品有：《峨嵋女尼》《二娘》《马班邮路》《三节草》《婚事》《熊猫宝宝成长的故事》《冬天》《老照片》《废墟》《武陵镇》《千秋川菜》《克什米尔的春天》《巴基斯坦女子特警队》等。

我初次见到陈老爷子，是在 1994 年秋天。

那是 1994 年 10 月，中国纪录片学术委员会第二次学术会议在银川召开，由宁夏台承办。在我的印象中，那是纪学会最成功的一次会议，可以说是空前绝后。组织会议的灵魂人物是宁夏台的康健宁，人称康大爷。康大爷当时邀请与会人员的标准不是按电视台分配名额，而是指着人邀请，谁有好作品就邀请谁。于是，就把会议开成了群英会，高峰、魏斌、王海兵、陈晓卿、高国栋、祝丽华、刘景锜、章焜华、王海平、王子军、沈蔚琴等一大批中国纪录片的中流砥柱都在会上，《龙脊》《壁画后面的故事》《大红枣儿》等一批里程碑似的纪录片也是在这个会上首次亮相。我因为拍过一条 4 分钟的短片让康大爷觉得孺子可教，所以也荣幸地受到邀请，赶上了这次盛会。

一部片子又一部片子，一场讨论又一场讨论……每天的会议就这么没日没夜地开着，看得昏天黑地，看得热泪盈眶，没有人私自逃会，每个人都那么投入，那么真诚，那么把纪录片当回事。我当时是会上年纪最小的两个人之一（另一个是陈晓卿），完全是个小屁孩儿、青沟子，对这些大师和他们的作品崇拜得不得了，经常尿胀了都不敢出去，生怕漏看一个镜头漏听一句话。直到今天我还保存着那次会议的笔记本。

就在我的崇拜快到高潮的时候，高潮真的来了——会议快结束的那天下午，会议室的侧门突然大开，门外长长的走廊灯火辉煌，一个瘦巴巴的老头在一群衣着光鲜一看就很体面的人群的簇拥下，面带微笑向会议室走来，全场起立，掌声雷动……我师傅王海兵一面鼓掌一面给我说：最大的腕来了！我傻乎乎地睁着迷茫的小眼睛看着这瘦小的老头和周围热情澎湃的大腕们，崇拜的高潮喷薄而出，觉得这老头的身上仿佛散发着金光，身后似乎叠化着一轮红日，远远地好像有高亢的信天游飘来：山丹丹那个花开红艳艳……

小老头在主席台落座以后，我师傅悄悄地给我说：这就是陈汉元！

当时我刚刚入道，哪里晓得啥子叫陈汉元？所以就继续睁着迷茫的小眼睛看着我师傅。于是，我师傅就以他几十年如一日的耐心给我细说陈汉元：原中央台副台长，现在是电视剧制作中心副主任，纪学会的会长……《收租院》《雕塑家刘焕章》《话说长江》《话说运河》……最后，我师傅谦虚地说：老爷子从来没给人写过评论文章，我的《藏北人家》出来以后，他给写了一篇，是唯一的一篇……幸福之情，溢于言表！

那是一个崇尚作品的年代。陈汉元的这一串作品，砸得我晕晕乎乎的，于是仔细端详起坐在主席台上的陈汉元来：瘦精精的、干巴巴的、两个眼睛贼兮兮的，横看竖看都不像好人。突然掌声又起，原来该他做总结发言了。于是，身为中国纪录片学术委员会会长的陈汉元，代表组织讲话了：

前几天我回上海参加了中学的同学会。其实这段时间我很忙，但为什么要去呢？我是想去看看我那中学时代的梦中情人现在如何了！不看不知道，一看吓一跳，——风韵犹存哪……

老爷子的这几句话一讲，全场掌声雷动！要知道，90年代中期远不如今天开放，严肃、沉重、板起面孔训人是那个年代的主色调。他老人家如此生动和个人化的语言，在一个全国性的学术会议上讲出来，立即激起了强烈反响，全场大腕的情绪都被煽动起来，立起耳朵听他讲：

……什么是精品？又好看又深刻就是精品，如果要排序的话，第一是好看，第二是深刻……

“好看”“深刻”是当时讨论的关键词，围绕这些概念，各种观点都有，比如康大爷说：“深刻是最重要的……”我师傅说：“片子不同，要求不同；有些要深刻，有些要好看……”陈汉元的这几句话就是针对大伙的讨论说的。后来我在欧洲在美国在澳洲在世界上的很多地方见过了各种各样的洋大腕谈纪录片，都没有他的这句话给我的印象深。

……现在有的人拍片子，没有思想没有创意，只知道纪录不知道提炼，我把这种人叫做“跟腚派”……

见我的小眼睛又开始迷茫，我师傅就给我解释说，北方人说的腚，就是我们四川人说的沟子，书面语叫屁股。“跟腚派”就是莫得想法，只晓得跟在人家沟子后头瞎拍的意思。

那次会议就在陈汉元充满娱乐精神的讲话声中结束了。记得余秋雨曾经说过一句话：学术会议就是为大多数人提供旅游机会、为少数人提供成名机会的地方。陈汉元是早早就成名了的，在宁夏那次会上，我感觉他更加有名了，大家众星捧月地簇拥着他，崇拜着他，他也乐在其中，享受着大家的崇拜与尊敬。

旅游机会还是来了。会议结束后，宁夏台组织大家到祁连山下去游一个湖，湖的名字叫砂湖。一到湖边，当地人就请陈汉元题字，老爷子欣然提笔：祁连山下一沙湖……刚写到这里，当地人就叫起来了：不是这个沙，是石字旁那个砂……当时我心想，要换一张纸重写了，谁知老爷子还是继续写下去，写的内容居然是：哦，不是沙，而是砂呀……

后来我师傅告诉我说，陈汉元的老家，是出唐伯虎那种才子的南方，不是我们这种被叫作“蛮夷之地”的南方。他在上海读的大学，毕业的时候原本是分配到四川高教局当老师，对直来教育我们的，谁知还没来得及报到，就被改派到中央台了。从那以后，就在中央台以文采璀璨而著名，拍了一大堆优秀节目，间接地教化着我们四川人民。说起来，他在学术上的起飞还是基于四川，“文革”中他以《收租院》拔地而起，著名的解说词“斗啊斗，吃人的口……”被列入小学教材，被四川乃至全国的小学生传诵。他自己也拍而优则仕，官至副台长。我见到他的时候，他基本上已是闲云野鹤了，幸亏还有纪录片这片天空让他翱翔。

宁夏会议以后大约有五六年时间，中国纪录片一天天走向高潮，热火得很。每年，纪学会都要找一个杭州、厦门这样的好地方开一次会，发一次学术奖。会长陈汉元是大家当然的中心，他的讲话总是大家最喜欢听的。除了归纳、总结、提炼、指导全国纪录片的创作对大家具有现实意义以外，他的语言也着实生动鲜活。这样的讲话，是为广大纪录片制作人所喜闻乐见的，特别是我这种人，更是庆幸自己加入了纪学会，找对了组织。

会下的空闲时间，他通常都和上海台的刘景锜在一起，就像说相声的搭档，一唱一和，惹得大家哈哈大笑。现在已经很普及了的“贼心贼胆”之说，最早就是他说出来的：“我年轻的时候忙工作，有贼胆没贼心，后来当了领导干部，有贼心没贼胆，现在贼心贼胆都有了，贼没了……”比如，聚餐的祝酒词，他的话也别出心裁：“祝大家身体愉快、精神健康”，说话的时候，两个眼睛滴溜溜地乱转……

这个时候的我，依然是青沟子，是混在人群中的匪兵甲匪兵乙，跟老爷子说不上话，只能远远地像看神仙一样地仰望着他，为他挥洒自如的幽默而痴迷，为他领袖群伦的风采而倾倒。估计老爷子也没有注意到我，直到 2000 年匈牙利那次评奖。

2000 年 1 月，我收到匈牙利国际视觉艺术节（MEDIAWAVE'2000—INTERNATIONAL FESTIVAL OF VISUAL ARTS）的参赛邀请，说是这个节将于 5 月在匈牙利的 Gyôr 举行。于是我就把刚拍出来的一部长片《婚事》寄过去了，很快他们就回信说入围了，邀请我去参加。但由于经费有限，他们只能负担我在匈牙利的吃住行，国际机票要我自己出。鄗台是小台，经费从来就没宽裕过，并且由于我以前多次出国都是老外全管，鄗台当官的早已习惯了，所以这次是不可能给我出机票钱的。至于我自己，日子一直过得苦寒，哪里还有这个闲钱？所以只好回信说片子参赛，我本人就不去了。执着的匈牙利人又回信说，国际机票你出一半我们出一半，还是请你来。想想一半的钱还是好大一个钱哪，我还是出不起！所以我最终还是没去，只是片子参赛了。

6 月份的时候，我接到时任北京台总编辑王惠的电话：你的片子得大奖了，是我上台帮你领的。我一辈子代人受过，这是我第一次代人领奖……

后来我从纪学会发的简报上了解到，纪学会这次组织了一个十几人的代表团出席匈牙利的这个艺术节，代表团成员都来自各个台，费用都是各个台出的。陈汉元老爷子还是艺术节五个国际评委之一。我后来拿到的奖状上，果然有老爷子的签名。

吉林台的李蕴是代表团的成员，她多年以后告诉我说：老爷子原本是力挺另外一部中国片子的，但看到老外都喜欢你这部片子，他就转而支持了你！李蕴最后加了一句：老爷子有一颗中国心……

老爷子的中国心让中国片子得了奖，也让老爷子知道了在祖国偏远的肾脏，还有一个弱势个体，一个青沟子，也在拍纪录片。2002 年的春天，他到成都来找我了，着实让我受宠若惊！

那个时候，老爷子在“阳光卫视”，好像是很大一个官，管所有的节目生产。他们想拍一个系列片，名叫《漂》，讲中国人如何终于打破“井田制”以来土地对人的束缚，开始在自己的国土上自由流动了。老爷子想让我来挑这个头，由我所在的成都台做承制单位。

当时成都台分管我的副台长，也是做节目出身，我拍新闻就是他教的，亦师、亦友、亦领导，对我的事很上心，对老爷子也崇拜得不得了。所以那天一大早，就带着我在台里的大厅恭候老爷子。谁知天有不测风云，老爷子还没到，台领导当时的夫人就到了！于是台领导一脸尴尬地给我说：你接一下老爷子。然后就把夫人迎进了会议室，关上了门。——当时他俩正闹离婚，夫人找他扯筋来了！

我迎到老爷子和随行的人以后，就把他们安顿在另一个会议室。垂直领导的尴尬事我怎敢暴露？所以就只好给老爷子说：抱歉，抱歉，我们领导有点急事，一会儿就来。谁知这“一会儿”很快就变成了一小时，最后变成了一整天。老爷子在鄙台的会议室里，枯坐了整整一天！

我感到万分抱歉！

我想老爷子肯定很生气，——这么大的人物，身边永远簇拥着一大堆崇拜者的老爷子，被晾了一天还不知道为什么，怎受得如此怠慢？没想到的是，晚上吃饭的时候，老爷子面对一脸苦瓜相的我却气定神闲地说了这么一句话：没关系，他肯定有过不去的事……

这句话说完，饭桌上一下子安静下来，大家都为老爷子的宽宏大量而感动。那个项目最终因经费问题而没谈成，但老爷子的这句话却一直印在我脑海里，随着年岁的渐长，我越来越明白一个道理：为别人着想、体谅别人的难处，原本是一种美德。

后来，我有好几年都没参加纪学会的会议，也就没见到老爷子。听夏骏说，老爷子那几年也不是很顺，先是在“阳光”筚路蓝缕、披荆斩棘，试图闯出一条商业化纪录片频道的路子来，奈何天不遂人愿，景况一直不太好。后来就离开了“阳光”，再后来脖子又出了问题，还开刀动了手术，住了好久的医院。一些当年老爷子在位时受了老爷子大恩的人，也没有去看他，让老爷子很是体会了一把世态炎凉。

2004年，纪学会在湖北的九宫山评奖，老爷子和我都是评委。那天一进宾馆的大厅，就见老爷子正站在那里和人说话，他一看见我，就把我紧紧抱住了，亲热得很。脖子果然是僵的，头发也白多了，但说话那个样子一点也没有变。在山上的那些日子，他继续是大家的中心，只是搭档除刘景锜以外增加了刘效礼刘将军。我记得有一次饭都吃完了他还在讲他那伊朗籍的女婿：

有天他洗完澡出来，我一看，浑身是毛！我就问他，你怎么把波斯地毯挂到胸口上去了？女婿说：不是地毯，是挂毯……

那次会上，我虽然人到中年，但依然是年纪最小的两个人之一，另一个是薛继军，他官很大，年纪却和我差不多，所以每天都是我们俩一起耍。这个时候的我，已经完全把开会当成了旅游，一有时间就到处耍。老爷子见状，就对我们说，你们玩儿也把我叫上！所以，从那以后，我和薛继军就常带着老爷子耍。后来在武当山、乌鲁木齐、成都的几次会上，我们俩加我师傅还带老爷子去洗脚、泡酒吧。经历了风风雨雨很多事情以后的老爷子，人变得更加旷达，但风采依然，风格依旧，天性不改。

算起来我认识老爷子也已十四年了。从我见到他起，就没见他拍过什么片子，但人们依然尊敬他、推崇他，到处请他讲话，请他做策划，请他当评委。老话说，怀才就像怀孕，时间久了是看得出来的。陈老爷子的才情更是怎么也藏不住，一眼就看得出来。想想老爷子的这一生，因才情而入仕，又因才情而落魄，最后还是以才情找回自己，以一身的才情演绎着一部堪称经典的纪录片——名士风流陈汉元。

记得前几年我跟王新建、盛振华拍《中国邻邦故事》，一个长驻阿富汗的新华社记者告诉我：那巴米杨大佛，虽然已经被塔利班炸成了碎片，但依然有很多人去朝拜他。我想，这是有道理的。

2008年1月6日

人黄猪老 Blog[1]（片段）

陈晓卿

作者介绍：中央电视台《见证》栏目制片人、纪录片《舌尖上的中国》总编导。主要作品有：《孤岛记事》《远在北京的家》《南狮北狮》《龙脊》《大哥大、桑塔纳、破小褂》等数部。1996 年开始做文献纪录片，至今已完成《朱德》《刘少奇》《百年中国》等。“人黄猪老 Blog”是他开的博客。

第一次接触老爷子的东西，我上小学一年级，课文《收租院》就是老爷子的作品：“地主的斗，吃人的口，倾不尽的血泪恨，装不完的阶级仇……”大概是这样的。为了印证记忆，我特地到网上搜索了一下“地主的斗”，结果出来了十几万篇关于“网上斗地主”的游戏秘笈。时间啊，真是个残酷的家伙。

在我大学时代，老爷子已经是中国纪录片的领军人物，他的作品《话说长江》《话说运河》《雕塑家刘焕章》都是我的教材。当时他号称“电视界一支笔”，你知道 20 世纪 80 年代，做电视的同志普遍汉语词汇量不够，大家从心底敬佩和景仰老爷子的文采，他的“电视写作”也成了某种终极标尺。

老爷子不仅文采斐然，而且谈吐极为风趣，让人很快能和他熟悉起来，亲近起来。和他认识后，我感受最深的便是老爷子的高智商。

在电视台实习，我经常可以在电梯里见到老爷子，和其他的领导相比，他的衣着最为讲究，洁白的衣领，紧扣的袖口，金利来、皮尔卡丹、伊夫圣洛朗，这些牌子我都是从他那里认识的。

后来，老爷子逐渐淡出电视台核心岗位，先后分管过广告和电视剧，却也把这两个部门做得有声有色。让他最为得意的是在电视剧制作中心的日子，审审片，写写歌词，电视剧《雷雨》里的主题歌就出自他的手笔。

① http：//www.bullog.cn/blogs/hizi/Default.

那时候，老爷子变得更加洒脱。他甚至做了相当出格的一件事儿：过了一把演员的瘾，在冯小刚导演并主演的电影《我是你爸爸》中扮演冯小刚的爹。

老爷子和冯导因为《北京人在纽约》结识，并成为好友。据说，冯小刚在一个路边小馆请老爷子喝二锅头，一定让他担任爸爸的爸爸这个角色，爷儿俩长得也很像，尤其是口腔结构几乎惊人的一致，都是大板牙。这种板牙在古代叫做龅牙，工业革命时，科学家甚至由此产生灵感，发明了挖掘机……你可以想象这个场景，路边小店昏暗的灯光下，几颗硕大的牙齿熠熠生辉，老爷子在朦胧的醉意中竟把这件事情含糊地答应了下来。

我和老爷子没有过共同工作的经历，后来关系比较好也是因为他退休后去了一个叫“纪录片学术委员会”的党领导下的群众组织继续任职。我们经常在一起开会、喝酒、吹牛，彼此发现趣味有些相投，但对他的了解更多来自于他家长里短的生活以及他无穷无尽的段子。

老爷子说这些故事的语气、神情，我无论如何也无法用苍白的文字表达出来，或许这真的是人一辈子的修炼吧。现在，在北京西郊的一个家属院，每天下午，你都能看见一个老人跟在两个追逐打闹的外国孩子后面。老爷子正在安享他的晚年。

对于过去，对那些曾经的风光，老爷子多有感慨，《雷雨》中的那段歌词是写给女人的，但在我看来，它更像是老爷子写给自己的往昔。

向汉元老师学习：不“讲”道理

宋素丽

作者介绍：宋素丽时为中国传媒大学电影学博士研究生，现在是中国传媒大学老师。

电视界的同行们尊敬而亲切地称汉元老师为“老爷子”，他的魅力、他的不足，我想每个和他接触的人都会有自己的判断。

对我来讲，和汉元老师认识短短一年半的时间中，受益最多、体会最多，也最想学习他的，集中体现为一点，即：如何不“讲”道理。

不“讲”道理，并不意味着不懂道理。

汉元老师能把深刻的道理融会在他讲述的故事里，体现在他的语态、体态中，又用具体、实在的“爱”串联起来。

讲人讲事不讲理，道在其中

结识汉元老师，是因为张以庆。

2006 年 10 月 26 日，他们应邀到山西长治电视台和采编人员交流。在传媒大学学习之前，我在长治台工作了八年，因此，按照台领导的指示，承担了接送汉元老师的任务。

张导除了一遍遍叮嘱我，要照顾好我们的“老爷子”外，还特地提醒我：“别谈你的学术观点，听听汉元老师讲故事。所有的人生智慧、生命感悟，他都能融入形象的语言和独特的表达中。他说出来的话，在听的人那里浮现的都是画面。”说实话，当时并没有深刻理解张导的这句话，以为只是对老前辈出于礼貌与尊重的赞誉之词。

在长治，汉元老师的讲座没有明确的题目，开篇就谈人的生命的诞生。

不是义正词严、表情严肃的宣教，没有字正腔圆、激情高亢的强调，而是语气和缓地呈现出一个场景：“精子和卵子的结合，是人的个体生命诞生的前提。对众多的精子们来说，这个过程不亚于一场马拉松赛跑，累死的、挤死的、淘汰的不计其数。最终，只能有一个到达卵子，开始生命的孕育。这是一个多么不容易的过程，从这个意义上讲，所有的生命个体都是精英……”

直到今天，当时会场的气息我似乎还能触摸得到：那是一个可以被清晰感知的渐趋静谧的过程——大家的身体开始有些前倾，神情从审视、专注转为遐想、沉思。

两个小时的讲座中，没有掌声，但笑声不断。

记得快结束时，汉元老师朗诵了他为《动物世界》片尾写的一首歌词：生命是一首歌／一首什么也挡不住的歌／好像太阳升起／好像星辰坠落／……／也不属于悲哀／也不属于欢乐／太阳映照星辰／悲哀伴着欢乐……

同样和电视台同仁一起听讲座的我当时只是被形象的讲述吸引，被现场的情绪、氛围感染，并没有理性地思考这种效果缘何得到。

现在来看，整场讲座其实是一位长者讲述了一个形象生动的关于生命诞生、生命情感、生命感悟的故事。在叙事中，讲述者对生命的认知、对情感的感悟自然呈现，倾听者对生命的理解、对情感的体味也因为一位长者的叙述而链接了新的时间线索，拓展了更为广阔的叙事空间。

不知不觉中，倾听者油然而生对生命的肃然起敬之情。

讲座的场景，让我想起了很多书籍里对远古部落中长老讲述故事的场景的记载。穿越千年万年的时空，不变的是人们对故事的渴求。不同的是：远古部落的长老讲述的一定是一个让人们忘记恐惧和不安的神话故事；而汉元老师讲述的是一个让倾听者真实面对心灵、珍视生命情感的故事。

讲座的场景，也让我想起了 1983 年 8 月《话说长江》播出时，新华社向国外发出的英文电讯稿中描绘的图景：“每到星期天晚上，数百万中国人便坐到电视机前，收看中央电视台播放的电视系列片《话说长江》。”①

这些联想中，我明白了汉元老师为何被电视人喜欢。因为：他的语言、思维和电视的表达相契合——形象直观；他对生活的认知、表述也和电视对生活的呈现相契合——叙事，而非逻辑。

连生命之“道”都可以融入讲人、讲事的过程中，那“理”自然是无需说明却能被感悟了的吧。

① 《中央电视台发展史》，杨伟光主编，北京出版社 1998 年版，第 252 页。

对个体生命的尊重，从语态、体态开始

真正懂得生命的得之不易，自然会真诚地尊重个体生命。

可有些道理，懂了，明白了，却不见得知道如何在生活中贯穿。就像爱上了一个人，始终用自己的方式去爱，自己觉得爱得死去活来了，对方还不能深刻体会。所以，爱一个人，要用对方喜欢的方式去爱才行。这个过程，似乎首先是一个学习形式和技巧的过程，其次才是一个漫长的改变自己的过程。

尊重个体生命也是如此。

作为晚辈，又是在家长、老师教导下长大的20世纪70年代生人，在和汉元老师认识的那一刻起，就特期盼他能对我有所指点，告诉我一些做事或者做人的道理。

可认识一年有余了，每次张导到北京来都组织大家相聚，汉元老师始终如一地讲人讲事不讲道理。

有一次，我实在太想要点“真经”了，就直接“求教”。

记得是2007年12月8日，汉元老师召集大家开一个北京形象片的策划会。

会议间隙，我问：“陈老师，接触这么长时间了，您能说说晚辈有什么缺点吗？请直接指出，我也好进步啊！”

汉元老师愣了一下，不看我，瞪大眼睛看着桌子，想了想，说：“没发现什么缺点，就是说话的时候，挺爱说‘你懂了吗？’‘你知道了吗？’张大师（张以庆）也喜欢这么说，刚才发言时他又说了好几次。”

这下，轮到我发愣了，心里嘀咕：“我这么讲了吗？自己怎么没意识到？这样说，也算是缺点吗？”

心里这么想着，随口也还继续问：“是吗？这样说让您有什么不舒服的感觉吗？”

他想了想，答道：“也没什么，很多人都这么讲。可有时候，听到年轻人边讲边问我‘你懂了吗？’‘知道了吗？’心里会‘咯噔’一下，然后自问‘我真那么笨吗？’”

还真是说者无意，听者有心。这样无意识的口头语及其传递出的语态其实有一种不尊重听者且抬高自己的高高在上的意味。

我恍然大悟，真有醍醐灌顶的感觉，赶忙接着问："那可怎么办？"

汉元老师笑笑，答："不好办，对大多数人来讲，这已经形成习惯了。"

我不甘心，继续追问："陈老师，如果是您，在不能确认对方是否听懂自己的表达意图时，会怎么说呢？"

汉元老师迟疑了片刻，但还是接着回答了，他的回答让我突然顿悟：对个体生命的真正的尊重，决不是喊在嘴上、写在纸上甚至刻在石头上就能实现的。

真正的尊重，从语态、体态开始。

汉元老师当时的回答是："你可以试着逐渐把'你懂了吗？'改为'不知道我说明白了没有？'。"

之后很长一段时间，当我在嘴里、心里不断反复这两种表达方式时，我发现，语词的改变、语态的改变事实上是讲述者对倾听者的姿态的转变。

在"你懂了吗？"的讲述中，讲述者以先知的口气询问倾听者，即使再和蔼，这四个字及其语气都有"俯视"的意味。而"不知道我说明白了没有？"这十个字及其语气哪怕再严厉，也透漏着讲述者的谦虚、真诚以及对倾听者发自内心的尊重。

再仔细琢磨，说这两个句子时，讲述者的体态也会有明显的不同。说"你懂了吗？"时，身子自然会挺直，眼睛望向下方，自己的位置似乎站得很高。家长、老师、少儿节目的主持人对孩子说话时，最爱使用这四个字。说"不知道我说明白了没有？"时，身子自然会前倾，头会自然歪向一侧，仰视（起码也是努力平视）对方。

不得不说，和汉元老师的这次谈话改变了我和五岁儿子在生活中交流的方式，改变了我在课堂上和学生交流的方式。为了改变自己的语态，有一段时间，我一讲课就请同学们帮忙，请他们在听到我说"你懂了吗？"的时候暗示我一下，甚至可以当堂打断我的讲课。还好，因为自己有意识地强迫性纠正，每当"你知道吗？"已到舌尖时，我就赶紧转换成："不知道我说明白了没有？”

仍旧不得不说的是，从这个语句的改变所带来的语态、体态的转变开始，生命历程走了35年的我才真正理解：怎样才能真正做到并让个体生命感受到你发自内心并体现为行动的尊重。

这时，我也开始重新思索中国电视在《话说长江》时为何吸引了千千万万观众的视线；在1993年《东方时空》“真诚面对观众”时为何制造了早间收视的奇迹，引发了中国电视屏幕上新一轮的改革。同时，我也突然明白了时间在1988年拍摄《天安门》时为何要在每一集的片首都打出“尊重生活，就是尊重历史”，理解了时间为何在之后的十多年间反反复复地强调：“那个时候，我的思想也是不成熟的，但是我选用的是一种高级的表达手段，这种表达手段本身是非常先进的，即便是我在里面融入的思想是有局限性的，但我的语言本身是先进的。”[①] 理解了孙玉胜为何在2003年写《十年》这本书时，要加上一个副标题“从改变电视的语态开始”。[②] 理解了陈晓卿为何要求《森林之歌》的编导们“只摆事实，不讲道理”[③]……

叙事心理学家瓦尔特说：“相比较而言，叙事形式中隐含的信息比内容更有意义，也更加隐蔽，需要更加用心地去捕捉隐藏在话语之中的信息，用‘第三只耳’倾听来自谈话者心灵的声音。”[④]

在心理治疗中，这句话适用于面对当事人的叙事心理治疗师；在研究中，适用于对叙事文本进行研究的研究者。更重要的是，将这句话反过来运用于生活中，运用于一切创作中时，就时时刻刻提醒我们：在一

① 《身在幕后》，汪继芳、李幸著，江苏文艺出版社2002年版，第15页。

② 《十年——从改变电视的语态开始》，孙玉胜著，生活·读书·新知三联书店2003年版。

③ 参见《森林之歌》官方网站：http：//www.cctv.com/docu/special/C19398/01/.

④ Wyatt，F.，The Narrative in Psychoanalysis：Psychoanalytic Notes on Storytelling，Listening，and Interpreting，In T R · Sarbin（Eds.），*Narrative Psychology：The Storied Nature of Human Conduct*，New York：Praeger Publishers，1986，p200.

次交流活动中，所有的细节都传递着交流双方心灵的讯息。

因此，对个体生命的尊重，是从语态、体态中就开始的。

爱，是具体、实在的

当对个体生命的尊重不仅萌生于内心，还能够从语态、体态等表现出来时——这句话也可以说成是：当语态、体态的改变调动了我们对个体生命的真切的尊重之情时，那么，贯穿我们的交流活动从形式到内容就都是靠一个字来串联了，这个字就是“爱”。

汉元老师在多种场合说过：“好看而深刻的纪录片，无一例外地都链接着一个字：爱。爱社会、爱祖国，爱民族、爱人民，爱家庭，爱自己心上爱着的一个人。如果说，小情感是肌肤相亲，那么，大情感就是灵魂的相拥。一部成功的纪录片，关注了祖国、民族、社会的大情感，就会产生长久的影响力。”

在他看来，所有的爱，都是具体的、实在的。

生活中如此，对生活故事进行纪录的纪录片亦然。

和汉元老师一同相处的人大都记得，每次出差，一到达新的地点，他总会先给家里的老伴打电话。在北京，如果快到进餐时间了，他总会拿起电话向家里通报能否回去，几点回去。几十年了，再忙也不会忘记，即使电话打得迟了一些，也要真诚致歉。他说：“爱情不能疯狂追尾，婚姻不能年久失修。婚姻跟房子一样，需要维护，不然就会变成危房。”在央视国际记者戴昕的一篇题为《“业余”电视专家陈汉元的幸福生活》中，有这样一段记录：“我们看到了他的夫人将他纷繁复杂的作品一一整理成册，放满了一面墙的书柜。‘他是个不善梳理的人，写过就放在一边了，这些整理工作只好由我来做了。’张阿姨淡淡地说着。两位老人间多年的默契和情意飘在这话语中，让我感觉心里暖暖的。”①

生活中的汉元老师，给予身边人的就是这样一种暖暖的感觉。

这种感觉，在他的纪录片作品、歌词、散文、广告词中，也同样充盈着，具体而实在地被形象承载着。如广告词：“威力洗衣机，献给母

---

① http://space.tv.cctv.com/act/article.jsp?articleId=ARTI1204006089269380.

亲的爱”“喝了娃哈哈，吃饭就是香”“孔府家酒，叫人想家”。如歌曲《一生都给你》：“你是我过河的一叶扁舟／你是我登高的一把扶梯／我把生命深埋在你的怀里／落下了滚烫的泪／一滴一滴／是我是你……”《一梦做了五千年》：“一梦做了五千年／呼你唤你／栏杆拍遍／感觉到你的气息／不见你的脸／总是风雨天／莫笑我痴情执迷／有道是／爱到深处好恨好可怜……”

当汉元老师用这样的人生感悟去评价纪录片作品时，他自然而然地将关注点放到了“爱”的呈现上。他认为，每一部成功作品中的爱，都是具体的、实在的，决不是抽象的、虚空的。这些具体、实在的爱由作品中的人、由人所做的事情来体现。对观众来讲，只有通过对作品中具体人物、实在事件的认同才能体会到爱的力量。

他说，从这个意义出发，想象力就是生产力。

这些体现为“只言片语”的主张和许多理论专著的研究结论相契合。如“想象力就是生产力”和法国社会心理学家勒庞在20世纪初对大众心理的研究结果不谋而合。勒庞认为，激发群众的想象力，“万万不可求助于智力或者推理，也就是说，决不可以采用论证的方式。……不管刺激群众想象力的是什么，采取的形式都是惊人的鲜明形象，并且没有任何多余的解释，或仅仅伴之以几个不同寻常或神奇的事实”。[①]

因此，想获得在家庭氛围中观看电视的人们的爱，电视工作者还真是不能“讲”道理。实际情形是，即使在生活中，也没有哪个人的爱是靠“讲”道理得来的。

和汉元老师交往的时间，正好也是我做博士论文的关键时间。

我论文的题目是《叙事心理学视野中的中国纪录片研究（1978—2008）》。叙事心理学是西方心理学研究发生后现代转向后的一个新的流派，我想用其哲学立场、学术视野和方法来透视、研究中国改革开放30年来的纪录片创作者和创作手法。研究中，时常就一些历史史料中的

① ［法］古斯塔夫·勒庞著，冯克利译：《乌合之众：大众心理研究》，中央编译出版社2004年版，第50页。

细节问题向汉元老师求教。交谈中，他不仅认真帮我核对细节，还对叙事心理学也开始感兴趣。一向不“讲”道理的汉元老师说，这个理论和方法可能会对研究和实践都有用。不得不说，这种肯定给了我很大的鼓励，也使得论文的写作得以充满自信地进行。因为自己也是从实践开始接触纪录片的，也希望研究能够对理论和实践都有意义。

事实上，当我在叙事心理学视野中观照这30年间的纪录片后，得出的结论是：这30年间，我们的纪录片创作者依次经过了“表达方式的改变——语态的转换——影像思维的再认识——从观众心理出发”四个阶段，创作者创作的指导思想则存在着“不摆事实，只讲道理——既摆事实，也讲道理——只摆事实，不讲道理”这三种主要样态。

在所有研究中国纪录片的专著、博士论文中，不仅能发现汉元老师的作品，还能在多处找到对汉元老师的话语的引用，引用最多的当属“纪录片就是一段有声有色的历史”这一句话。而我在做博士论文期间的心得是：对纪录片创作者来说，汉元老师最有价值的一句话是——“讲人讲事不讲理，道在其中。”

论文完稿的那一刻，我突然明白了张以庆对纪录片、对汉元老师的艺术直觉的准确性，也明白了理论抽象和实践探索本来就应该是纠结式不断推进的过程。在抽象的世界里，我们要讲道理；在具体的生活中，我们需要不“讲”道理；对生活故事进行纪录的纪录片，只有不“讲”道理才能保持生活本身的鲜活和平实。

汉元老师被电视人尊重并喜爱，其实是因为他不“讲”道理。

顿悟这种精神，可能是一瞬间。明白这种精神，可能是一次思考过程。实践这种精神，却需要一个人的一生，一代又一代人的一生。

我又开始讲道理了。

所以，要想真正把汉元老师“不‘讲’道理”的本领学到家，还真不是件容易事。

2008年4月27日

第六章

燃情岁月

“阳光文化”不是万里晴空时的太阳，因为没有那么耀眼，我们更没有那么大的能量。

但是，“阳光文化”名副其实，它是透过参天的白桦林而洒落在曲径、小溪和山花上的光。

这光让小溪跳跃着吟唱；

这光让花瓣上的露珠变成一个个小太阳……

这光久久地给人以清新的流动感。

或许，这正是我们“阳光文化”奉献给观众、读者、听众的理念、情感和创意吧。

古人伯乐说：“好马不吃回头草。”在万马奔腾的这个马年里，我祝“阳光文化”的所有同仁，不论男女老少，都能互相关照，情同手足，都是好马，都往前跑，都为“阳光文化”争立汗马功劳！作为一匹老马，我也将快乐地跟着跑……

陈汉元

2002 年 1 月 25 日

阳光卫视副总裁

2000 年 3 月杨澜收购了良记集团，更名为阳光文化网络电视控股有限公司，成功地借壳上市，雄心勃勃地要打造阳光文化的传媒帝国。

自 2000 年 8 月起，陈汉元接受杨澜的邀请，参与阳光卫视的高层管理工作。按杨澜本人的话说，阳光卫视创作的整体管理、节目制作和策划，都由陈汉元把关①。

在阳光卫视工作期间，陈汉元负责监制的非虚构的作品有：《人生在线》（100 集）、《百年婚恋》（80 集）、《真实的故事》（100 集）、《国宝背后的故事》（50 集）。

《人生在线》定位在“精彩人生的精彩片段”。这是一个每周播出一集

① 《又见杨澜工作室》，雷奔著，载《文化月刊》，2001 年 7 月，第 21 页。

的系列节目，每集 45 分钟。它的拍摄对象主要是中国人，其中有社会名流，也有普通老百姓，他们在各自的人生旅途中或生活得有声有色，或生活得默默无闻，但是，他们都在自觉、不自觉地点燃自己，照亮周围。《人生在线》把重心放在让观众看人物精彩人生的独特生活片段。

《国宝背后的故事》是个系列节目，呈现了丰富的文化内涵，不仅展示了国宝，也牵引出了藏在国宝背后的、与国宝相关联的许多鲜为人知的故事。

《百年婚恋》每集 48 分钟。它以时间为线索，展示了近百年来中国人在婚姻、恋爱方面多姿多彩的生活。每集讲述两对以上男女主人公悲欢离合、极具戏剧性的与爱情、婚姻有关的经历，令人百感交集，从中人们可以深切地感受到中国社会的百年变迁。

《真实的故事》也是一个系列节目，其中的故事发生在全国各地，由于有好的结构布局和深刻的思想内涵，所以，每一集都是一部既好看又深刻的故事片。而每个真实的故事都有着近乎离奇的情节、细节，其结果不论是悲是喜，都令人感叹不已。

陈汉元对在阳光卫视的这段工作经历的评价是：我在阳光卫视这段不能小看。

阳光卫视的工作方式

石屹：我看到杨澜请您做节目策划。她刚在国内落脚，就请到您为她做策划。您就谈谈阳光卫视这一段吧。这一段是从哪一年开始的？

陈汉元：这一段是从 2000 年开始的。

2000 年的 8 月开始，到 2004 年底结束。

整整四年多的时间里，在我的管理下或者说领导下，阳光卫视创作了大量的纪录片。阳光卫视的纪录片是属于栏目化的。

石屹：阳光卫视的运行模式是怎样的？

陈汉元：它的节目一做就会出来 52 期，最少也是 26 期，基本上是这样的工作方式。举个例子，比如说《国宝背后的故事》，一集就 48 分钟，做了 26 个 48 分钟，后来觉得挺好，就继续往下做。

《人生在线》大概做了 100 集，每期都是 48 分钟；《真实的故事》做了 100 集；相当好看的《百年婚恋》，都是选择中国历史上有名气的名人，他们的婚姻；当然也选择一些普通老百姓很有意思的婚姻。鲁迅、胡适、徐志摩，都有。

还做了一部 90 分钟的纪录片《郑和》，被美国一个机构收购了，在全球发行。做得相当到位，很多地方是用三维做的，也有很多是在池塘里拍的，拍摄得很到位。

我还介入了《杨澜访谈录》的前期，这个节目现在还在做，前两年我一直在做这个节目的总策划。

石屹：就是现在东方卫视正在播的这个栏目？

陈汉元：对。这些片子不是播了就完了，是在反复地播，2001 年、2002 年做的节目现在还在播。

这些节目之所以没有产生巨大的影响，原因是它的落地问题没有很好地解决，但是还是有很多人看见。

石屹：您说的《百年婚恋·徐志摩》我看过，这些片子都是他们自己做的？

陈汉元：都是阳光卫视做的。

石屹：做片子的人都来自哪里？

陈汉元：社会上临时招的。

石屹：由阳光卫视组织，投入资金？

陈汉元：阳光卫视有制片人、总编导，总编导招了一大批编导，分头去做刚才讲的《百年婚恋》《人生在线》《国宝背后的故事》《真实的故事》等，它们都是大型的系列片，如果这些片子都在中央电视台播出的话……

石屹：就会影响很大。

陈汉元：那就会太热闹了。在我的纪录片创作生涯中，这一段应该是产量最高的、作品最集中的年代，这又恰恰是在我退休以后的事。

石屹：这些选题都是您定的？

陈汉元：那当然，每个题目都得看，都得我审查，没有一个不审查的。选题的定夺是我的事，我要听取每个选题创作之前的编导阐述，他有个大纲，然后开会说给我听。

这几年对我来说还真的挺有成就感的，也挺有启发。

为什么这样说？是因为敢于到这儿来做节目的都是初生牛犊，但是也都有一定的经验，在这个小台或者那个台有过一番经历。他们不但起码的操作程序懂，怎样结构一个片子基本上也明白，而且都有一番雄心壮志，想要在这儿打出一片天地来。

这样一来，凡是看过这些片子的人都很肯定我们的作品，不能说都是精品，但是大部分都是很有意思的，而且好看。

我对这一段还挺怀念、挺留恋的。

石屹：您当时是在北京，阳光卫视办公机构设在哪儿？

陈汉元：阳光卫视的总部在香港，杨澜办公在上海，但是整个节目的创作中心在北京，是由我领导。

杨澜领了一小部分人在上海永嘉路，曾是荣毅仁故居的那个小楼办公。财务部、法规部设在那儿，做的节目就是一个《杨澜访谈录》，还有一个加工的《人物志》节目，这是一个从美国引进的节目，在那儿翻译。引进节目的翻译工作也是在上海做的。

其他凡是自己做的节目，都是在北京做，是在很大的一幢楼里。

我先是当顾问，后来就当整个大公司的执行董事、行政副总裁，然后做总编辑、艺术总监，就是专门管创作、管节目制作。

也有好多单位、知识界能够看到阳光卫视，也就看到了我参与的那些活动。

我前两天和你谈的纪录片创作，不只是我做评委的工作经历，相当一部分是与我在阳光卫视参与制作一些节目、纪录片策划、审定工作的过程有关。

石屹：后来阳光卫视的落地问题不能解决，他们就不做了？

陈汉元：落地问题解决不了，就老亏本，所以就把大部分的股份让给了另外的公司，另外的公司又让给了另外的公司。

现在经营阳光卫视的总裁今年（2006）下半年还约我能不能回去，担任他的总顾问。我也没有答应。

石屹：为什么？

陈汉元：我觉得自己岁数都大了，可能也跟不上，所以就没去。也没有当场拒绝，我说我去日本探亲两个月，回来回答你，我到现在也没有回答。

你想想，去了吧，人家肯定要给你劳动报酬，你拿了这个报酬就得干活，那就得天天上班去，你一定要有贡献，你的贡献不在于别的，在于你要出大点子，我还能不能出大点子，这一点自己已经没有信心了，我可能只能出小点子。

石屹：太谦虚了。

陈汉元：真的。另外一个，外文不行。

石屹：那有很多外国片子吗？怪不得您说外语不行，不能分享人类文明。

陈汉元：那里很多片子都是外国进来的。另外开董事会也有外国人，他们在香港开会不是用英语说，就是用广东话，我就很痛苦。这两个话我都不行，坐在那里很受煎熬，干脆现在就彻底出来了。

拿了人家的酬金不做贡献，两者不相等，这心里也愧得慌。

石屹：很多知识不能用金钱来衡量，有些节目做出来，它是个模式，以后照这个框架操作，这样的东西是一劳永逸的。

陈汉元：这一段确实是我很留恋的。收获很大，这些作品的主题不一样，结构也不一样，叙事方式方法不一样，我领头管着那么多不同样式的节目制作，我就觉得自己一个人在编织波斯地毯，还不像编织渔网那么简单。会织出很多花纹、图案来，美不胜收。

给人家提意见的同时，自己也受到启迪。

我感到很幸运，拥有了活到老、学到老的这种机会。

有时候也会对一些年轻人的创作思路望洋兴叹，自愧不如。

当然，年轻人对我也是非常的尊敬，咱们也是真正动了脑筋，提了意见。

这些意见不是事先准备好的，是看了东西，谈了想法，带有很大的即兴色彩，这些即兴发表的意见，还就是管用的火花，我庆幸自己岁数大了，还没有进入老年痴呆。

乐在其中

石屹：在阳光卫视四年，每年要出很多片子，在这中间您印象最深的是哪部作品？以前您做的是体制内的作品，阳光卫视应该是体制外的，体制内和体制外的作品您有没有做过比较？您觉得哪些地方是吸引您的地方？和体制内不一样，对您有新鲜感？

陈汉元：除了《杨澜访谈录》以外，在我和杨澜有共识的管理下，不管是哪个栏目的节目，首先都统统和政治保持距离，或者说尽量不与政治挂钩；不管是什么题材、什么体裁，多半都是谈文化，从文化的角度去谈各式各样的社会现象。

第二，对这些节目强调尽量要做得好看，不仅是总体好看，尤其强调一上来开头就好看，开头要特别好看。

因为开头不好看，就像一个女孩子长了一张蛤蟆脸，这还有人要吗？你身材再好，三围再性感，这没有用，因为脸太吓人了。

更何况我当过国际评委，知道任何片子头三分钟不好看就有可能被踢出去了。

你还想当皇后？这宫门你都进不去。

你入不了围，宫女都当不上，还想将来当妃子、当皇后？门儿都没有。

一方面是残酷的现实告诉我们；另一方面是国内、国际比赛告诉我们，拍片总体要好看，尤其是开头要特别好看。

阳光卫视做的节目我们都力争做到一上来就好看，然后不管是哪类节目都强调要有亮点，起码要有好多亮点，也就是兴奋点，让所有的导演注意这些兴奋点的布局，兴奋点和兴奋点之间的距离，努力学习故事片的布局、结构、方式、方法。

第三，尽可能去挖掘这个故事、这个事件、这个人物背后的故事。也就是说我们虽然做得是正史，让人家看起来有种野史的味道，有一种戏说的味道，但是它绝不是戏说，不去歪曲真相。

于是，在以我为主的这班人做的节目尽管都是纪实节目，却都追求尽可能使它带有很强的故事性。

第四，希望每个编导充分发挥聪明才智，使作品有特别的想法。大家都想方设法学会讲故事，就是我讲过的三段论，最好找到一个大故事；找不到就把若干个小故事串联好；再没有，你就是以讲故事的心态和叙事方式去架构这个没有故事的故事。

在北京能够看到阳光卫视，经常有人说起阳光卫视和中央十套节目播出的纪录片还真是挺好看的，主要是比较有品位，同时这些节目特别讲人性，反对说教，远离说教，尽量不和政治挂钩，大家看起来就感觉比较亲切。

阳光卫视这一段，是我人生最集中的做纪录片的阶段。我十分感激杨澜给了我这么好、这么多的创作机会。

20 世纪 60 年代远不能和阳光卫视比，那时候的产量太低了，靠胶片拍摄。指标也很低，手段也很差，可能 60 年代五年我参与做的节目，不如我在阳光卫视一年经手的节目量大。

石屹：这四年中大概制作了多少部或多少集纪录片，有大概的数字吗？

陈汉元：没有统计过，每个系列最少都是 26 集，其他都是 52 集，100 集。

石屹：大概出了多少个系列？

陈汉元：起码四五个吧。节目里面讲的故事，如果本人愿意的话，我们还希望尽量介入一些私人的东西，这样就避免了在泛泛的空谈。

尾　声

在很久很久以前，
有很多很多的亮点，
那是祖先的财富，
不是我们的本钱。

不说春秋有多长，
不问关山有多远；
走过往昔走到今天，
选定的道路不会因风雨而改变。

风风雨雨多少年，
我们日日夜夜在求变，
为了人人丰衣足食，
为了人人畅所欲言。

当心中的梦想变成现实，
霞光又在远方点燃；
酸甜苦辣在风浪里沉淀，
凝结成一颗一颗崭新的亮点。

——上海电视台纪实频道纪录片《我们的选择》[①] 主题歌

---

① 陈汉元 2008 年为上海电视台纪实频道纪念改革开放 30 年创作的优秀大型电视纪录片撰写的主题歌《亮点》。

2007 年 6 月，陈汉元在第十三届上海电视节“我们在场——中国纪录片 30 年”开幕晚会上与中央电视台主持人崔永元在一起

顾问生涯中的创作观

2006 年由康宁台长领衔的中国教育电视台纪录片制作队伍，把教育三套成功转型为以播出教育人文纪录片为主的频道，并提出“人文教育、纪录品格”的响亮口号，陈汉元对中国教育电视台的这个举措大为赞赏。身为该台纪录片顾问的陈汉元提出了纪录片的创新问题，鼓励纪录片创作人员对各种观点兼容并蓄，在收视率和纪录片的审美、思想之间找到完美的契合点。

陈汉元从 2005 年 7 月开始担任中国教育电视台大型纪录片系列节目《我的太阳》的顾问，为这个以纪录民生为题材的品牌节目质量把关，对作品从题材选择、人物性格刻画、叙事风格等不同角度和层面提出了许多建设性意见。在中国教育电视台上下合力打造下，作品把平淡的百姓生活片段拍得生动有趣，人们通过作品真切地感受到中国千家万户平民百姓的生活变化和现在的生存状态。目前《我的太阳》在受众群中已成为具有期待价值的作品，

2009 年以来它所在的播出栏目《首播纪录》进入北京地区 18∶30—19∶30 时段六十多套可以收看到频道节目收视率的前 5 名。

陈汉元对纪录片情有独钟，对纪录片创作充满热情和艺术追求。2006 年 6 月，他出席中国教育电视台大型电视纪录片《迁徙的人》创作研讨会时对作品的创作提出了三个观点[①]。

1.“迁徙”是指一个群体的移动过程，不管往哪儿“迁徙”，一定要拍出人类内心的矛盾。人在受到压力时，压力越大，选择越困难，矛盾就越尖锐。然而恰恰是矛盾的尖锐过程非常精彩，拍摄进来就好看。要千方百计地寻找人们面对压力情况下的各种困难，也要注重拍摄人们怎么应对各种困难。

作品反映迁徙的时候，一定要客观真实，实事求是地处理各种矛盾，有些人是主动地迁徙，有些人是被动地迁徙。主动的是为了改善自己的生存状况，为了发展，求得自己的生存价值而迁徙的，这与被动的迁徙是不一样的。

陈汉元希望每集都写出各种不同的情况、经历、心理明暗的变化、动机、状态，这样片子做完播出后，老百姓多数人看了能够理解。

2. 作品要让所有的观众看完之后得出非常明确的结论：为了中华民族的振兴，为了中华民族能够取得最大的利益，我们集体也好、家庭也好、个人也好都应该服从大局，迁徙的人应该具有那种争取当英雄、当烈士的宝贵精神。

3.《迁徙的人》一定要在节目的某个地方把背景介绍清楚，背景包括国际背景和国内背景，比如，该片的第二部《动地颂》，主要反映大庆油田建设。首先要讲清楚当时在国际上，我国处在贫油的情况下，全部依赖进口，国内工业要发展，没有油就没法发展。在片中要把当时国内外油料的状况概括说一下。所以这次“迁徙”有政府积极引导的原因，更要体现个人服务集体、集体服从国家的大局观念和献身精神。

那么，如何让国家利益最大化？个人应该怎样面对现实？个体命运该如何进行人生抉择？在这个过程中，压力越大，选择越难，矛盾越尖锐，戏剧性越强，故事越好看。

陈汉元说：“我就希望喊出口号，不管中国人、外国人看了以后，非常明

① 主要内容由中国教育电视台提供。

确地得出结论，就是为了民族最大的利益，我们要牺牲，在所不惜。希望有一个非常明确的思想，表现的时候相对含蓄。”

2007 年 10 月，为迎接中国电视剧诞生 50 周年，中国教育电视台筹拍 20 集大型文献纪录片《热爱电视剧的人们》作为贺礼。作品从社会生态学的角度，通过编剧、导演、演员、制作方、投资方、购片方和普通百姓的口述实录，以及大量独家影像资料的运用，揭示了电视剧的媒介生态环境及互动的生态关系。

在创作伊始，陈汉元对《热爱电视剧的人们》从新的视角提出了三个创作观点①：

1. 作品不仅要采访广大观众喜爱的编剧、导演、演员，也要请相关专家进行评述，同时观照、记录平民百姓的感受，让老百姓来讲述电视剧对他们切身的影响。

陈汉元指出：每个人都有他心目中的电视剧，都会在某一个时期因某一个电视剧而对生活发生影响，我们应该利用口述实录的力量，运用美学中所谓“缝合”理念，让不同的人从不同角度讲述相同的剧目，使人产生不同的感受，这样为展示历史脉络提供了不同的侧影，使电视剧历史视野更为宽广和自由。对历史中的某些横断面进行深刻记录，见微知著，使大格局下的小小人生故事充满戏剧色彩。

他希望作品能把历史的厚重感做出来，把电视剧放到时代的大背景中去，做成一个文化精品，从教育台的角度来说，让作品成为能够进入各高校档案馆的珍贵影像资料。

2. 作品要重视纪实元素的运用，突出故事悬念，注重细节刻画。

艺术家必须在经验世界的广阔天地中发掘出最有特殊意义的、最有趣的、最可塑造的和最有表现力的东西，并且把自己的倾向性和思想意图鲜明地表现出来。纪录片的艺术不在于虚构，而在于发现。纪录片是发现的艺术，创作的前提是发现。作品应该本着这样的创作理念进行艺术创作，编导不仅使用纯纪录手段，寻找各种与电视剧有关的社会事例；同时，在被采访对象没

① 主要内容由中国教育电视台电视纪录片《热爱电视剧的人们》制片人何京京提供。

有出现的时候就应该开机，捕捉被采访对象的第一状态，这种纯粹的纪录方式，会使作品脱离专题片的樊笼，向纪录片靠拢。用事实呈递信息，对于这样一个大的历史题材是难能可贵的。

3. 中国电视剧的发展历程要有所体现，并要进行中外比较。同时重视史料的运用。

在纪录片制作中，有一条常用的规律：用结构的力量深化主题，而搭建结构的就是大量的信息和史料。信息越充足、史料越丰富，主创者的思想就表达得越清晰、准确。制作人员在搜集史料方面应该有锲而不舍的精神，仔细地翻阅并拍摄每一份相关史料，凡是嘉宾访谈中有所指的地方，就有影像资料作为支撑，使纪录片具有足够的文献价值。

陈汉元的这些创作观点，日后成为中国教育电视台 20 集电视纪录片《热爱电视剧的人们》的创作指导思想。

在这部作品的主题歌中，陈汉元把自己多年以来对电视作品的爱都倾注在字里行间中，他深情地写道：

> 我每天在等你，
> 有时相会在梦里。
> 为你欢笑，为你哭泣；
> 为你惊叹，为你生气。
> 你不能没有我，
> 我不能没有你。
> 你能否告诉我：
> 你会让我更爱你？！

2009 年 3 月，该作品在上海由中国广播电视协会和上海文广新闻传媒集团联合主办的纪念改革开放 30 年中国优秀纪录片评奖活动中荣获金奖。

2009 年 3 月，陈汉元在由中国广播电视协会和上海文广新闻传媒集团联合主办的“纪念改革开放 30 年中国纪录片真实论坛”上发言。图中左起为：康宁、陈梁、张振华、陈汉元、贡吉玖、应启明等

桃花依旧笑春风

在 2009 年 2 月 19 日，中国纪录片人从五湖四海相聚广州，共赴“见证中国 30 年”纪录片盛会。在第一单元题为“纪录的力量”的单元发言中，陈汉元作为纪录片《话说长江》的主创做了如下的发言[①]：

我们的一切努力就是为了让人类都回到童年。我拍纪录片的动力是什么？简单地说，就是为了让人们尽可能多地回到童年。

希望所有的人都那么善良，没有阴谋诡计，不搞尔虞我诈，不搞欺骗，不撒谎，撒小谎可以，但也应该是善良的，这就是我做所有片子的动机，

① 《中国电视·纪录》，2009 年第 3 期。

当然有可能是乌托邦式的。

在我心中，什么片子叫好，怎么使它好？

我想，片子要有“体温”，时而正常，时而不正常，有时候发烧，有时候只有30来度，让人担心，让人关心，让人关注，让父母、让亲人、让朋友都觉得这个体温怎么这么变。

片子还要有“心跳”，让人紧张地跳动，让亲人（观众）舍不得走，手术室里面不许看，门缝里面都扒着要看心电图的跳动。

这就是我追求的，一个是体温，一个是心跳，还有一个是做什么片子都要让它“性感”。

性感，不一定就是裸体，不一定很娇艳，甚至不一定很漂亮。不管男的女的，我觉得要有味道，可能很香，也可能是臭豆腐，北方人很讨厌，上海人就喜欢得不得了，总之要有味道。脸长得要动人，就是说那个片子的开头很好，大幕拉开一点点刚露脸，大家都急着要看，当然片子结尾要像喝真正的五粮液、茅台，度数挺高的，不一定要多，喝几口，喝完了膝盖有一点小晃动，然后好像走在很松软的地毯上，有一点幸福感，值得琢磨琢磨，但是不要喝太多了，不要摔跤，这就是我对片子的追求，希望所有的片子都要做成这样子，要调动你自己尽可能的弗洛伊德的学说来做你的片子。

以上是在经历了改革开放30年之后，陈汉元说出他心中对纪录片境界追求的感觉，直白而又生动形象。

1997年，陈汉元退休离开了电视台，但是他的人生依然忙碌。

从2002年，他开始担任中国纪录片学会名誉会长，继续为纪录片事业奔波、操劳、出谋划策。

2007年6月12日，由上海电视节、上海文广集团主办、上海电视台纪实频道等承办的为纪念改革开放30年而举办的晚会“我们在场——中国纪录片30年”，陈汉元作为纪录片领军人物出现在晚会现场，接受中央电视台主持人崔永元的采访，讲述了他的创作经历和对年轻纪录片创作者的希望。

2007年9月，全国第一家以播放DV作品为主的数字付费频道——深圳电视台“DV生活频道”成立之时，陈汉元被推举为全国DV联盟高级顾问。

2007年10月，陈汉元应邀参加四川国际电视节活动，担任国际评委。

2007年11月，陈汉元作为华东师范大学的名人校友，参加中文系57级同学会入校50周年庆祝活动。

陈汉元与作家张抗抗在一起接受文化议题的节目访谈

2008年2月，以大力推广有本土文化特点纪录片作品的重庆电视台“新科教频道”正式挂牌，陈汉元应邀前往道贺……

在2008年春节，陈汉元收到了原农业电影制片厂副总编、科教影视专家赵立魁一份别致的贺词：

政治智障，媒介高人。
佳作成串，屡有创新。
志在大众，不乞皇恩。
七旬顽童，意切情真。
常吐妙语，满堂笑喷。
大智若愚，巧藏深沉。
物以类聚，人以群分。
新生旧徒，齐慕陈君。
振臂一呼，应者如云。
白发粉丝，涂此拙文。
请君笑纳，共贺新春。

也有人把《雷雨》的歌词做了这样的组合：

我一无所有，
只有我自己，
我把我的一生都给了你……
我悄悄地对你说，
你是我过河的一叶扁舟，
是我登高的一把扶梯，
我把生命深埋在你的怀里……

陈汉元把自己的一生献给了他热爱的电视事业，并且乐在其中。

附　录

附录一

欲写雁荡笔难下

——纪录片《雁荡山》解说词

陈汉元

火山爆发了，这是地球深部高温岩浆经过火山通道喷射出地表的一种自然现象。这是地球以这种惊天动地的方式释放着、宣泄着自己的激情。这激情必然要毁灭许多形态各异的生命，也可能给人类造就千姿百态的自然景观。

这座山，就是火山爆发造就的一个奇迹，就是火和水合力创造的一个奇观。被称作为古火山天然博物馆的雁荡山，就是其中的奇观之一。

雁荡山，这个名字听起来不沉重，有点浪漫，有点诗意。在很久以前，这座山的山顶有一个湖，湖里芦花摇曳。南来北往迁徙途中的大雁，成双成对成排地在这个芦苇荡里逗留。因此，后人就把这个湖称作雁湖，把这座山叫作“雁荡山”。

直到清代，有一个名叫方尚惠的人来到此地，他仰望山头，见“群雁嘹呖，飞集其巅”；登上山顶，见到的是“第觉满目湖光，渺弥衍荡漾，风吹荻叶，飒飒有声，雁且飞且鸣，群荟湖中”的景象。

北京大学学者谢凝高说：雁荡山是由流纹岩构筑的具有个性优美的自然景观，是世界独一无二的。

南京地质矿产研究所陶奎元等五位学者在论文里指出：奇特优秀的自然景观、全球意义的科学价值、浓厚的民族山水文化的积淀，雁荡山集三者于一体，这在世界自然与文化遗产中是独一无二的。

如果是文人墨客说“独一无二”，那可能有夸张之嫌。但科学工作者们异口同声都说“独一无二”，那不能不说是理性观察、冷静分析和全面比较的结果了。

作为审美对象，雁荡山有许多兴奋点让人三步一回头，甚至一步三回头。在享受美感的同时，总要情不自禁地问人问己："这是为什么？"

这里为什么会有那么多的峰？有的如柱、有的如笋、有的如箭、有的如笔，效物似人，栩栩如生。如灵峰、天柱峰、观音峰、剪刀峰，等等。［字幕：各种峰的名称］雁荡山，像这样有名有姓的峰就有一百多个，它们的相对高度都在一百至三百米左右。

这里为什么会有那么多的嶂？所谓嶂，其实就是垂直展开的悬崖峭壁，就是巨大无比的屏风。有的似板，有的似墙，有的似依天耸立的铁城，有的似连云盘结的蛟龙。如倚天嶂、连云嶂、铁成嶂、屏霞嶂，等等。［字幕：各种嶂的名称］嶂嶂都是难以逾越的巨大障碍，真是一嶂阻拦，万夫莫开。

这里为什么会有那么多的门？这些门不是普通的门，或为两峰对峙，或为巨嶂断裂。如天柱门、南天门、石门、朝天门，等等。进了一道门，好像来到一个新奇的天地，虽然不一定"惊涛拍岸"，却是满眼"乱石穿空"，你可能会情不自禁地想要放声说些什么。

这一扇门名叫显胜门，可谓世界之冠，它的垂直高度二百多米，宽只有十多米。普天之下，哪里还有比它更高更大更雄伟的门吗？

这里为什么会有那么多的洞？有的洞镶嵌在两峰之间，有的洞深藏在悬崖峭壁之上，有的却长年累月地躲在瀑布水帘之后。

这个洞名叫观音洞，它深藏在合掌峰之中，高一百一十三米，深七十六米，宽十四米。最为称奇的是，不知是谁的创意，也不知在什么年月，在这个洞里建起了九层楼阁。好比是一双巨大的手，捧着一座高楼大厦。

人们怀着各自的心理需求：或为观景、或为猎奇、或为求签、或为还愿，络绎不绝地在合拢的双掌中登上最顶层。

还是这座合掌峰，白天看，名副其实，犹如双掌合拢。可到了黄昏之后，不论是明月当空，或是月落乌啼，合掌峰就变成了相偎相依的情侣。

更令人惊异的是，换一个角度，这情侣又变成了雄鹰，好比敛翅歇息，又好比展翅欲飞。

这挺拔的双峰，如果倒过来看，不正是我们人类的生命之源吗？［字幕：双乳峰］

［其他夜景剪影］登高一睹万家灯火的都市数不胜数。但村野之山有那么多的夜景让人叹为观止，恐怕也只有雁荡山了。

那么雁荡山到底是什么缘由会拥有这么多的峰、嶂、门、洞呢？北宋科学家沈括在《梦溪笔谈》中说：“余观雁荡诸峰，皆峭跋险怪，上耸千尺，群崖巨石，不累它山，至谷中，则森然干霄。原其理，当是为谷中大水冲击，沙土尽去，唯巨石岿然挺立耳。如大小龙湫、水帘、初月谷之类，皆是水凿之穴。”换句话说，这一切都是水流对地形侵蚀的结果。

但是，真正更为科学、全面地揭开雁荡山形成的神秘面纱，还是当代科学家们。他们认为，雁荡山奇特自然景观的地质基础，是白垩纪时期由流纹质岩浆喷发而成的火山。在科学家的眼里，雁荡山不仅是一座古火山的天然博物馆，还是一个具有典型性的白垩纪复活性的破火山立体模型，也是探索亚洲大陆边缘构造、岩浆作用和深部地质的天然窗口。

这样看来，雁荡山正是火与水合力创作的精品了。先是火山以自己的激情提供了素材，后由流水以自己的柔情雕刻成作品。

在我国北方的某些地方，叫水池为湫，称悬瀑之水为龙湫，所以大小龙湫，也就是大小瀑布了。

雁荡山有许多瀑布，终年不干涸的瀑布就有二十三条。［字幕：罗列各瀑布名称］

无人不晓的黄果树瀑布气势磅礴盖天下，但论高度就比大龙湫矮了一大截。黄果树瀑布落差六十米，大龙湫比它高出了三倍还不止，落差一百九十七米。

由于帘空飞下的落差大，自由落体的时间长，所以瀑水就像跳伞运动员一样在空中做出各种姿势的表演。

清代诗人袁枚曾写诗赞美大龙湫："龙湫山高势绝天，一线瀑走兜罗棉。五丈以上尚是水，十丈以下全为烟。况复百丈至千丈，水云烟雾难分焉。"

大龙湫的水量时大时小，时粗时细；这里的风力也时强时弱，时直时转。所以使得大龙湫瀑布一年四季不同，一日晨昏各异。就是在弹指一挥间也变幻莫测，捉摸不定。

你看，这是水面上的游龙。

这，岂不是空中腾飞的游龙吗？

难怪古人惊叹："欲写龙湫难下笔，不游雁荡是虚生"。

那么，大龙湫的水是哪儿来的呢？原来，龙湫之上还有"龙湫"，龙湫之背早先还有"小桥流水人家"呢！

为了确保大龙湫的水源不受污染，这个小村落早已人去楼空。

那么，人去哪里了？

俗话说，靠山吃山，靠水吃水。他们离开这个小山村，不干农活了。有的人可能到城里打工去了；有的人就"铤而走险"，从事祖祖辈辈从不曾做过的事，当起了以高空为背景、以钢丝为舞台、以自行车为道具的演员。为天下四方来客创造惊人之举了。

［同期声讲话之一、之二，并展示空中飞车表演］

许多人为他们捏一把汗，"万众一心"地发问："万一、万一"怎么办？他们说，不是生来就胆大包天，做久了，也就习以为常了。

据记载，远在1934年就有人在灵岩景区做高空飞渡表演，打那以后，还曾有人为此付出了人生最大的代价。

这是二百五十多米高、二百四十多米宽的凌空飞渡，可不是在单杠上做练习，做表演。而且不是难得冒一次险，而是天天都要做，一天做几遍。

这是二百六十多米高的模拟采药，也不是在后花园荡秋千。真是良药虽苦利于病，好药可不是好采的唷！

有的游人说自己连两米高的独木桥都不敢走；有人说自己在家里的

凉台上都没胆量往下看，现在目睹这情这景不知有几多感叹和几多联想。

雁荡山由于地形复杂，雨量充沛，而且紧贴东海，所以水体景观非常丰富，“溪、泉、涧、潭、瀑、江、河、湖、沼、海等无所不有。各种水体都以各自的动态美、声响美、色彩美和形态美，为人所爱。”（引自谢凝高论文）置身于雁荡山之中，真的会让人产生一种似真似幻的感觉——“山不转水在转，水不转人在转，人不转心在转”，这颗心就这样自然而然地转进了山水诗的意境之中。

在雁荡山可以闲步谷底看奇峰；也可以筵座嶂前听瀑声；也可以攀登绝顶望东海；也可以放伐碧溪玩漂流。

或许是因为古时候，这里的交通不便，经济也不发达，所以帝王将相们都不曾到此膜拜，而且也未能纳入“五岳”之列。其实，世人皆知，作为美的化身也绝不止几位名模。

但是仰慕雁荡山者不乏其人，如谢灵运、沈括、徐霞客等文学家、艺术家、科学家、旅游家都曾来到雁荡山。他们在雁荡审美、探索的同时，也为雁荡留下了五千多首诗词和四百多处摩崖石刻。甚至连平生未曾到过雁荡山的大文豪苏轼，大画家徐渭也观画起兴，赋诗赞叹。

雁荡山地处海洋性季风气候区，光能充足，雨量充沛，不但拥有森林生态系统，而且拥有淡水生态系统和海洋生态系统，因此给各种草木提供了特别优越的生存环境和生存条件。种子植物多达一千四百多种，其中，还有多种珍稀植物被列入国家保护的植物名单。

在雁荡山，各种植物的生命质量都很高。一年到头，此花谢了，那花开了，此山红了一层层，那坡又绿了一片片。信步走去，总好像置身在“柳暗花明又一村”的诗韵中。

1982年首批公布的国家级风景名胜中，雁荡山是唯一滨海的山岳型风景区。因为它的东南面就是乐清湾，所以不论春夏秋冬，不论潮涨潮落，在雁荡山脚下，时时都有“生猛海鲜”。观山景，尝海鲜，恐怕唯有雁荡山。

这小鱼名叫阑糊，又名跳鱼。它眼观六路，耳听八方，一有动静，就溜之大吉，靠的就是尾部的弹力。人类毕竟是智慧高过一切动物的动物，竟然不用鱼饵，而用几个钩就把这神经过敏的跳鱼给钩到手了。这，也叫钓门儿！

在海涂里行走是再确切不过的“举步维艰”了，于是当地渔民制造了这种交通工具。有的村民称它为溜板，有的渔民称它为踢船。可是它不是板，也不是船，它的功能相当于城里的自行车，可以代步，可以载物。

学车之初，难免要翻车，可是城里的孩子绝对享受不到这种翻车的快乐。

雁荡山是浙江省括苍山的支脉，横亘在乐清市的北部。它的南边是温州市，它的东边就是乐清湾。有一出京剧与此山毫不相干，但戏名偏偏就叫《雁荡山》。然而，中学语文课本里的那篇名为“雁荡山”的课文，讲的正是这座雁荡山。他的作者就是伟大的科学家沈括。他在文章的首句便云：温州雁荡山，天下奇胜。

近年来，来自美国、德国、澳大利亚、丹麦、南非、英国的科学家们都曾到这里来考察，他们都表示雁荡山不仅在地质学上有典型性、独特性和地质价值，而且具有如此优美壮丽的景色，真是世界罕见。

历观天下名山大川，各有所长，各有所短。但雁荡山一时还想不起来，自己最缺的是什么。

雁荡山是一出好戏，永看不厌；

雁荡山是一部好书，永读不倦；

雁荡山是一首好歌，永远好听；

雁荡山是一个故事，永讲不完。

2000 年 8 月 20 日

附录二

功德无量之举

陈汉元

毛泽东，有人非常恨他；有人非常爱他。恨他也罢，爱他也罢，都因为他做了别人不曾做而且也做不到的事。

这与毛泽东祖辈的基因有何瓜葛，似乎还没有专著问世。但是，毛泽东之所以成了永久的世界的毛泽东，肯定与毛泽东“读万卷书，行万里路”的爱好和经历有着密不可分的关系。

人们读书，多半是为了获得知识，毛泽东读书是为了弄清楚问题、解决问题。

毛泽东有一句名言：“世界上怕就怕认真二字，共产党就最讲认真。”

毛泽东对待读书，实在是太认真了！

我推测，这大概是有关部门和有关人士策划、创作《毛泽东评点二十四史》这部电视片的初衷之一吧。

作为电视纪录片工作者，我深知把《毛泽东评点二十四史》拍成电视片是很难的，要做得引人入胜，那就更难了。可是，《毛泽东评点二十四史》毕竟做成了，而且确实能够让人饶有兴趣地往下看，直到看完。

这年头，不知为什么，许多人喜欢看哪怕是胡编乱造的虚构故事和只有热闹而没有门道的节目，也不爱收看含金量很高的非虚构节目。在这样的大背景下，提出摄制《毛泽东评点二十四史》的创意构想并下决心投拍，实在让我感佩不已。

因为，这是要担风险的。我知道，这是公家投资拍的，一般来说不存在成本回收的问题。但对于策划者来讲，最可怕的是片子播出了却没人看，这无异于往大海里一把一把地撒黄金！这黄金既有经济含量，又包含着更为沉重的政治分量。对于具体的创作者而言，自己辛苦制作的节目竟然石沉大海，不但是瞎耽误工夫，而且也够“丢人现眼”的。

平心而论，这类片子要拍得非常好看，一时间出现了“万人空巷”，这是不可能的。只要做到有人“赶上了”就不换频道，一直把它看完，那就是相当了不起的胜利。我不知道此片的具体收视率如何，但我相信它能够拥有这样的胜利。

如果真的如此，那么，又不能不归功于主创人员对于所必需的“兴奋点”的努力收集及其在片中的合理使用。

这些兴奋点大致有以下四类：

一是毛泽东到底怎样评点二十四史；

二是毛泽东怎样学以致用；

三是专家学者和知情人诠释毛泽东如何认真读书；

四是线装本《毛泽东评点二十四史》印制的“内幕”。

这四类兴奋点对于此片来说是缺一不可的。其中，毛泽东评点二十四史时的真迹则是全片的焦点。摄影师也深知要害之所在，因此对精辟的评点真迹都给了大特写镜头，而且停留时间也比较长。其实，这正是毛泽东极力提倡的群体观点。凡是观众想看的，作者就得想办法拍出来让观众看；凡是观众想多看一会儿的，作者就得把镜头拍得长一点、用得长一点。

在这部电视片中，这四类兴奋点就是四条粗细不等、色彩不一的线，作者们将其有机地拧成一股绳，不仅有韧性，而且还相当好看。正是这样一股绳牵引着人们的注意力，去思考人生，去探索哲理。起码，会唤起人们对于认真读书的认知。

可见作者们在作品的结构上很有想法，甚至连片子的始末也有精心的考虑。比如片子的开篇用的是毛泽东对于历史发展的一段高屋建瓴的话，片子的结尾用的是毛泽东关于历史人物的一首气吞山河的诗，遥相呼应，意味深长。

我想，假如开篇的那段话也让解说员念出声来，恐怕其感染力会比无声字幕强一些。

还有，当观众在画面上第一次见到行驶中的线装本《毛泽东评点二十四史》送书专用车的时候，解说词说：“那是一位历史老人又一次踏上远行的旅程……”这里所指的不够明确，不如挑明了说，这是一辆送书专用车，车上装的是什么书，从哪出发去哪里。

当然，这些都算不上什么事儿。

我们的祖宗将二十四史汇集成一部庞大的历史典籍，功德无量。

如今，有关部门决定出版、发行线装本《毛泽东评点二十四史》，功德无量。

扬州电视台花大力气将此举拍成电视片播出，让人产生多重联系和丰富想象，无疑，也属于功德无量。

1999 年 12 月 31 日

附录三

拯救黄河（一）

开篇主持词

陈汉元

眼前的景象，虽然说不上一望无际，却也是名副其实的一马平川。鲁迅有句名言，地上本没有路，走的人多了便成了路。可他大概做梦都不会想到，他的这句话竟然在黄河的河床上也得到了印证。

泄洪闸无洪水可泄，倒也不是坏事。你看，这个“造福于民”的泄洪闸，已经许久不沾水了。

船坞成了摆设，也不碍什么事。你看，这个船坞也早已“下岗”，无事可做了。

面对张着嘴的土地和憔悴的庄稼，谁都会联想到乳汁是何等的高贵，“渴望”是一种什么样的感觉。

因为缺水，油井要面临减产。因为没有水，油田不出油了。因为没有水，水泵无声无息了。

因为缺水，有的工厂变得冷落了。因为没有水，工厂停工了。

你能想象得到吗？这里就是世界闻名的黄河壶口。

你可能要问：

那惊天动地的瀑布今何在？

你可能要问：

那来自天上的黄河水哪里去了呢？

曾经挺有名的龙羊峡水电站如今只有一个机组在工作了。

黄河中上游共有十一座大中型水电站，如今都不能正常运转了。

黄河断流缘由很多，有难以克服的自然原因也有管理无序的人为因素。由于加强了内部管理，采取了一些有力措施，断流情况得到了扭转。1999年，断流仅持续了45天。诚然，谁也不能高枕无忧，谁也不能拍胸脯说，黄河不会断流了。

没有水，哪有河；没有水，哪有命！

黄河没有力气发作了；黄河的儿女们却咆哮了。

热血沸腾的中华儿女在新的背景下又一次喊出了心底的一句呼号——

我们要节省用钱，支援黄河！

行动起来，去保卫黄河。

我国的西南地区本来是汪洋大海，后来变成了世界上高得出奇的高原。日长月久，高原离海洋越来越远。因此不管是西北风，还是东南风，都难以在高原上吹过，更不用说风雨相交会了。于是，空中少有雨作的云，总不下雨水，植被退化了，土地荒漠化、沙漠化了。近几十年来，又赶上地球进入新的一轮高温期，好比人体患了重感冒，发高烧。这样又进一步加剧了西部地区的干旱。

“人定胜天”这口号有点夸大；但是人能帮助天老爷作孽，这威力确实越来越大。由于人类现代化的生产生活活动，天空中二氧化碳的浓度大大增加，气候日益变暖，使得我国西部地区降雨的机会就更少了。老天爷可能会说，这是你们人类自己往上浇油嘛！

迄今为止，黄河中上游已经拥有12850座水库和塘坝，总库容量超过了黄河总量的18%。换句话说，假如这些水库就是一个大缸，那么倾全部黄河之水也都装不满。

俗话说，人往高处走，水往低处流。水都被高处的人们层层截流了，低处自然也就没有水了。

高处有无数个提水灌溉工程，都在开足马力往地里灌水。但是由于土质贫瘠，产量仍然很低。如同一个骨瘦如柴的汉子用水把肚子灌得鼓鼓的，还是一个瘦子，不但浪费了水资源，而且还弄坏了身子。如果这样土地只会更加盐碱化。

可是黄河里的水，不但有数，而且越来越变成一个小数了。

在发达国家每万元工业产值耗水量，美国10立方米，德国7立方米，日本6立方米，水资源的重复利用率为75%—80%；而我们呢，每万元工业产值耗水159立方米，超过人家20倍，水的重复利用率仅仅20%—30%。而黄河中下游的用水量还在逐年增长。

众人皆知，草地能够涵养水分，黄河源头地区本来是一个辽阔的草原，实质上就是一个辽阔的蓄水池。如今，数以万计的民工满怀激情地在这里掀掉草皮，沙里淘金。这样下去，用不了多久，整个黄河源头地区就要变成寸草不生的荒滩。这到底是为民族在积累财富呢，还是在挖掘我们民族的祖坟？如果有一天，江河的源头没有水了，我们难道就吃沙子和黄金吗？

2000年3月

附录四

摊 主

陈汉元

这是一个名副其实的大院，有许多人进进出出。大院的门口有一棵大槐树，炎炎夏日，它的浓阴不知造福了多少人。有人在这里摆摊修车、配钥匙，有人在这里为人掌鞋，也有人占据好大一块地盘出售时令瓜果蔬菜和鲜花，最热闹的算是菜摊边上的那一帮围着棋盘嗷嗷叫、讲话南腔北调的人们。

这个菜摊的主人姓苏，年龄六十五光景。叫他大爷吧，他又终年戴着一副不便宜的墨镜，不像劳动人民；叫他教授吧，他又能一大筐一大筐地倒腾蔬菜，都不喘气；最逗的是，他平常一有空就躺在一把捡拾来的破沙发上，闭目养神，身边还有一个小收音机，不停地播放着京戏、外语、流行歌曲和新闻。如果你有心想看个究竟，那么你还能发现，在那破沙发一角还有两本一新一旧的书，一本叫《人间词话》，另一本叫《数学内部的矛盾》。

在这个大院里，上一点岁数的人多半都知道苏先生的来历，上大学时他是一个响当当的优等生，并当上了校学生会副主席，后来莫名其妙地被送到深山老沟里当了矿工。人家毕竟功底深厚，几年之后调出山沟，在一个大工厂里先后当过管子工、钳工、技术科科员。厂里的人都在传猜，他肯定要晋级提升，但直到退休，他还是在原地“立正、稍息”。

现在，摆在他面前的，是各式各样的菜蔬，基本上像他的那张老脸，严重脱水，欠点儿新鲜感。

一位中年妇人来到菜摊前，东看看西捏捏，然后带气地问：“大爷，这土豆都长芽了，嗐，您看，这黄瓜也打蔫了?!”

这位被称作“大爷”和“教授”都不准确的苏先生，一点辩解的意思都没有，只是很不经意地说："这很正常嘛！"

"这还正常呐？您怎么不弄点水喷一喷呀？"

苏先生摘下墨镜，指着自己的脸说："您看，像我这张脸，喷再多的水还会变嫩吗？"

"那不能这么说。按您的说法，店里干吗还要卖化妆品呢？"

苏先生不屑地回答说："那有什么用，装得再嫩，最后也得死。"

那中年妇人说："真是晦气！"她把挑选好的准备要买的那几样东西，往摊上一扔，拍拍屁股走了。

苏先生叹了一口气："我实话实说，你就是不爱听。人呐，活得明白还真难！"

有一位老太太听他们两人对话多时了。她跟苏先生说："这大姐也不容易，她那男的下岗少说也有三年了，高低就不出去找活干，一家三口全靠她一个妇道人家撑着，容易吗？"

旁边的象棋战正打得热火朝天，有人高叫"上马！"有人叫着"赶紧出车！"有人轻轻地说："我看还是跳卒子过河。"

苏先生慢条斯理地说："人活着一辈子就像下棋，不能只看一步……"

这老太太好像也读过一些书，她接过苏先生的话头说："先别说看几步，古人说，行到水穷处，坐看云起时。人生在世，无非几件事，一是要有一口吃的，二是要有一碗喝的，三是要有几个同笑同哭的朋友，四是要有一个真心对自己好的伴儿。唉，最要紧的还是先要有口饭吃。一个大男人，怎么就在家趴着等着老婆端饭吃呢？"

说着说着，那中年妇女又拐回来了。她拿起原先挑好的那些菜，让卖菜的称，并打开了小钱包。苏先生摆摆手，说："拿走吧，值不了几个钱。"

"那，哪成啊?！您也不易呀！"

"咱们都是一个大院的老邻居了，虽不能说知根知底儿，但彼此情况大略都知道一二。恕我直言，你回去告诉你家先生，火葬场的活儿都有大学毕业生抢着干呢，你先生就不能先找点累活、脏活干干？"

“是呀，有人让他去推销保险，他说这种低三下四的事，打死他也不干。他就是死要面子，这看不上眼，那不会干，唉，你说气人不气人！”

苏先生摘下墨镜，目不转睛，看着中年妇女，简略而又深情地说了自己的几番坎坷挫折，几度风雨起落。之后，像一个慈祥的爷爷给儿孙传承人生感悟之金经。他说：“跳楼需要勇气；其实，低头更需要勇气……”

2007 年 5 月 3 日

参考文献

1. 杨伟光主编：《中央电视台发展史》，北京出版社 1998 年版。

2. 杨伟光主编：《中国电视论纲》，北京出版社 1998 年版。

3. 杨伟光主编：《电视专题文集》，北京出版社 1998 年版。

4. 杨伟光主编：《中央电视专题节目界定》，东方出版社 1996 年版。

5. 陈汉元著：《水淋淋的太阳》，北京广播学院出版社 1994 年版。

6. 田本相、夏骏著：《电视片艺术论》，工人出版社 1987 年版。

7. [美] 埃里克·巴尔诺著，张德魁等译：《世界纪录电影史》，中国电影出版社 1992 年版。

8. 洪民生、臧树清主编：《诱惑与回响》，中国广播电视出版社 1991 年版。

9. 中央电视台《祖国各地》组编：《祖国各地——中央电视台节目稿选》（第一集），科学技术文献出版社重庆分社 1985 年版。

10. 钟艺兵、黄望南主编：《中国电视艺术发展史》，浙江人民出版社 1994 年版。

11. 中央电视台编：《开掘——〈话说运河〉评论集》，北京广播学院出版社 1987 年版。

12. 中央电视台编：《话说运河》，中国青年出版社 1987 年版。

13. 陈汉元：《献给母亲河的歌——话说长江专题音乐会》解说词文本，中央电视台 1984 年 3 月。

14. 陈汉元：邓小平访日电视解说词，中央电视台，1978 年 10 月。

15. 陈汉元等：《庆祝中华人民共和国成立 35 周年阅兵、游行电视直播台本》，中央电视台 1984 年 9 月。

16. 三联书店（香港）有限公司编辑部主编：《龙年的悲怆》，三联书店（香港）有限公司 1989 年版。

17. 杨伟光主编：《望长城》，中国广播电视出版社 1993 年版。

18. 杨伟光主编：《大型电视纪录片——毛泽东》，人民出版社 1995 年版。

19. 杨伟光主编：《往事如歌——老电视新闻工作者的足迹》，人民出版社 1997 年版。

20. 臧树清主编：《海外见闻录——中央电视台记者海外采访纪实》，中国广播电视出版社 1994 年版。

21. 臧树清主编：《海外见闻录——中央电视台记者海外采访纪实》（二），东方出版社 1996 年版。

22. 上海电视台编：《当代生活的诱惑与回响》，北京广播学院出版社 1994 年版。

23. 钟大年著：《纪录片创作论纲》，中国传媒大学出版社 2003 年第 4 版。

24. 钟大年、雷建军著：《纪录片：影像意义系统》，北京师范大学出版社 2006 年版。

25. 高鑫著：《电视艺术概论》，学苑出版社 1992 年版。

26. 李幸、刘晓茜、汪继芳著：《被遗忘的影像》，中国社会科学出版社 2006 年版。

27. 任远编著：《纪录片的理念与方法》，中国广播电视出版社 2008 年版。

28. 何苏六著：《中国电视纪录片史论》，中国传媒大学出版社 2005 年版。

29. 石屹著：《电视纪录片——艺术、手法与中外观照》，复旦大学出版社 2000 年版。

30. 陈汉元主编：《电视纪录片解说词暨论文选》（一），中国广播电视出版社 2003 年版。

31. 陈汉元主编：《电视纪录片解说词暨论文选》（二），中国广播电视出版社 2003 年版。

32. 刘效礼主编：《电视纪录片获奖作品解说词暨论文选》（三），华文出版社 2004 年版。

33. 刘效礼主编：《2006 中国电视纪录片前沿报告》，中国传媒大学出版社 2006 年版。

34. 刘效礼主编：《2007 中国电视纪实节目发展报告》，中国传媒大学出版社 2007 年版。

35. 吕新雨著：《纪录中国：当代中国新纪录运动》，生活·读书·新知三联书店 2003 年版。

36. 方方著：《中国纪录片发展史》，中国戏剧出版社 2003 年版。

37. 单万里主编：《纪录电影文献》，中国广播电视出版社 2001 年版。

38. 王晞建主编：《岁月拾贝》，中国广播电视出版社 2002 年版。

39. 中央电视台历年年鉴。

40.《纪录手册》期刊（1996.6—2007.7），中国视协纪录片学术委员会主办。

41.《纪录》期刊（2007.8 至今），中国视协纪录片学术委员会主办。

42.《电视研究》期刊，中央电视台主办。

43.《中国电视》期刊，中国电视艺术委员会主办。

44.《现代传媒》期刊，中国传媒大学主办。

45.《中国广播电视学刊》期刊，中国广播电视协会主办。

后　记

2006 年 12 月 26 日，我从广州开会回来就开始了对陈汉元老师的访谈，现代通讯设备为这次访谈提供了便利，我和陈老师一个在北京，一个在上海，采访通过电话形式进行。

访谈前期进展得十分顺利，中间因为恰好赶上中国的传统节日春节，请陈老师出席各种会议、活动的事情开始多起来了，加之陈老师那段时间身体状况欠佳，需要去医院，采访搁置了一段时间。大约到 2007 年 6 月，主体采访告一段落，以后又陆续进行了一些补充采访。

在这期间，我应邀完成了西南大学《现代传媒书系·影视理论丛书》之一的《纪录片创作论》书稿的写作，应邀参加了奥地利萨尔茨堡第 439 期为期一周的国际培训和学术研讨，并完成学校的正常教学工作，除了这些事情之外，其余的时间我都用在了访谈上，我对此倾注了极大的热情。

陈老师是我步入纪录片研究领域认识得比较早的前辈之一，早在十多年前的 1995 年我就曾采访过他，那次陈老师谈了他对纪录片的终极目标的见解，这是纪录片的一个永恒的话题。

以后我为纪学会的理论研讨会撰写的《东方文化与电视纪录片》[①]的会议纪要一文给陈老师留下了一定的印象。这篇文章文体新颖、别出心裁，重在突出 20 世纪 90 年代中期中国纪录片学者和创作者对纪录片创作的思考和学术观点。

基于这个好的起点 11 年之后陈老师接受了我的第二次采访。

第二次访谈起因于《中国电视》编辑的约稿，希望我以当下中国纪录片发展为题对陈汉元老师做一个访谈。访谈每天进行一点儿，当第三天开始时，陈老师兴致盎然，提议说：“要不咱俩也整一本书？”我说：“好啊！”于是，

① 石屹：《东方文化与电视纪录片》，载《电视研究》，1996 年第 2 期。

我和陈老师就决定重新调整访谈的方向。我每天精心准备一个问题，在访谈结束时告诉陈老师下一次要谈的话题。访谈就以这样的方式一直持续到结束。当然，期刊编辑的任务也如约完成了。

两次采访陈老师，我都获益匪浅。

聆听陈老师充满激情的讲述，一幅幅真实的纪录片历史画卷在眼前徐徐展开……

我为开创中国纪录片事业的老一辈工作者的精神所感动，为一步一步从艰难岁月中走过来的中国纪录片，以及它今天取得的创作成就而引吭高歌，更为中国纪录片有陈汉元老师这样一批又一批热爱电视事业的人们感到庆幸和自豪。

访谈在成书的过程中还得到了大家的鼎力支持，在此特别要感谢陈老师的夫人张女士的大力支持，她整理提供的众多资料和图片，是这本访谈不可多得的历史文献。

感谢上海电视台纪实频道总监应启明老师对本书的关心与支持。

感谢中央电视台时间同意引用他尚未发表的书稿《我的语言》中的一节，让读者有幸了解到在20世纪80年代中后期，尚在萌动中的中国纪录片独立制片人的发展和探索实践中的一些真实情况。

感谢纪学会副会长朱景和老师、成都电视台编导梁碧波撰写了他们眼中的陈汉元，感谢中央电视台《见证》栏目制片人、纪录片编导陈晓卿同意摘引他的博客，感谢中国传媒大学电影学博士宋素丽的生动讲述。通过他们的文字，一个不为常人所知、工作之余的陈汉元，他风趣、幽默、栩栩如生的形象，通过生动的文字被展现了出来。

本书中众多纪录片图片资料均为业内人士提供，在此深深地表示感谢。

本书成稿以后，陈汉元老师进行了审阅。

感谢中国教育电视台对本书的关心和支持。

感谢中国国际广播出版社给予的支持。

石屹　于上海书斋

2016年9月5日

图书在版编目（CIP）数据

中国纪录片领军人陈汉元访谈录 / 石屹著. —北京：中国国际广播出版社，2017.5
（纪录方法与实践丛书）
ISBN 978-7-5078-3684-4

Ⅰ. ①中… Ⅱ. ①石… Ⅲ. ①陈汉元—访问记 Ⅳ. ①K825.78

中国版本图书馆CIP数据核字（2016）第316276号

中国纪录片领军人陈汉元访谈录

著　　者　石　屹
责任编辑　杜春梅
版式设计　国广设计室
责任校对　徐秀英

出版发行　中国国际广播出版社［010-83139469　010-83139489（传真）］
社　　址　北京市西城区天宁寺前街2号北院A座一层
　　　　　邮编：100055
网　　址　www.chirp.com.cn
经　　销　新华书店
印　　刷　北京艺堂印刷有限公司

开　　本　710×1000　1/16
字　　数　320千字
印　　张　25
版　　次　2017 年 5 月　北京第一版
印　　次　2017 年 5 月　第一次印刷
定　　价　76.00 元

CRI 中国国际广播出版社　欢迎关注本社新浪官方微博　官方网站 www.chirp.cn